Report on the
Digital Life of Chinese Citizens

中国国民数字生活研究报告

李静萍 等著

中国人民大学出版社
·北京·

目录

第 1 章 绪论 —— 001

1.1 数字时代国民的生活状况 / 003

1.2 国民数字生活相关的国内外研究现状 / 005

   1.2.1 全球的数字战略 / 005

   1.2.2 数字化对国民生活的影响 / 006

   1.2.3 数字生活的概念框架 / 016

1.3 研究目标和内容框架 / 017

第 2 章 中国国民数字生活指数的编制 —— 021

2.1 数字生活统计测度的相关研究 / 023

   2.1.1 数字经济视角下的数字生活测度 / 023

   2.1.2 数字生活作为研究变量的测度 / 026

   2.1.3 数字生活统计测度研究述评 / 027

2.2 中国国民数字生活指数的定义 / 027

   2.2.1 数字生活指数的定义 / 028

   2.2.2 微观数字生活指数的定义 / 028

  2.2.3 宏观数字生活指数的定义 / 032

2.3 中国国民数字生活指数的测度体系 / 034

  2.3.1 指数体系的构建原则 / 034

  2.3.2 指数体系的设计 / 035

  2.3.3 指数的计算与合成 / 040

  2.3.4 基础数据简介 / 041

2.4 中国31省区市国民数字生活总指数测算分析 / 043

  2.4.1 总指数的基本情况分析 / 043

  2.4.2 总指数的分类分析 / 046

2.5 中国31省区市国民数字生活要素指数分析 / 049

  2.5.1 微观数字生活要素指数分析 / 049

  2.5.2 宏观数字生活要素指数分析 / 056

2.6 本章小结 / 059

  2.6.1 数字生活总指数测算分析结论 / 059

  2.6.2 数字生活要素指数测算分析结论 / 059

第3章　国民数字经济认知情况分析　061

3.1 总体情况 / 063

  3.1.1 网络设备使用基本情况 / 063

  3.1.2 电子邮件使用基本情况 / 066

  3.1.3 网络借贷使用基本情况 / 068

  3.1.4 互联网理财产品拥有基本情况 / 071

  3.1.5 数字人民币使用基本情况 / 073

3.2 分地区比较 / 075

  3.2.1 城乡差异 / 075

3.2.2　不同自然地理区域差异 / 086

   3.2.3　不同城市等级差异 / 097

3.3　本章小结 / 106

   3.3.1　网络设备使用基本情况 / 106

   3.3.2　电子邮件使用基本情况 / 107

   3.3.3　网络借贷使用基本情况 / 107

   3.3.4　互联网理财产品拥有基本情况 / 108

   3.3.5　数字人民币使用基本情况 / 109

第4章　国民数字信息获取情况分析　111

4.1　数字信息获取总体情况 / 114

   4.1.1　新兴载体大行其道——普及性与便捷性并重 / 114

   4.1.2　信源分布百家争鸣——个人与官方获取渠道多元化 / 116

   4.1.3　获取内容丰富多元——"人人都是发声者" / 119

   4.1.4　信息可信度的提升与变化——多元化与权威性的平衡 / 121

4.2　数字信息处理的特征差异 / 123

   4.2.1　信息处理的主客体趋同——传播与接收一体化 / 123

   4.2.2　信息处理的教育背景差异——方式内容兼而有之 / 125

   4.2.3　信息处理的年龄阶段差异——方式内容兼而有之 / 127

4.3　数字信息获取的地区差异 / 130

   4.3.1　信息获取渠道与数字化水平相关 / 131

   4.3.2　信息多元化下的可信度与权威性差异明显 / 133

   4.3.3　信息发布与处理上的地域差异 / 135

4.4　本章小结 / 138

第 5 章
国民数字消费情况分析 —— 141

5.1 总体情况 / 144

    5.1.1 数字支付手段频率分析 / 144

    5.1.2 数字支付手段重要程度分析 / 148

    5.1.3 居民互联网消费分析 / 152

    5.1.4 居民网上购物情况分析 / 162

5.2 分地区比较 / 171

5.3 本章小结 / 180

第 6 章
国民数字就业情况分析 —— 185

6.1 总体情况 / 187

    6.1.1 全职工作者的情况 / 189

    6.1.2 对经营有自主决定权的职业的情况 / 198

    6.1.3 兼职工作者的情况 / 210

    6.1.4 没有全职工作者的情况 / 215

6.2 分地区比较 / 219

    6.2.1 全职工作者的情况 / 219

    6.2.2 兼职工作者的情况 / 224

    6.2.3 无全职工作者的情况 / 228

6.3 本章小结 / 229

    6.3.1 就业整体情况 / 229

    6.3.2 数字就业的影响 / 231

第7章 国民数字社会参与情况分析 — 233

7.1 国民数字社会参与维度 / 235

7.2 国民数字社会参与总体情况 / 238

    7.2.1 国民数字社会资源分析 / 238

    7.2.2 国民数字社会参与意愿分析 / 239

    7.2.3 国民数字社会工具使用分析 / 241

    7.2.4 小结 / 242

7.3 国民数字社会参与情况的分地区比较 / 242

    7.3.1 城乡地区国民数字社会参与情况 / 243

    7.3.2 不同区域国民数字社会参与情况 / 246

    7.3.3 小结 / 250

7.4 老年人数字社会参与情况 / 250

    7.4.1 老年人数字社会资源分析 / 251

    7.4.2 老年人数字社会工具使用情况分析 / 253

    7.4.3 老年人数字社会参与意愿分析 / 257

    7.4.4 小结 / 261

7.5 本章小结 / 263

    7.5.1 研究结论 / 263

    7.5.2 政策建议 / 264

第8章 国民数字生活的政策建议 — 273

8.1 国民数字生活整体情况 / 275

    8.1.1 国民数字生活指数 / 275

    8.1.2 国民数字经济认知整体情况 / 276

8.1.3 国民数字信息获取整体情况 / 277
8.1.4 国民数字消费整体情况 / 277
8.1.5 国民数字就业整体情况 / 278
8.1.6 国民数字社会参与整体情况 / 279

8.2 分地区国民数字生活差异分析 / 280

8.3 研究总结 / 282

8.4 政策建议 / 283
8.4.1 推动区域数字建设协调发展 / 283
8.4.2 实现数字红利均衡共享 / 284

参考文献 / 286
后　　记 / 300

第 1 章

绪 论

1.1 数字时代国民的生活状况

随着技术和材料限制的突破，数字技术现在已不再局限于互联网和通信领域。大量的数字技术，如大数据、云计算、区块链、人工智能等技术经历了突破性的发展和进步。在数字中国发展战略的大力推动下，我国数字基础设施和数字资源体系加快建设，数字技术不断地与我国经济、政治、文化、社会等各个领域融合，人们的生活方式和社会形态发生着深刻的变化。

通过互联网实现吃、穿、住、行，获取、传播信息，与他人乃至社会各方面交流和互动等已经变得愈发普遍。中国互联网络信息中心（CNNIC）发布的第54次《中国互联网络发展状况统计报告》显示，截至2024年6月，我国网民规模近11亿人（10.9967亿人），较2023年12月增长742万人，互联网普及率已达78.0%，互联网技术已经在社会各方面得到广泛应用。在消费方面，互联网在支付手段和购物渠道上都赋予了民众新的方式，人们对移动支付、网上购物、数字人民币的使用等接受度越来越高，用户规模也越来越大。中国互联网络信息中心2024年6月28日发布的《互联网助力数字消费发展蓝皮书》显示，我国网络购物用户规模已超过9亿人，占网民整体的83.4%。在社会参与方面，互联网已经成为人们接收、共享信息的重要渠道。截至2023年

12月，我国即时通信用户规模已达10.60亿人，较2022年12月增长2 155万人，占网民整体的97.0%，以互联网为媒介的即时通信成为网民交流的重要手段。与此同时，我国搜索引擎用户规模也不断扩大。截至2023年12月，我国搜索引擎用户达8.27亿人，较2022年12月增长2 504万人，占网民整体的75.7%，利用互联网主动搜寻信息的能力已经被越来越多的人掌握。在就业方面，我国线上办公模式日趋成熟，线上办公软件不断推出新服务，互联网等技术赋能线上办公，远程会议、线上文件传输等应用越来越普遍。此外，在其他的生活服务方面，在线外卖点单业务稳步增长，在线旅行预订强劲复苏，公共服务如智慧医疗、数字政务服务也在快速发展。包括互联网的应用在内，我国大数据产业整体发展态势十足。根据中国信息通信研究院发布的《大数据白皮书（2022）》，截至2021年，我国大数据产业规模增加到1.3万亿元，复合增长率超过30%。国家和地方也发布了相关政策文件，在大数据产业等方面进行了部署。在人工智能技术应用方面，《2023全球人工智能创新指数报告》显示，目前全球人工智能发展保持美国全面领先、美中两强引领的总体格局，我国人工智能发展在数据开发利用、重大原始创新等方面仍存在不足，大模型、生成式人工智能等新技术新赛道掀起人工智能科研和产业领域新一轮发展热潮。由此可见，如今，在我国经济社会的各个角落都能发现数字技术及其在不同场景下的深度应用。

在形成巨大的数字技术应用规模的同时，数字化也极大地便利了我国网民。国家网信办2022年开展的数字中国发展情况网络问卷调查结果显示：参与调查的网民普遍认为，2022年数字化学习工作广泛普及，数字公共服务更加普惠便捷，数字治理成效更加明显，被调查者一致期盼享受更加便捷、高效、普惠的数字服务。由此可见，日常生活已经与互联网以及大数据、人工智能、区块链等层出不穷的数字技术密切相关，人民生活已然构筑起数字生活的新图景。

1.2 国民数字生活相关的国内外研究现状

1.2.1 全球的数字战略

当今,世界各大经济体都在依据自身情况发布侧重点不同的数字战略,提升自身数字竞争力,以期获得数字竞争力优势。

美国率先在 20 世纪 90 年代开启了数字战略布局,在 21 世纪初以技术创新和信息基础设施建设为重点进行数字建设,之后经历了以加快应用新技术以及聚焦国际竞争力为重点的数字战略阶段。在当今世界面临数字化转型的背景下,美国国际开发署发布了《数字战略(2020—2024)》(Digital Strategy 2020-2024),试图在全球范围构建以自身为主导的数字生态系统。

英国于 2009 年发布《数字英国》白皮书,正式确立了数字化国家发展战略。2017 年 3 月,英国政府又发布《英国数字化战略》,强调了建设世界一流的数字化基础设施、提升公民数字化技能、促进英国企业数字化转型、构建安全的网络空间、实施数字化治理、培育数据经济等内容。

欧盟数字经济的发展在发达经济体中稍显劣势,因此,近年来欧盟相继发布了一系列数字发展战略和措施,如 2015 年的"数字单一市场战略"、2018 年的"欧盟人工智能战略"以及《通用数据保护条例》等。2020 年 2 月,欧盟委员会还发布题为"塑造欧洲数字化未来"的数字战略,同时发布"欧洲数据战略"和《人工智能白皮书》,从多方面发力,旨在全面提升欧盟在数字领域的竞争力。

除此之外,经济合作与发展组织(OECD)构建了"走向数字化综合政策框架"(The Going Digital Integrated Policy Framework)。目前，所有成员国均已制定完整的国家数字战略（national digital strategies，NDSs）。

我国一直十分重视数字化建设。自党的十八大以来，数字中国建设成为我国发展的重要战略，成为我国全面建设社会主义现代化强国的重要途径。2020年10月，党的十九届五中全会通过《中共中央关于制定国民经济和社会发展第十四个五年规划和二〇三五年远景目标的建议》，明确提出要"加快数字化发展"。2021年12月，中央网络安全和信息化委员会印发《"十四五"国家信息化规划》，明确到2025年，数字中国建设取得决定性进展，信息化发展水平大幅跃升，数字基础设施全面夯实，数字技术创新能力显著增强，数据要素价值充分发挥，数字经济高质量发展，数字治理效能整体提升。2023年，中共中央、国务院发布《数字中国建设整体布局规划》，提出数字中国建设的整体框架，对数字中国作出了全面的部署。

1.2.2 数字化对国民生活的影响

数字技术的广泛应用、数字经济的快速发展、社会的数字化转型给国民生活带来了巨大影响，数字化给人民日常的消费、金融、就业、社交等多种活动都带来了新的变革。

1. 数字化对消费的影响

在消费方面，数字化消费革命正在中国发生，数字技术改变了消费的内涵，消费需求、消费方式、消费内容都发生了巨大的变化（林晓珊，2022）。

消费是经济社会的基本活动。在数字经济时代，数字经济自然对消费的方式、群体、范围、结构等都产生了极大的影响。马玥（2021）提出，数字经济对消费市场的影响主要表现在消费方式、消费模式、消费群体和消费范围等方面：消费方式从线下扩展到线上，形成融合消费，直播电商等新消费模式快速发展，中老年消费群体规模进一步扩大，城乡消费市场发展差距逐步缩小。在消费所受影响的实证方面，钟若愚和曾洁华（2022）使用中国信息通信研究院与新华三数字经济研究院共同发布的中国城市经济数字指标衡量数字经济发展程度，通过空间杜宾模型和中介效应模型研究发现城市数字经济的发展能促进当地和邻近城市居民消费潜力的释放，具有显著的直接效应和空间溢出效应，数字经济可以通过提升居民收入水平、加强产业创新能力拓展居民消费的可能。陈建等（2022）通过构建指标体系，运用空间自相关分析法、空间杜宾模型和中介效应模型验证了数字经济发展能够推动本地居民消费升级。大数据能够驱动消费结构转型升级。钟成林和胡雪萍（2019）论述了大数据驱动消费结构转型升级的作用机理。由此可见，数字经济极大地影响甚至改变了消费环节。

对于个体而言，目前数字技术对个体消费活动产生的影响集中体现在互联网对家庭消费的影响上。学者们从各个角度进行了验证，发现互联网不仅会给家庭消费总水平带来影响，还会使消费结构有所变化。

大量研究结果表明，互联网对我国家庭整体消费水平的提升具有普遍的促进作用，而且会给不同群体的消费结构带来不同的影响。杨光等（2018）从"是否使用互联网"以及互联网使用率两个维度考察互联网使用，首次基于2010年和2014年中国家庭追踪调查数据（CFPS），使用固定效应模型和工具变量法回归验证了家庭互联网使用对于消费总额具有正向促进作用，互联网使用对于食品消费、衣着消费、文娱消费均有显著的促进影响；相较于城镇地区家庭和低收入水平家庭，对农村地区家庭、高收入水平家庭的消费提升具有更强的正向促进效果。贺达和顾江（2018）基于 2016 年中国家庭追踪调查数据，使用倾向得分匹配（PSM）的方法，探讨了互联网使用对农村居民的消费影响，研究发现，互联网的使用对于农村整体消费水平具有显著提升作用，其中互联网的使用对农村居民生存型消费的促进作用更加显著，而对享乐型消费影响不大，对年轻人享乐型消费的促进作用更加明显。当同时将城乡居民作为研究对象时，学者研究得到了不一样的结论。基于 2018 年中国家庭追踪调查数据，刘大为和李淑文（2021）运用倾向得分匹配 Logit 模型，验证了家庭中互联网使用对居民总体消费水平提升具有促进作用，同时分析得出互联网使用对生存型消费的促进作用有限，而对提升生活品质或有助于家庭长远发展的消费促进效果更明显。

消费结构的变化进而衍生出居民消费升级的问题。一些学者系统探讨了互联网与居民消费升级的关系。李旭洋等（2019）通过对 2016 年中国家庭追踪调查数据的研究发现，互联网使用有助于促进居民家庭消费升级；随着消费层次的提高，该正向效应呈倒 U 形非线性关系。祝仲坤（2020）结合 2015 年中国社会状况综合调查（CSS）数据，通过倾向得分匹配方法纠正选择性偏误后，使用工具变量法、两阶段最小二乘法以及分位数回归等方法，验证了互联网技能可以优化农村居民的消费结构、促进消费升级。

除了检验互联网对居民消费水平的直接影响以外，部分学者还对影响背后的原因和传导机制进行了深入探讨。张勋等（2020）将中国数字普惠金融发展指数和中国家庭追踪调查数据相结合，采用数字普惠金融指标体系，使用加入时间和家庭固定效应的普通最小二乘法（OLS）估计和工具变量法，证实了数字金融的发展能够显著提升居民消费水平，数字金融带来的支付便利性是增加消费的主要原因。李红和赵俊（2022）基于 2017 年中国家庭金融调查（CHFS）数据，实证分析了互联网使用对家庭消费的促进作用，并验证了信用卡使用的中介效应，得出信用卡使用能够促进居民的家庭消费水平提升的结论。席艳乐等（2022）利用 2010—2018 年度中国家庭追踪调查的数据，运用跨期双重差分法研究发现，互联网使用通过提高居民收入以及减少信息不对称渠道促进了中国家庭消费。谭恒鑫等（2022）基于中国家庭追踪调查 2010—2018 年的动态面板数据，采用系统"高斯混合模型"（GMM）的方法解决了动态面板数据滞后一阶序列相关以及部分自变量内生性问题，更精确地考察互联网普及率对中国家庭消费基尼系数的影响。研究结果表明，互联网普及能通过缓解收入差异程度、降低居民消费价格指数两个渠道来缩小地区消费差距，这种抑制效应在收入、地理分布以及发展特征上存在鲜明的异质性。

2. 数字化对金融活动的影响

借助数字技术的快车，中国数字金融在过去经历了爆发式发展。2004 年，支付宝账户体系上线，代表着中国数字金融的起始点。2013 年，余额宝开张，中国数字金融发展元年开启。中国数字金融如今已经发展成为引领全球的一面旗帜，第三方支付、网络贷款、数字保险以及数字货币等业务规模在国际上遥遥领先。自 2006 年起，中国大力推动数字普惠金融的发展，争取让数字金融服务能够便利每一个个体、家庭和企业。对于数字普惠金融，北京大学数字金融研究中心与蚂蚁集团研究院共同编制了数字普惠金融指数，以衡量中国数字金融的发展水平。数字普惠金融指数由覆盖广度、使用深度、数字化程度三个维度构成。

实证研究证明，数字技术的使用能够提高居民的金融素养。张正平（2021）利用中国家庭追踪调查 2014 年的全国调查数据，基于中介效应模型实证检验了互联网使用对居民金融素养的影响及其机制，结果显示互联网使用显著提高了居民金融素养，且对高级金融素养的提升作用更大，互联网使用可以通过线上和线下社会互动两条途径影响居民的金融素养。

金融活动与国民其他日常生活活动也密切相关，互联网金融、数字金融、数字普惠金融进而也会对居民消费、就业产生影响。易行建和周利（2018）利用中国数字普惠金融指数和中国家庭追踪调查数据实证分析中国数字普惠金融对居民消费的影响，研究结果表明数字普惠金融的发展在目前"增强消费对经济发展的基础性作用"的阶段能够显著促进居民消费支出，但从长期或居民整个生命周期来考虑，决定消费支出增加的核心因素还是可支配收入的提升。谢绚丽等（2018）将北京大学数字普惠金融指数与新增企业注册信息进行匹配，研究发现数字金融的发展对于创业有显著的促进作用。

3. 数字化对就业的影响

在经历了新一代数字技术——大数据、云计算、人工智能、物联网等技术的不断突破和加速应用之后，我国数字化就业迎来了以工业互联网、内容产业、网络电商、共享经济、网络社交媒体等平台为载体的"三新经济"（新产业、新业态和新商业模式）的蓬勃发展，进入平台化就业的阶段。平台作为全新的生产组织模式，通过集成数据极大地提高市场供需匹配的效率，能够扩大资源配置的时空范围（孙璇，吴肇光，2021）。平台化就业能够打破传统稳定的捆绑式的雇佣关系、技术赋能及创业创新环境，从而使得人力资源市场的供求关系更加富有弹性，就业方式更加灵活（牛禄青，2017；詹婧等，2018）。互联网平台能够通过及时发布岗位信息，减少搜寻和沟通成本，提供丰富的资源，提高求职者和工作岗位的匹配效率，使得求职者拥有更多的就业选择和机会，提升获得工作的概率（Holman et al., 2013；Dettling，2017）。

关于数字技术对我国国民个体就业影响的实证研究仍然集中在互联

网对就业的影响方面，一般从三个角度展开：互联网对就业决策的影响、互联网对就业质量的影响以及互联网对两者的共同影响。

针对我国社会，现有研究普遍认为互联网对就业产生正面效应。在就业决策方面，周洋和华语音（2017）基于中国家庭追踪调查2014年度数据实证分析了互联网使用对农村家庭创业意愿以及创业收入的促进作用，证明了网络能够便利农村地区的社会交往和信息获取，从而影响创业。姚柱等（2020）研究发现，互联网嵌入，即个体在使用互联网的过程中受到来自社会、心理、经济等关系力量的约束，并与互联网中的其他个体或组织建立联结，对农民创业者的探索式创业学习、利用式创业学习和创业绩效均具有显著的正向影响。陆九天等（2022）则实证分析了数字技术对于少数民族人口就业决策的影响。研究基于中国综合社会调查（CGSS）2010—2017年度数据整合形成的混合面板数据，采用"是否使用互联网"衡量数字技术水平，并将"接触互联网信息程度""空闲时间是否上网"作为其代理变量。研究结果表明，数字技术对就业决策存在显著的正向引导作用，但少数民族人口的数字就业效应略低于汉族人口。Li M-S & Si X-F（2023）使用中国家庭追踪调查数据研究发现，互联网的使用能够降低我国劳动者选择非正规就业的概率。

在就业质量方面，丁述磊和刘翠花（2022）从实证层面分析了在数字经济时代是否使用互联网以及社会网络对就业质量的影响。研究基于2018年中国家庭追踪调查数据，将"是否使用互联网"以及互联网使用与高技能青年群体的交叉项作为核心解释变量。结果表明，互联网的使用不仅对就业质量具有直接的正向效应，还能够通过增强社会网络联系间接提升就业质量，互联网使用和社会网络会通过信息渠道影响就业质量。

收入是就业质量的一部分。国内外关于互联网对于个体收入影响的研究结论普遍认为互联网使用能够增加劳动者收入。蒋琪等（2018）使用 2010 年和 2014 年中国家庭追踪调查数据，将"是否使用互联网"以及受访者对互联网的重视程度作为关键自变量，运用固定效应和倾向得分匹配双重差分模型，评估了互联网使用对于不同群体的积极影响，验证了信息技术可以提高个体收入的结论。刘晓倩和韩青（2018）基于 2014 年中国家庭追踪调查数据，使用内生转换模型分析，同样发现互联网使用对农村居民的收入具有正向影响，并通过 Field 分解法得出了互联网使用扩大了居民的收入差距的结论。王元超（2019）将互联网使用情况、互联网发展行为、互联网交往行为以及互联网娱乐行为作为核心自变量，基于 2014 年中国家庭追踪调查数据，使用倾向值加权分析方法、多元 Logistic 回归模型以及多元线性回归模型研究得出结论：互联网使用是通过技术效应与资本效应两条路径提高个人的工资收入，且具有阶层间差异。刘生龙等（2021）将机器学习和传统计量方法相结合，利用广义随机森林模型提升估计精度，探讨了使用互联网对于农村居民收入提高的因果效应。研究结果表明，互联网使用主要在就业方式和工作时间方面产生显著影响，从而提高收入，并且具有较强的异质性。

毛宇飞等（2019）综合考虑了就业决策和就业质量两个维度，基于 2010 年、2012 年和 2013 年三年的中国综合社会调查数据，使用多元 Probit 和 OLS 回归方法分析了互联网对个体就业决策和就业质量的影响。就业决策变量从就业选择和就业类型两个方面进行衡量，就业质量变量由工作时间、小时工资率以及工作自主性三个指标构成，互联网变量则由"过去一年是否使用互联网媒体""主要信息来源是否为互联网""过去一年空闲使用互联网情况"三个指标共同组成。研究结果表明，互联网使用能够促进个体标准就业和机会型创业，闲暇时间互联网的不同使用会对就业决策造成不同影响；在就业质量方面，互联网使用可以提高工作收入，并减少部分工作者的工作时间。

然而，有学者研究发现互联网使用对于就业的影响可能是复杂的，并不仅仅会带来正面效应。丁炎晨和于冷（2022）利用2016年中国家庭追踪调查数据，运用工具变量法和Biprobit模型，研究证实互联网的使用能够促进非农就业，并且在计量模型中加入"使用互联网娱乐频率"的平方项，可以进一步分析得到：过度使用互联网进行娱乐会对非农的就业产生负面影响。

4. 数字化对社会参与的影响

自进入21世纪以来，各种社交网络的兴起彻底颠覆了互联网的格局。国内外诸如腾讯QQ、脸书、YouTube、推特、新浪微博等社交平台、社交媒体以及社交软件纷纷诞生，彻底地改变了人们的生活。

关于社交网络带来的影响，部分学者认为互联网使用会减少人与人之间的交流和互动，对社会参与产生不利影响（Krauft R. et al., 1998；Nie N. H., 2001）。但也有学者认为互联网社交能够拓展线下的人际关系。相较于线下社交，互联网媒介下的在线社交能够提升社交质量，提供更宽广的社交平台和更多元的社交对象，建构时空维度上的多重社交场景以实现对个体的社交补偿，有效缓解社交焦虑情绪，甚至产生超越人际传播的社交效果（赵云泽，薛婷予，2022）。林建鹏（2022）基于中国综合社会调查数据，通过结构方程模型研究发现，互联网使用能够促进网民进行现实社交。

周骥腾和付堉琪（2021）详细探讨了互联网影响居民与社区融入的机制，研究基于中国人民大学社会学理论与方法研究中心于2018—2019年开展的"中国城市居民生活空间调查"的京津冀十城区数据，将互联网使用以及在11个方面的互联网使用频率作为核心自变量，选取在线社区交往、社区信息传播和线上线下转化作为中介变量，采用依次检验和 Sobel 检验的方法检验了它们在互联网使用与社区融入之间的中介效应。结果表明，互联网使用在社区情感认同、邻里交往参与和公共事务参与三个方面对居民社区融入具有正面影响。

5. 数字化对生活福祉的影响

民生福祉是百姓最关注的问题，数字化对国民生活在方方面面的影响归根结底要落实到民生福祉。收入既可以被看作就业质量的一部分，也可以被看作对居民生活客观福祉的衡量标准。而主观福祉即幸福感也是受互联网影响的一个重要方面。关于互联网对个人主观幸福感的影响，目前存在不同的研究结论。

国外学者在互联网给幸福感带来的效应上存在争议。部分学者认为互联网能够提升居民幸福感。其中，Graham & Nikolova（2013）研究发现，新兴信息技术的使用对主观幸福感起到了促进作用。Becchetti 等（2008）发现，利用互联网参与社交活动能够增强居民的幸福感。另一种观点则认为，互联网使用显著降低了居民幸福感水平。Frey 等（2007）认为，受到时间的限制，互联网使用会减少人们在真实世界中与他人面对面交流的时间，居民的幸福感水平会因此而降低。Sabatini & Sarracino（2014）研究发现，互联网所产生的社交网络削弱了社会信任，从而对居民的幸福感产生了消极的影响。

国内学者通过实证分析普遍认为，互联网使用会给我国国民的幸福感带来正面效应。王鹏（2014）根据 2006 年度中国综合社会调查数据对使用互联网与幸福感之间的关系进行初步研究，有序 Probit 和 Logit 模型及工具变量法的结果均证实了互联网使用对城镇居民幸福感具有促进作用，而这种作用存在性别差异和年龄差异。周广肃和孙浦阳（2017）基于 2010 年中国家庭追踪调查数据，首次从居民角度研究互联网对幸福感的影响机制，研究以"是否使用互联网"和互联网使用频率构成关键解释变量——"互联网使用情况"。实证结果表明，使用互联网（使用时间）不仅可以显著提高居民幸福感，还会抑制收入对幸福感的促进作用。冷晨昕和祝仲坤（2018）基于2015年度中国社会状况综合调查数据，运用有序概率模型（Ordered Logit）研究了互联网技能和互联网使用频率对农村居民幸福感的影响，研究表明，互联网技能会通过提升居民对休闲生活的满意度来促进幸福感的提升。鲁元平和王军鹏（2020）基于中国家庭追踪调查2010年的数据研究发现，互联网使用显著扩大了居民主观福利，产生了信息福利效应，互联网的信息搜索、传播功能是其扩大居民主观福利的主要机制。

针对满意度，许默焓和宋阳（2022）基于2019年度中国社会状况综合调查数据，通过模型评估了互联网使用频率对居民休闲、文化、娱乐和社交生活满意度的影响。实证结果表示，提升互联网使用频率对提高居民生活满意度具有正向效应，农村妇女的满意度会低于其他群体。

进一步地，有学者尝试就互联网使用对收入和幸福感的影响进行综合探究。赵一凡（2021）提出生活福祉的概念，同时将客观福祉和主观福祉作为因变量进行考虑，并分别将"是否使用互联网"和互联网使用频率作为自变量。研究发现，互联网使用能显著提升农村居民的收入与幸福感，从而提升生活福祉。其中，促进农村居民就业，改善健康状况和社交网络，是提升生活福祉的可能的作用渠道。

6. 文献述评

通过文献梳理可以发现，数字技术对于国民生活的影响广泛而深刻，日常的消费、金融、就业、社会参与以及民生福祉方面都受到了极大的影响。

大量的实证研究在各个方面对数字化的影响进行了验证。然而，由于数据的限制和统计测度的缺乏，大量的研究集中在分析讨论互联网对居民生活的影响上，互联网的指标则一般根据"是否使用过互联网"以及互联网使用频率等表面的行为表现进行衡量，少数利用居民在娱乐、交往等各个方面的互联网使用频率等进行衡量。而随着以互联网为依托的各种新兴数字技术的蓬勃发展，居民对互联网的应用呈现多样化，生活的各方面与数字技术形成深度融合。目前的核心解释变量的构造不能很好地体现居民对各项数字技术的掌握和运用程度，以及评价数字化在居民生活中的融入程度。因此，构建系统的指数测度体系，从多个方面全面测度居民生活数字化水平十分必要，这对于判断国民数字生活形态、评估我国数字经济发展状况具有重要意义。

1.2.3 数字生活的概念框架

数字生活最初由尼葛洛庞帝在其《数字化生存》一书中提出，被定义为：人们在数字化的虚拟生存空间里应用数字技术从事信息传播、交流、学习、工作等活动，从而实现对现实生活的模拟（Negroponte，1996）。然而，随着数字技术的发展，数字生活的概念外延至受到数字技术更广泛影响的私人生活（Hess et al.，2014）。数字生活被视作传统生活方式演变发展形成的新形态，是人类的一种新型生活方式（戚聿东，褚席，2021）。

因此，对数字生活具体内容的展开可以进而转变成对数字化的生活方式的讨论。对于广义的生活方式来说，按照《中国大百科全书·社会学卷》的界定，生活方式是指不同的个人、群体或者全体社会成员在一定的制约和价值观念指导下形成的满足自身生活需要的全部活动形式与行为特征的体系。张玉秀（2005）在综述众多生活方式研究后认为，广义的生活方式是指人们在一定的社会条件制约下和一定的价值观指导下形成的、满足自身需要的生活活动特征及其表现形式。由此可见，满足各类需求是进行生活活动的主要目的，个体生活方式的形成通过满足各类需求驱动。因此，定义和划分数字生活的具体组成内容需要首先定义在数字技术的影响下人类的需求。

经典的马克思和马斯洛的需要（需求）理论均认为，人的需求是丰富且富有层次的。马克思在其需要理论中将人的需要依次递进划分为生存需要、享受需要和发展需要。马斯洛需求层次理论则将人类的需求从低到高分为五类，分别是生理需求、安全需求、爱和归属的需求、尊重的需求和自我实现的需求，生理需求是指生存所需最基础的需求，安全需求包含心理和生理上的安全需求，爱和归属的需求指情感和心理上的需求，尊重的需求和自我实现的需求分别对应获得他人尊重的需求以及实现个人发展的需求。如今，需求理论已经被应用到各个领域，能够系统地辅助解释人类复杂的需求，用于多领域的研究；对于人的生活来讲，就是满足其不同需求的过程。因此，在研究人的数字化生活方式时，以经典的需求层次理论模型为基础展开，能够更为清晰地对组成生活方式的各个部分进行定义。不过，马斯洛提出的需求层次理论虽具有普适性，但也会随着社会经济形态的发展而发生内涵上的不同变化（姚顺良，2008）。

所以，本书结合时代背景和我国国情，对数字生活的含义进行调整和引申：数字生活是指在以数字技术广泛运用为特征的数字化影响下基于人类的各种需求所演变出的新型生活方式。

1.3 研究目标和内容框架

2023 年，《数字中国建设整体布局规划》（以下简称《规划》）印发。

《规划》指出：建设数字中国是数字时代推进中国式现代化的重要引擎，是构筑国家竞争新优势的有力支撑。加快数字中国建设，对全面建设社会主义现代化国家、全面推进中华民族伟大复兴具有重要意义和深远影响。总的来看，数字中国建设是数字时代推进中国式现代化的重要引擎，是实现高质量发展、关乎国家发展大局的关键推手，其重要性不言而喻。

随着新一代数字技术快速发展并广泛地渗透于经济、社会、文化等领域，人们的生活方式发生了深刻的改变，使用数字工具和数字技术完成生产生活活动成为人们必备的技能以及重要的生活方式之一。本研究通过开展居民数字生活调查，收集和建立数字经济时代居民社会生活的微观数据库，结合国家宏观统计数据，构建数字生活指数评价体系，旨在从微观生活的角度反映数字社会变迁，深入了解国民在各个场景对数字技术的应用能力、使用情况，对把握我国数字经济发展的态势、监测数字经济的民生效应、协调区域间数字经济发展平衡、推动数字经济均衡发展、推进数字中国建设具有重要意义。

本研究结合实际，以数字中国发展战略为指导，构建了一套适应我国国情、系统全面的综合指标评价体系。在指标的构建上，数字生活总指数由微观和宏观两部分组成。微观数字生活指数是通过开展居民数字生活调查，收集全国31个省（自治区、直辖市）的居民在基础数字技术使用、数字消费、数字金融、数字就业、数字社会参与以及数字生活服务等日常生活数字化行为方面的数据进行构建的，反映了对居民个体生活数字化水平的直接测量，代表着个体对数字生活的直接感知。宏观数字生活指数是结合国家统计局发布的宏观统计数据，从整体层面对居民生活数字化水平进行的度量。基于构建的综合评价体系进行比较研究，能够加强对不同特征、不同地区人群的数字生活水平的现实把握，推动社会数字化建设的均衡发展，更好地实现数字增进民生福祉。

本书除第 1 章 "绪论"外，还包括 7 章内容。

其中，第 2 章介绍中国国民数字生活指数的编制，通过梳理数字生活测度的文献和相关研究，给出数字生活指数的定义、综合指标体系以及测度方法；通过对中国 31 个省（自治区、直辖市）数字生活指数的计算，分析数字生活总指数、微观数字生活指数、宏观数字生活指数的特征以及地区差异。

第 3~7 章是在数字生活指数框架下对国民数字生活不同组成内容的分析。第 3 章是对国民对于数字经济的认知情况的分析，包括城乡、不同自然地理区域以及不同城市等级中的群体在网络设备使用、电子邮件使用、网络借贷使用、互联网理财产品拥有以及数字人民币使用上的差异。第 4 章是对数字信息获取情况的深入分析，包括对数字信息获取和数字信息处理整体情况与地区间差异的分析。第 5 章是对国民数字消费情况的分析，包括对数字支付手段和互联网消费整体情况和地区间差异的分析。第 6 章是对我国数字就业情况的深入研究，包括对不同就业性质人群数字就业情况和地区间差异的分析。第 7 章是对国民数字社会参与情况的分析，包括对国民数字社会资源、数字社会参与意愿、数字社会工具使用情况和地区间差异以及老年人数字社会参与的分析。第 8 章是针对前 7 章分析结论，给出总结性的结论和政策建议。

第 2 章

中国国民数字生活指数的编制

2.1 数字生活统计测度的相关研究

2.1.1 数字经济视角下的数字生活测度

目前，对于国民数字生活直接构建指数评价体系的研究缺乏，但国民数字生活作为数字经济的组成部分，在衡量数字经济发展的指数体系中时有出现。

2010年，国家信息中心信息化研究部发布了国内首份关于信息社会发展水平的定量测评报告《走进信息社会：中国信息社会发展报告2010》。报告认为知识型经济、网络化社会、数字化生活、服务型政府是信息社会的四个基本特征，提出了信息社会发展指数和测评体系。其中，在数字化生活模块，报告认为需要考虑网络与信息终端的普及程度、公众使用信息产品的支付能力、信息技术对公众生活的影响等三个方面，但最终由于受到数据可得性的限制，数字化生活指数由数字应用指数和支付能力指数两个方面构成。工业和信息化部电子第五研究所从发展基础、发展要素、发展能力、发展动力和发展应用五个核心维度构建"中国数字经济发展指数2023"，在发展应用一级指标下设二级指标数字生活水平，包含线上生活、数字消费、数字交通、数字政府等要素。

另外，数字生活除了直接出现在数字经济的测度体系中，还有部分隐藏在产业数字化的内涵中。数字产业化是数字经济的核心产业，是为产业数字化发展提供数字技术、产品、服务、基础设施和解决方案，以及完全依赖于数字技术、数据要素的各类经济活动。产业数字化则是在新一代数字科技支撑和引领下，以数据为关键要素，对产业链上下游的全要素数字化升级、转型和再造的过程，国民数字生活是产业数字化中的一环。数字产业化的分类对研究数字生活指数的构建具有借鉴意义。在国家统计局发布的《数字经济及其核心产业统计分类（2021）》中，产业数字化部分包括智慧农业、智慧制造、智能交通、智慧物流、数字金融、数字商贸、数字社会、数字政府、其他数字化效率提升业等几个部分。

相比之下，目前大量的研究集中在构建数字经济规模和发展指数的测度体系上。在国际上，从 2014 年开始，欧盟委员会一直关注成员国的数字化发展水平，发布欧盟数字经济与社会报告，并构建数字经济与社会指数（the digital economy and society index）评测数字经济发展情况，其 2022 年的年度报告在之前的基础上作出一定的调整，最终从人力资本、数字基础设施、企业数字化和公共服务数字化四个方面对数字经济发展水平提供了欧盟层面的分析：人力资本维度评估了互联网用户的使用技能以及专业人员的高级技能水平；数字基础设施方面衡量了固定宽带、移动宽带、光纤等数字设施的覆盖情况；企业数字化方面从企业数字技术使用强度、特定技术的使用以及电子商务三个维度进行了测度；公共服务数字化方面描述了对电子政务和开放数据政策的需求和供给情况。类似地，Voda A-D 等（2022）使用互联网基础设施连接、人力资本、互联网使用、企业数字化以及公共数字服务五项指标构建了评价国家数字化发展水平的指数。国际电信联盟（The International Telecommunication Union）自 2007 年起发布信息社会评估报告，发布信息通信技术发展指数（information and communication technology development index），从信息与通信技术（ICT）接入、ICT使用以及ICT技能三个维度衡量国家和地区的ICT发展指数。OECD连续发布《OECD数字经济展望》（Digital Economy Outlook），通过一级指标"投资智能化基础设施""创新能力""赋权社会""ICT促进经济增长与增加就业岗位"及其各自的二级指标，分析评价不同国家数字经济的发展情况。世界经济论坛同样发布网络准备度指数（NRI），即一个国家或社区参与和得益于ICT发展的准备度，指标分为四大类：环境、就绪程度、使用情况和影响力。

在中国，不少组织和机构发布各种评价数字经济发展的指数，学者们也从信息化到数字化为构建发展指数不断作出努力。早期，茶洪旺等（2016）从信息化基础设施、信息化应用水平、信息产业以及信息发展环境四个方面构建区域信息化指标评价体系。中国信息通信研究院发布的《中国数字经济发展白皮书（2022年）》，从数字产业化、产业数字化、数字化治理、数据价值化四个方面探讨数字经济发展态势。赛迪顾问发布中国数字经济发展指数（DEDI），从基础指标、产业指标、融合指标、环境指标四个方面衡量了数字基础设施、数字产业发展、行业数字化融合以及数字政务的发展情况，DEDI（2020）测算结果显示，广东领跑全国，北京、江苏、浙江、上海分别排在第二至第五位。中国社会科学院金融研究所、国家金融与发展实验室、中国社会科学出版社也发布《全球数字经济发展指数报告（TIMG 2023）》，从数字技术、数字基础设施、数字市场、数字治理四个维度展开TIMG指数的构建。

除了数字经济核算体系中存在对数字生活的相关研究以外，数字鸿沟的研究中也常常对研究对象在生活中所涉及的数字技能以及数字应用类型进行定义和分类，能够间接地反映数字生活方式涵盖的内容。典型地，Van Deursen AJAM 等（2017）在研究数字化不平等时将数字技能划分为操作技能、信息搜索技能、社交技能和创造技能，并从经济、文化、社交、个体四个维度定义了互联网使用类型。其中，经济类型包含财产、金融、就业和教育四个维度；文化类型包含身份和归属感两个维度；社交类型包含正式的、非正式的以及政治的社交网络三个方面；个体类型包含健康、自我实现以及休闲娱乐三个维度。

2.1.2 数字生活作为研究变量的测度

数字生活除了出现在数字经济相关的统计测度体系研究中，在实证分析里也常常作为核心变量进行度量。常见的数字生活的具体测度是依据活动类型和目的展开，将数字生活划分成多个维度。苏岚岚和彭艳玲（2021）在研究数字生活参与度时，从数字购物、数字医疗、数字生活服务和数字出行四个方面进行衡量，分别对应四个问题："有无在网上购买日常生活用品？""有无在好大夫、春雨医生等互联网医疗平台上寻医问诊或使用线上预约挂号？""有无在网上平台缴纳水电费、医疗保险费等日常生活费用和社会保障费用？""有无在网上预订车票、住宿或使用滴滴打车等出行服务？"董志勇等（2023）基于中国家庭追踪调查，从数字购物、数字娱乐、数字教育、数字办公、数字社交和数字态度这六个维度来衡量数字生活的发展水平。在数字购物维度，采用户主使用互联网商业活动的频次、户主认为的互联网商业活动的重要程度作为指标；在数字娱乐维度，采用户主使用互联网娱乐的频次、户主认为的互联网娱乐的重要程度两个指标进行衡量；在数字教育维度，采用户主使用互联网学习的频次、户主认为的互联网学习的重要程度进行衡量；在数字办公维度，采用户主使用互联网工作的频次、户主认为的互联网工作的重要程度进行描述；数字社交维度根据户主使用互联网社交的频次、户主认为的互联网社交的重要程度来衡量；数字态度维度则用家庭是否使用互联网以及户主认为的使用互联网的重要程度来描述。

还有部分研究将互联网使用直接作为数字生活的主要特征，并将其作为代理变量。例如，柳卸林等（2021）采用互联网普及率作为区域数字化程度的代理变量，认为互联网普及率能够很好地显示地区在倡导ICT革命方面做出努力后的技术接受效果。

2.1.3　数字生活统计测度研究述评

通过梳理数字生活统计测度相关文献可以发现，数字经济规模和发展的测度是当前研究的热点，国内外组织机构和个人均构建了大量的指标评价体系。然而，数字生活的指标体系缺乏，主要笼统地囊括在数字经济的研究中，且基本从产业端进行构造。当数字生活作为研究变量时，部分学者选择直接使用互联网使用变量去衡量，另有部分学者选择依据生活活动或技能使用的不同类型将数字生活划分为数字购物、数字教育、数字办公、数字社交等部分，每个部分由一到两个测度指标构成。可以看出，目前数字生活的评价构成相对简单；随着数字技术与居民每个人的日常生活深度融合，现有的生活数字化水平的评价方式显得过于笼统，不能详细比较不同群体在各项具体活动上的数字化应用水平。因此，构建一个系统全面的数字生活评价指标体系十分必要。

2.2　中国国民数字生活指数的定义

基于文献综述中对数字生活概念的界定，综合借鉴现有研究，结合社会发展整体情况和时代语境,本书的研究指数"数字生活指数"的测度指标体系得以构建。

2.2.1 数字生活指数的定义

本书所定义的数字生活,指的是人们在数字化的深刻影响下基于各种需求所演变出的新型生活方式。

国民的数字生活方式可以同时从微观个体层面和宏观集体层面进行观察和监测。微观个体的数字生活测度数据来源于居民数字生活调查,微观数字生活指数能够较为详尽地评估居民生活各方面所受到的数字技术的具体影响,体现国民数字生活的"软实力"。而宏观集体的数字生活测度数据来源于国家统计局发布的地区统计数据,集体层面的监测有利于概括性地把握国民数字经济的建设情况、数字社会的变迁形态,体现国民数字生活的"硬实力"。因此,两个角度对数字生活的测度具有不同的优势,相互补充。本书从微观和宏观两个维度对数字生活指数进行定义。

2.2.2 微观数字生活指数的定义

本书的微观数字生活指数是基于人类个体需求理论进行定义的,是从个体层面对生活行为数字化水平的衡量,是个体对于数字生活的直接感知,包含基础数字生活、数字消费、数字金融、数字社会参与、数字就业、数字生活服务六个子维度。通过文献综述,结合研究背景,对这六个方面进行如下定义。

1. 基础数字生活

2016 年 G20 杭州峰会发布的《二十国集团数字经济发展与合作倡

议》将数字经济定义为以使用数字化的知识和信息作为关键生产要素、以现代信息网络作为重要载体、以信息通信技术的有效使用作为效率提升和经济结构优化的重要推动力的一系列经济活动。那么，依据数字经济的定义，在数字经济与社会中，个体的基础数字生活指在日常生活中对信息通信技术、网络载体以及数据要素的基本使用情况。

2. 数字消费

数字消费的场景在如今社会中日常可见。凭借电商平台，网络购物成为很多人的生活习惯。继电商平台快速发展之后，直播带货也掀起了一股消费潮。

在数字经济时代，数字技术改变了消费的内涵，消费内容变得多元化、虚拟化和个性化，消费模式网络化和平台化，同时创造出了新的消费需求（韩文龙，2020）。一场全新的数字化消费革命正在中国发生，新型消费使消费主体、消费工具、消费文化和消费制度等层面都发生了系统性的变化（林晓珊，2022）。

数字消费可以从整个消费形态变化的角度进行定义。张峰和刘璐璐（2020）认为，数字消费是指以互联网和数字技术为支撑、以数据消费为驱动力的传统消费数字化转型的新形态，从形式、内容、模式和思维方面向数字化转型。数字消费也可以从商品的数字内涵的角度进行定义。朱岩（2021）认为，数字消费是指消费市场针对商品的数字内涵发生的消费。

可以说，相较于传统消费，数字消费中无论是消费内涵还是消费形态都发生了变化。数字消费作为数字经济的产物，其核心是以数据为关键要素，以互联网和数字技术为重要载体，在内容和形式上呈现新的形态。

3. 数字金融

数字金融与互联网金融、金融科技等是一系列金融创新的谱系概念（滕磊，马德功，2020）。数字金融泛指传统金融机构与互联网公司利用数字技术实现融资、支付、投资和其他新型金融业务的模式（黄益平，黄卓，2018）。国家统计局在《数字经济及其核心产业统计分类（2021）》中将数字金融划分为银行金融服务、数字资本市场服务、互联网保险以及其他数字金融。

近年来，大数据、云计算等数字技术的发展极大地推动了数字金融的发展，第三方支付、网络贷款等业务规模逐步扩大，在我国通常难以享受到金融服务的低收入和弱势群体的需求也能得到满足，数字金融业务在百姓生活中成为寻常且重要的一部分（郭峰，2016）。数字金融是金融服务与包括互联网（移动互联与物联网）、大数据、分布式技术（云计算和区块链）、人工智能、信息安全（生物识别与加密）等数字技术结合的产物，提供普惠且精准的金融服务是其核心属性（滕磊，马德功，2020）。其中，互联网理财，作为数字金融的组成部分，是指通过互联网管理理财产品获取一定的利益，如余额宝、理财通、零钱宝、汇添富现金宝等（马小龙，刘兰娟，2016）。

本书从金融业务接收者的角度对数字金融进行定义，本书所涉及的数字金融被定义为国民对利用数字技术实现融资、支付、投资和其他新型金融业务的使用和接受情况。

4. 数字社会参与

目前广泛使用的社会参与的概念基础来源于早期国外学者的定义。在研究兴起之初，社会参与被定义为对社会活动的参与。L. K. Wright（1990）将社会参与定义为对广泛的休闲活动的参与。M. Lingstrom 等（2001）将社会参与定义为个体积极地参与正式和非正式的社会团体活动、个体参与现代社会生活中的社会活动和参与社区的程度。社会活动的定义范围彼此有所区别，但往往涉及社会交往活动、休闲活动、社会组织和社区的参与等。

社会参与的另一角度的定义是将其看作一种人际关系的互动。M. P. Dijkers 等（2002）认为，社会参与是完成与他人直接或间接交流所需的一切，是在家庭、邻里和整个社会与他人进行直接和间接的接触。E. Thompson（2004）认为，社会参与是个体积极参与社会并与为他们提供情感和社会支持的人们之间的互动。E. del Bono 等（2007）强调，社会参与既包括发展和维持社会关系，也包括参与社会活动。

目前，社会参与的概念主要广泛地应用于老年人生存与发展领域，社会参与的内涵也扩展至对社会资源的利用。A. Bukov 等（2002）学者将社会参与定义为在社会层面与他人分享资源的行为。

随着互联网的普及，公民广泛地参与网络社会，学者们在研究中逐渐提及网络参与的概念。目前，网络参与的概念没有一个统一的定义，一般是从交互关系或公众参与的角度进行探讨。Khan & Krishnan（2017）从交互关系的角度入手，认为网络参与是指用户与媒体之间的持续交互。其他学者则从参与公众活动的角度入手。在国内，杨成虎（2010）较早提出网络公众参与的概念，指出公众以互联网为媒介，通过在线获取或发布信息、进行网上评论、参与网上讨论等活动，试图影响公共事务和政府政策的行为即网络公众参与。综上所述，广义的社会参与具有丰富的内涵，不管是在传统意义上还是在互联网的影响下，对社会活动的参与、人际关系的发展和维持以及资源的共享都属于社会参与的范畴。数字社会参与在传统社会参与的基础上，进一步扩充"数字"内涵。以数据为要素、以数字技术为支撑的社会参与是本书重点关注的数字社会参与的内容。

5. 数字就业

伴随着数字经济的发展，数字化就业经历了信息化就业、网络化就业以及平台化就业三个阶段。数字化就业是顺应生产方式和生活方式的数字化转型趋势，围绕数字化平台、借助数字化技术、创造数字化商品和服务的新就业方式（孙璇，吴肇光，2021）。我国正经历从工业经济就业范式向数字经济工作范式的转变（杨伟国，2021）。

本书将数字就业定义为通过数字技术实现工作寻找和从事工作的过程。

6. 数字生活服务

数字生活服务是指为满足城乡居民日常生活需求提供的各类生活服务领域的数字化变革（李洋等，2022）。《销售服务、无形资产、不动产注释》（财税〔2016〕36号印发）将生活服务规定为：为满足城乡居民日常生活需求提供的各类服务活动，包括文化体育服务、教育医疗服务、旅游娱乐服务、餐饮住宿服务、居民日常服务和其他生活服务。数字化生活服务，例如智慧政务、在线医疗、在线文旅等，以数据为关键生产要素，给提升生活服务供给水平带来了巨大的潜力。

因此，本书中的数字生活服务是指人民群众能够接触和接受的、通过数字技术提供的各类生活服务活动。

2.2.3 宏观数字生活指数的定义

本书所定义的宏观数字生活指数是从社会整体的角度对各地区的数字基础设施建设和使用水平进行衡量，以此来反映不同地区民众对数字技术的使用情况。

数字基础设施和数据资源体系是数字中国建设的"两大基础"。数据基础设施同样和数据要素作为底层技术基础，为数字技术的使用和发展提供了保障。可以说，数字基础设施的建设水平在一定程度上决定了社会和国家的数字化发展水平，是数字经济规模的重要组成部分。本书将其作为国民对数字技术普遍应用水平的表征变量，从宏观层面反映各地区人民数字生活的情况。

数字基础设施是以数据创新为驱动、通信网络为基础、数据算力设施为核心的基础设施体系，涉及 5G 网络、数据中心、云计算、人工智能、物联网、区块链等新一代信息通信技术，以及基于此类技术形成的各类数字平台。目前，在数字经济规模的测算和数字经济发展指数的构建中，数字基础设施往往被作为重要组成部分纳入。

对于国外的数字基础设施指标构成，欧盟构建数字经济与社会指数 2022（DESI）基础设施板块时，使用了固定宽带、光纤、移动宽带、5G 的使用情况数据，具有涵盖的数字基础设施范围广、数字技术比较新的特点。国际电信联盟（ITU）构建 ICT 发展指数时，对信息通信技术相关的基础设施建设采用固定电话覆盖率、移动电话覆盖率、互联网带宽、固定宽带和移动宽带使用率等指标。

国内学者对数字基础设施指标主要基于国家统计局等官方渠道公布的统计数据来进行度量，基本涵盖移动通信设施、网络设施等基础设施的建设情况。张雪玲和焦月霞（2017）在构建信息通信基础设施指标时，选择了平均光缆长度、人均安全互联网服务器数量、人均域名数以及人均网站数进行计量。刘军等（2020）在构建数字经济指数时，考虑到数字经济与信息化和互联网发展之间的关系，分别测量了信息化基础以及固定端和移动端互联网基础，信息化基础使用了光缆密度、移动电话基站密度、信息化从业人员占比指标，固定端互联网基础使用了互联网接入端口密度指标，移动端互联网基础使用了移动电话普及率的测量指标。关会娟等（2020）将数字化赋能基础设施定义为包括计算机硬件、计算机软件、通信设备和服务、建筑物、物联网、支持服务等6个小类。何地等（2023）在衡量数字经济发展水平时，将数字基础设施作为一级指标，包含硬件设施和软件设施两个二级指标，两个二级指标分别由长途光缆线路长度、互联网宽带接入端口数、移动电话基站数和互联网域名数、IPv4地址数、互联网网站数构成。盛斌等（2022）在构建省级数字经济发展指数时，在数字物质基础设施之上引入了数字知识资本指标来衡量一级指标数字基础设施。其中，数字物质基础设施包含三级指标：IPv4地址数、网站数、域名数、互联网宽带接入端口密度、长途光缆线路密度、局用电话交换机容量、移动电话交换机容量；数字知识资本包含软件和信息技术服务业从业人数占城镇单位从业人数的比重、人均受教育年限、人均教育经费支出等三级指标。

综上所述，可以看到，在目前数字基础设施的指标构建上，国内外学者的思路大体一致，但在使用的指标上略有不同。国内学者大多使用国家统计局公布的数据，总量和密度（人均）指标的使用均存在。本书考虑到在测算一个地区基础设施水平时，总量数据和密度（人均）数据均有解释意义，且仅使用其中一种可能会受到地区人口数量、区域面积等方面的影响，在构建宏观数字生活指数时，将两种类型的指标相结合，均衡总量和均量数据的优势和特点，以便能够更加准确地测算地区的数字基础设施水平。

2.3 中国国民数字生活指数的测度体系

2.3.1 指数体系的构建原则

本书构建数字生活指数测度体系主要遵循构建指数体系的基本原

则，即结构的对称性原则、体系的稳健性原则和测度的可操作性原则。

1. 结构的对称性原则

结构的对称性原则是指在设计数字生活指数测度体系的过程中，充分利用定性分析理论，设计优化对称性层次和要素结构，在理论上保证各个指标的对称和均衡，在使数字生活指数整体体系更加完备的同时，强化数字生活的各方面要素对数字生活指数的平行贡献和均衡作用。

2. 体系的稳健性原则

测度体系的设计应充分考虑到系统性和层次性，做到层次分明、结构合理，避免出现指标过少或者设置有偏使得整个测度体系不稳健的情况。因此，数字生活指数测度体系由三个层级构成：第一层级由微观数字生活和宏观数字生活两个维度组成；第二层级由微观数字生活要素对应的六个维度和宏观数字生活要素对应的两个维度组成，共计八个维度；第三层级在各维度下设置子要素，通过多重指标计算形成。

3. 测度的可操作性原则

测度体系的具体设计首先要考虑现有统计条件，结合实际数据的现状，确保有可靠的指标数据来源；其次要保证指标口径和核算方法的科学可比，纳入数字生活指数测算体系中的指标含义明确、概念清晰，能够实际清晰测量和计算，以及可采集、可量化、可对比，便于定量分析和应用；最后要使测算体系增强政策导向，以《数字中国建设整体布局规划》为主要指导，兼顾实践意义。

2.3.2 指数体系的设计

基于指数体系的构建原则，数字生活指数测度体系围绕微观数字生活指数和宏观数字生活指数两个维度构建。

1. 微观数字生活指数的测度指标体系

微观数字生活指数是希望从个体层面对每个人的数字化生活方式进行测量，构建可以衡量每个人的数字生活行为和水平的指数。该指数不仅可以追踪调查每个个体的生活数字化水平，还可以在具有不同特征的人群中进行比较。

微观数字生活指数从基础数字生活、数字消费、数字金融、数字社会参与、数字就业以及数字生活服务六个维度展开。基础数字生活是指基础数字技术的使用，包含电脑、移动设备、互联网的基本使用。数字消费包含移动支付和互联网消费两个三级指标，对应消费方式中的消费工具和消费内容两个要素。数字金融包含互联网借贷、互联网理财和数字人民币三个方面。由于社会参与既包含参与社会活动、与其他人分享自己的资源，又包含从其他人处获取资源，所以数字社会参与从社会交往、信息获取、信息传播三个方面展开。数字就业包含互联网求职和互联网工作使用两个三级指标。数字生活服务从医疗服务、旅游娱乐服务和餐饮住宿服务三个方面展开（见表2-1）。

表2-1 微观数字生活维度测度指标体系

一级指标	二级指标	三级指标	指标编号	测度指标
微观数字生活	基础数字生活	基础数字技术使用	1.1.1	是否使用电脑
			1.1.2	是否使用移动设备如手机、平板电脑等
			1.1.3	是否收发电子邮件
			1.1.4	登录邮箱的频率
			1.1.5	互联网使用频率
			1.1.6	互联网在从事不同活动中整体的重要性
			1.1.7	使用互联网从事不同活动整体的频率

续表

一级指标	二级指标	三级指标	指标编号	测度指标
微观数字生活	数字消费	移动支付	1.2.1	移动支付使用频率
			1.2.2	移动支付重要性自评
			1.2.3	移动支付消费金额占总消费金额的比例
			1.2.4	在所有或出资或合伙的企业中/个体工商工作中/自由职业的工作中/兼职工作中是否使用移动支付方式
		互联网消费	1.2.5	在所有或出资或合伙的企业中/个体工商工作中/自由职业的工作中/兼职工作中通过互联网完成的收付款占总收付款的比例
			1.2.6	互联网在消费中的重要性
			1.2.7	使用互联网从事消费活动的频率
			1.2.8	互联网消费金额占总消费金额的比例
	数字金融	互联网借贷	1.3.1	是否在互联网借贷平台上借过钱款
			1.3.2	现有互联网借款笔数
			1.3.3	现有互联网借款总额
		互联网理财	1.3.4	是否通过互联网购买过理财产品
			1.3.5	现持有互联网理财产品金额
			1.3.6	互联网理财产品单年利息收入
		数字人民币	1.3.7	是否使用过数字人民币
	数字社会参与	社会交往	1.4.1	微信好友数
			1.4.2	互联网在社交活动中的重要性
			1.4.3	使用互联网进行社交活动的频率
			1.4.4	是否通过互联网与陌生人聊天
			1.4.5	通过互联网结识朋友的可能性
			1.4.6	互联网在学习活动中的重要性
			1.4.7	使用互联网进行学习活动的频率

续表

一级指标	二级指标	三级指标	指标编号	测度指标
微观数字生活	数字社会参与	信息获取	1.4.8	互联网在了解时事政治经济社会类信息中的重要性
			1.4.9	使用互联网了解时事政治经济社会类信息的频率
			1.4.10	不同信息渠道对获取信息的重要性
		信息传播	1.4.11	使用多种渠道获取和评论时政类消息的频率
			1.4.12	发生突发事件时对不同信息渠道的信任程度
			1.4.13	在个人社交账号或平台发布信息的偏好
			1.4.14	在个人社交账号或平台评论信息的偏好
	数字就业	互联网求职	1.5.1	是否使用互联网找工作/找兼职工作/打算找工作
			1.5.2	找工作过程中互联网发挥的作用
		互联网工作使用	1.5.3	互联网在工作中的重要性
			1.5.4	使用互联网工作的频率
			1.5.5	互联网在自媒体经营中的重要性
			1.5.6	使用互联网从事自媒体经营的频率
			1.5.7	互联网在互联网平台就业中的重要性
			1.5.8	使用互联网从事互联网平台就业的频率
			1.5.9	从事主要工作时（雇员）互联网的重要性
			1.5.10	所有或出资或合伙的企业/个体工商工作/自由职业/兼职工作的互联网经营形式
			1.5.11	所有或出资或合伙的企业/个体工商工作/自由职业/兼职工作通过互联网经营的业务占所有业务的比例

续表

一级指标	二级指标	三级指标	指标编号	测度指标
微观数字生活	数字生活服务	医疗服务	1.6.1	互联网在线上问诊、预约挂号中的重要性
			1.6.2	使用互联网进行线上问诊、预约挂号的频率
		旅游娱乐服务	1.6.3	互联网在娱乐活动中的重要性
			1.6.4	使用互联网进行娱乐活动的频率
		餐饮住宿服务	1.6.5	互联网在预订服务（如订餐、约车、预订宾馆等）中的重要性
			1.6.6	使用互联网获得在线预订服务（如订餐、约车、预订宾馆等）的频率

2. 宏观数字生活指数的测度指标体系

宏观数字生活指数是从评估社会数字化发展整体水平的角度出发，根据数字基础设施建设和基础资源使用情况衡量不同地区的数字化发展水平，从而反映国民数字生活的宏观表现。宏观数字生活指数的设计以数字经济测度体系下数字基础设施指标的构建为基础，综合考虑总量和密度（人均）水平，以便更加真实客观地反映不同地区国民生活的数字化水平（见表2-2）。

表2-2 宏观数字生活维度测度指标体系

一级指标	二级指标	三级指标	指标编号
宏观数字生活指数	基础设施数量指标	域名数（万个）	2.1.1
		IPv4地址数（万个）	2.1.2
		网站数（万个）	2.1.3
	基础设施密度指标	移动电话基站密度	2.2.1
		互联网端口接入密度	2.2.2
		长途光缆线路密度	2.2.3

2.3.3　指数的计算与合成

1. 数字生活总指数的计算与合成

基于数字生活指数测度体系强调数字生活微观和宏观两个测量角度的均衡重要性，结合数字生活指数的研究目的，对一级指标层采取等权处理。

2. 微观数字生活指数的计算与合成

（1）指标正向标准化。

统一指标的方向，使之能够正向反映生活中的数字化应用水平。数字生活指数测度体系中的指数值越高，反映生活的数字化水平越高，数字技术的使用越广泛。由于不同指标的测量方法具有不同的单位，所以在计算指数时对数据进行了标准化处理，以消除量纲的影响。

（2）权重的设定。

权重的设定能够直接影响各指数的计算结果，因此，要想尽可能客观具体地反映数字生活水平，权重的设定必须经过审慎的考虑。对于微观数字生活指数，在二级指标层和三级指标层，由于在设计指数测度体系的过程中考虑到各个指标具有很强的独立性和代表性，因此对其采取均等化赋权，目的是简化计算过程，使整个指标测度体系结构清晰，全面地反映居民个体数字生活的内涵。

（3）指数的计算与合成。

经过指标的标准化、权重设定之后，数字生活指数计算合成的步骤如下：

首先，对于微观数字生活指数下的二级指标来说，每个二级指标都由三级指标组成，而三级指标对应多项不同的具体测度。将每项具体测度正向标准化后等权合成为三级指标，三级指标等权合成为二级指标。

其次，考虑到生活方式在六个方面的数字化表现对于衡量数字生活水平的均衡贡献以及测度体系的简洁性，一级指标微观数字生活指数由六个二级指标等权合成。

3. 宏观数字生活指数的计算与合成

宏观数字生活维度下的指标仍然需要经历无量纲化处理，以及设定权重合成指数。

（1）指标无量纲化。

同微观数字生活指数测度体系中的指标一样，首先进行标准化（无量纲化）的操作，消除计量单位对数据的影响。由于宏观数字生活指数测度体系下的指标均已为正向指标，因此无须再作正向化的处理。

（2）权重的设定与指数的合成。

在去量纲化的数据的基础上，由于测度指标之间数据分布和含义相差较大，因此采用熵权法平行提取所有测度指标中的信息，对其赋予权重，加权汇总得到二级指标，二级指标等权合成一级指标。

2.3.4　基础数据简介

本书中微观数字生活指数测度体系的数据来源于我们开展的居民数字生活调查，宏观数字生活指数测度体系的数据则来源于国家统计局公布的官方数据。本节对于居民数字生活调查的样本结构和权重设定作出具体说明。

居民数字生活调查通过电话调查和网络调查两种方式发放问卷，最终收回有效问卷 6 229 份，其中电话调查的有效问卷 1 421 份，网络调查的有效问卷 4 808 份。

1. 样本结构性偏差的校准加权

由于在调查的实施过程中条件有限，完全地考虑分类指标和全面地事先分层难以实现，再加上存在调查的各个环节难以严格监督等多种限制，在与调查目标高度相关的指标上，调查的样本结构可能与总体结构有较大的偏差。为了能够在这样的情况下通过调查对总体进行较为准确的推断，需要依靠总体的辅助信息，对样本进行校准加权处理，使调整后的样本加权结构与总体结构一致。居民数字生活调查通过不完全事后分层的校准估计，即广义搜寻比率估计，以第七次全国人口普查结果公布的全国 31 个省（自治区、直辖市）居民的性别、年龄及城乡居住人口等边际信息为辅助信息，对样本边际总计进行了校准，尽可能地与总体结构一致，使最后的估计更加准确。

2. 电话调查与网络调查数据的权重设定

由于网络调查需要借助互联网的使用，网络调查的受访者需要有一定的互联网使用能力和条件，所以在数字技术的应用上样本结构与总体结构会有所偏差，相比之下，电话在我国的使用更为广泛，普及程度基本能够做到全覆盖，因此本书认为电话调查受访者更加具有代表性，通过电话调查收集到的信息也更具有参考性，对其赋予更大的权重。所以，在微观数字生活指数的测算上，本书对于不同的数据来源做了不同的权重设定处理：对于来自电话调查的样本估计结果赋予 0.6 的权重，对于来自网络调查的样本估计结果赋予 0.4 的权重。最终指数的测算结果来自两者测算结果的加权之和。

2.4 中国 31 省区市国民数字生活总指数测算分析

2.4.1 总指数的基本情况分析

1. 总指数的基本情况

本次数字生活总指数对全国 31 个省（自治区、直辖市）进行了测算。全国数字生活总指数平均分为 71.4 分，北京得分最高，为 86.3 分，甘肃得分最低，为 66.5 分，最高分与最低分之间相差 19.8 分。除了北京以外，上海和广东总指数得分也较高，分别为 82.1 分、81.6 分，福建、浙江数字生活总指数得分排在第 4 名和第 5 名，分别为 77.0 分、76.5 分。除了甘肃以外，云南、海南、江西、内蒙古的总指数得分也较低，分别为 67.3 分、67.1 分、66.9 分和 66.7 分（见图 2-1）。

在 31 个省份中，高于全国得分均值的省（自治区、直辖市）有 11 个，占总体的 35.5%；低于全国得分均值的省（自治区、直辖市）有 20 个，占总体的 64.5%。我国数字生活总指数的整体结构呈现高分段差距大、低分段差距小的特点。

2. 总指数指标贡献度分析

（1）贡献度定义。

贡献度在指标体系中可以用来反映各个下级指标对上级指标得分影响的大小。

贡献度的计算公式为：

$$\text{下级指标 } i \text{ 的贡献度} = \frac{w_i x_i}{\sum w_i x_i}$$

式中，i 为各下级指标，x_i 为各下级指标的取值，w_i 为各下级指标的权重。

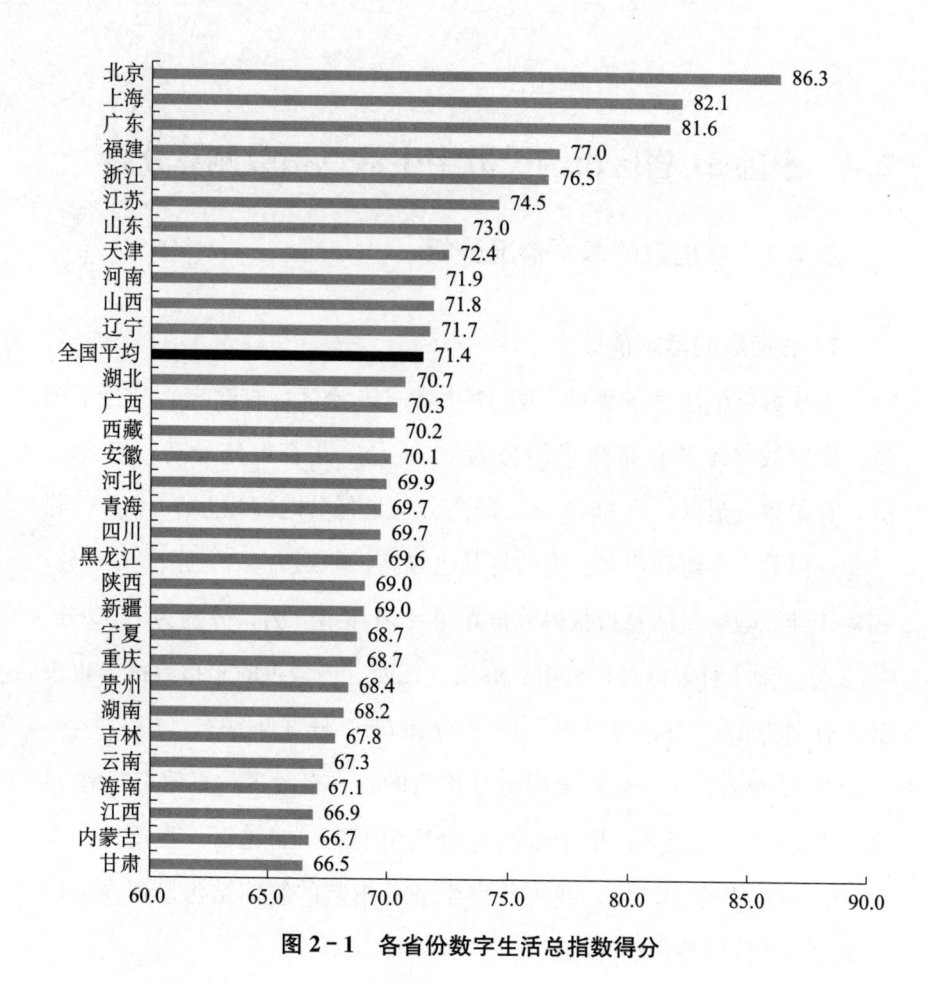

省份	得分
北京	86.3
上海	82.1
广东	81.6
福建	77.0
浙江	76.5
江苏	74.5
山东	73.0
天津	72.4
河南	71.9
山西	71.8
辽宁	71.7
全国平均	71.4
湖北	70.7
广西	70.3
西藏	70.2
安徽	70.1
河北	69.9
青海	69.7
四川	69.7
黑龙江	69.6
陕西	69.0
新疆	69.0
宁夏	68.7
重庆	68.7
贵州	68.4
湖南	68.2
吉林	67.8
云南	67.3
海南	67.1
江西	66.9
内蒙古	66.7
甘肃	66.5

图 2-1 各省份数字生活总指数得分

下级指标的贡献度能够反映各下级指标作用的大小，贡献度越大，意味着该下级指标对上级指标的得分影响越大。

(2) 总指数贡献度分析。

图 2-2 展示了 31 个省（自治区、直辖市）微观数字生活和宏观数字生活对数字生活总指数的贡献度。各省份的微观数字生活的贡献度平均为 53.3%，宏观数字生活的贡献度平均为 46.7%，两个指标贡献度相对接近，微观数字生活的贡献度略大。

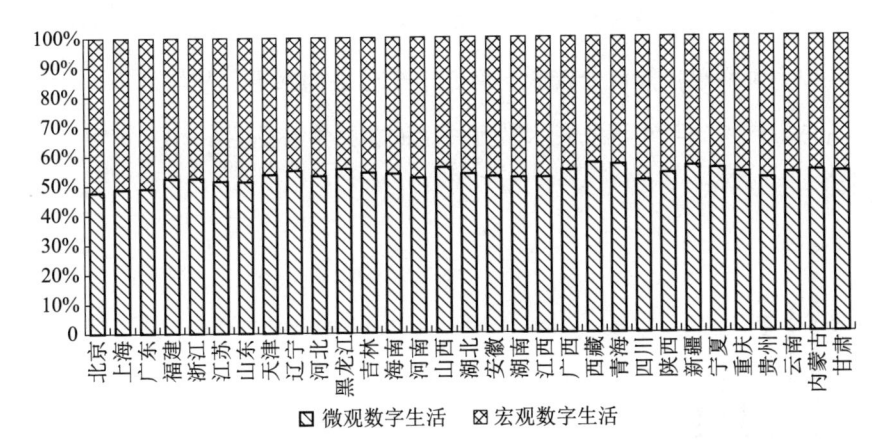

图 2-2 各省份一级指标贡献度（按总指数得分降序排列）

微观数字生活占比最高的是西藏，为 57.2%；宏观数字生活占比最高的是北京，为 52.3%；两项得分比较均衡的省份有广东、山东等。微观数字生活代表的是个体对于自我数字生活的直接感知，宏观数字生活代表地区数字化生活水平的间接评价。贡献度的计算结果意味着国民对数字化生活水平的直接感知和来自统计数据的间接评价的结果有所差异，西藏等地需要加速地区整体的数字化建设，北京等地更需要关注每个人在日常活动中所享受到的数字红利。

3. 总指数的地区比较分析

依据国家统计局对地区的划分标准，将全国 31 个省（自治区、直辖市）划分到东部、中部、西部三个地区（东北地区并入东部地区），比较总指数在地区上的分布特点。

结合各区域数字生活总指数得分来看，东部地区最高，为 74.6 分，中部地区其次，为 69.9 分，西部地区最低，为 68.7 分，东部地区的数字生活总指数得分与中部和西部地区有一定的差距。

在全国 31 个省（自治区、直辖市）总指数平均水平以上的省份，东部地区有 9 个，中部地区有 2 个，西部地区有 0 个。整体来看，东部地区数字生活总指数得分较高，大部分省份高于全国平均水平，而西部地区数字生活总指数得分较低，均低于全国平均水平。整体而言，数字生活总指数得分与经济发展水平有一定的相关性（见图2-3）。

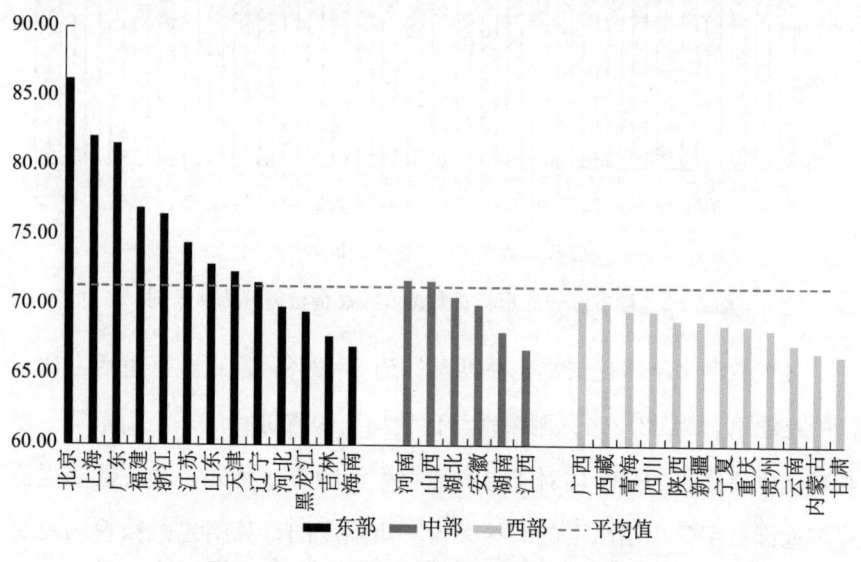

图2-3 东、中、西部地区总指数对比分析

2.4.2 总指数的分类分析

1. 微观数字生活指数基本情况

对微观数字生活指数的测算结果需要特别说明的是，微观数字生活指数测算的数据来源于居民数字生活调查。目前，该调查受到抽样条件的限制，部分省份如西藏自治区、新疆维吾尔自治区、青海省的严格抽样比较困难，样本代表性欠佳，最终会导致结果有所偏差。

微观数字生活指数全国平均得分为76.0分，北京得分最高，为82.3分，江西得分最低，为70.3分，最高分与最低分之间相差12.0分。微观数字生活指数得分前5名的省份依次为北京、福建、西藏、浙江、山西，最后5名的省份依次为甘肃、四川、湖南、贵州和江西。四个直辖市北京、上海、天津、重庆分别排在第 1 位、第 6 位、第 10 位和第 21 位（见图 2-4）。

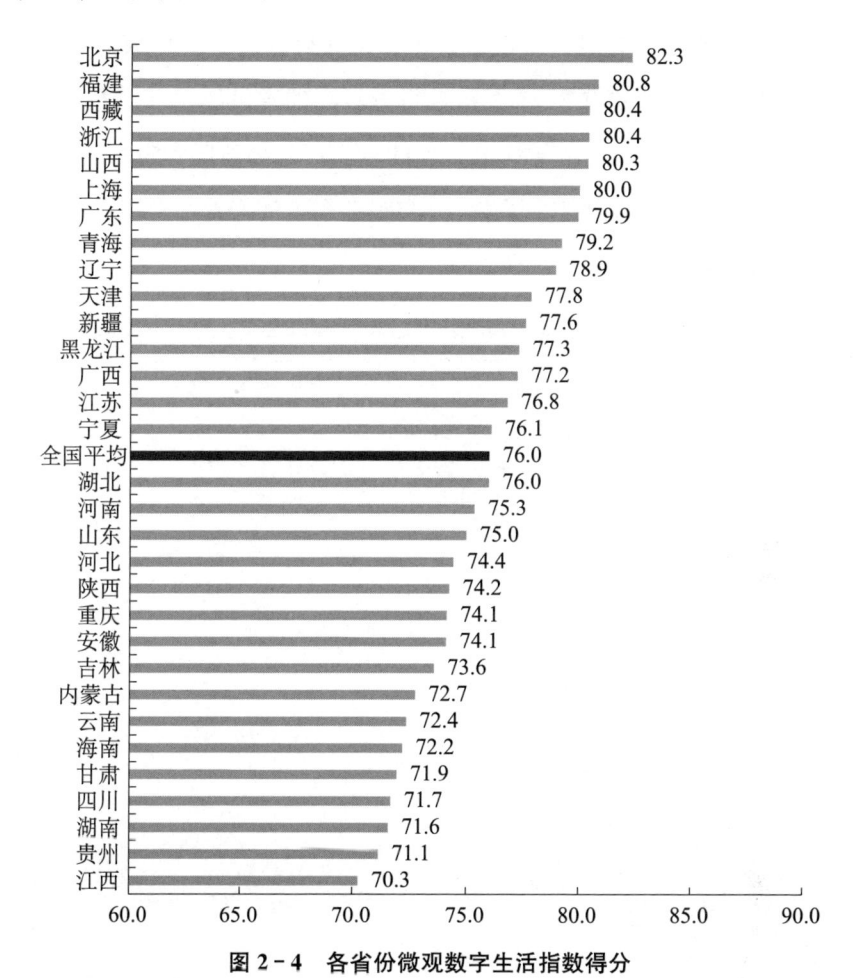

省份	得分
北京	82.3
福建	80.8
西藏	80.4
浙江	80.4
山西	80.3
上海	80.0
广东	79.9
青海	79.2
辽宁	78.9
天津	77.8
新疆	77.6
黑龙江	77.3
广西	77.2
江苏	76.8
宁夏	76.1
全国平均	76.0
湖北	76.0
河南	75.3
山东	75.0
河北	74.4
陕西	74.2
重庆	74.1
安徽	74.1
吉林	73.6
内蒙古	72.7
云南	72.4
海南	72.2
甘肃	71.9
四川	71.7
湖南	71.6
贵州	71.1
江西	70.3

图 2-4　各省份微观数字生活指数得分

2. 宏观数字生活指数基本情况

宏观数字生活指数全国平均分为 66.8 分，北京得分最高，为 90.2 分，西藏最低，为 60.1 分，最高分与最低分之间相差 30.1 分。宏观数字生活指数排在前 5 名的省份依次为北京、上海、广东、福建和浙江，北京领先其他省份的优势明显；排在最后 5 名的省份依次为甘肃、内蒙古、新疆、青海、西藏。四个直辖市北京、上海、天津、重庆分别排在第1位、第2位、第10位和第21位。

在31个省（自治区、直辖市）中，指数得分高于平均值的省份有10个，低于平均值的有21个。指数得分较高的省份如北京、上海、广东这类一线城市地区超出平均值的程度较高，西部地区省份如内蒙古、新疆、青海、西藏的指数得分较低，宏观数字生活指数在全国分布很不均衡，东西部差异较大（见图2-5）。

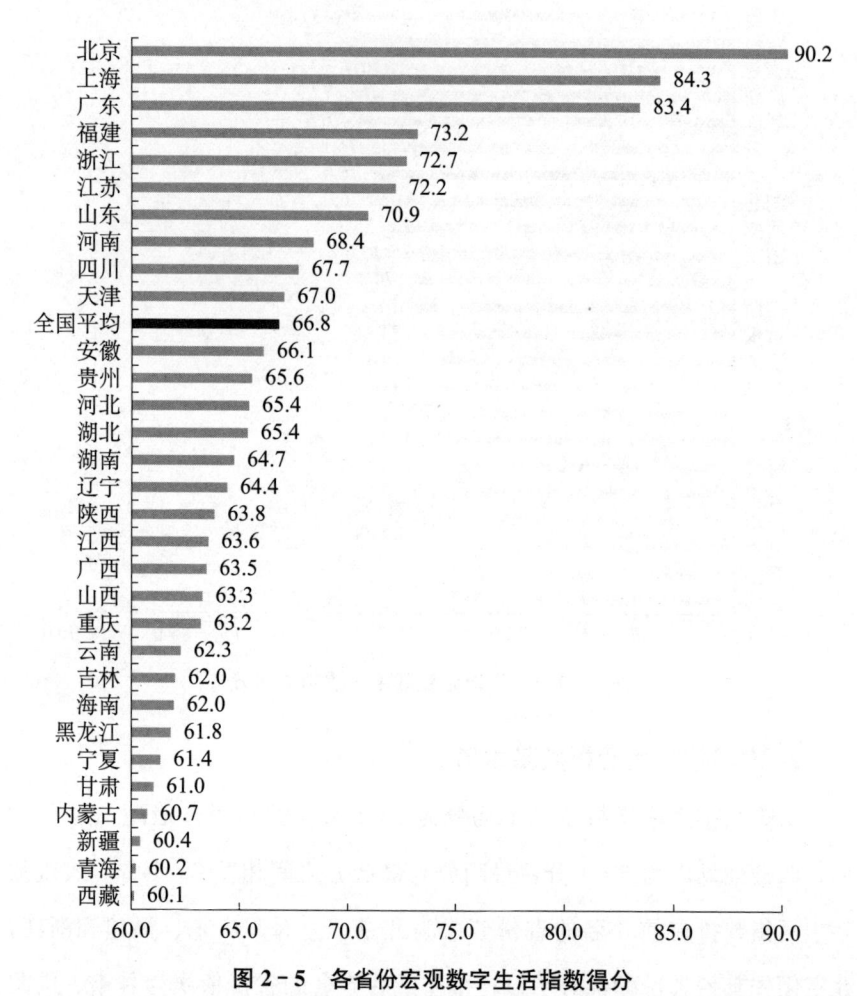

省份	得分
北京	90.2
上海	84.3
广东	83.4
福建	73.2
浙江	72.7
江苏	72.2
山东	70.9
河南	68.4
四川	67.7
天津	67.0
全国平均	66.8
安徽	66.1
贵州	65.6
河北	65.4
湖北	65.4
湖南	64.7
辽宁	64.4
陕西	63.8
江西	63.6
广西	63.5
山西	63.3
重庆	63.2
云南	62.3
吉林	62.0
海南	62.0
黑龙江	61.8
宁夏	61.4
甘肃	61.0
内蒙古	60.7
新疆	60.4
青海	60.2
西藏	60.1

图2-5 各省份宏观数字生活指数得分

2.5 中国31省区市国民数字生活要素指数分析

2.5.1 微观数字生活要素指数分析

1. 微观数字生活各要素指标指数分析

（1）基础数字生活。

31个省（自治区、直辖市）在基础数字生活方面的要素指数如图2-6所示。西藏最高，为91.4分，云南最低，为74.6分，全国基础数字生活要素指数平均值为80.1分，标准差为4.45分。青海、福建、北京、山西的指数得分排在第2名至第5名，最后5名除云南外依次是海南、河北、内蒙古和四川。在全国整体水平之上的省份有14个，在全国整体之下的省份有17个（见图2-6）。

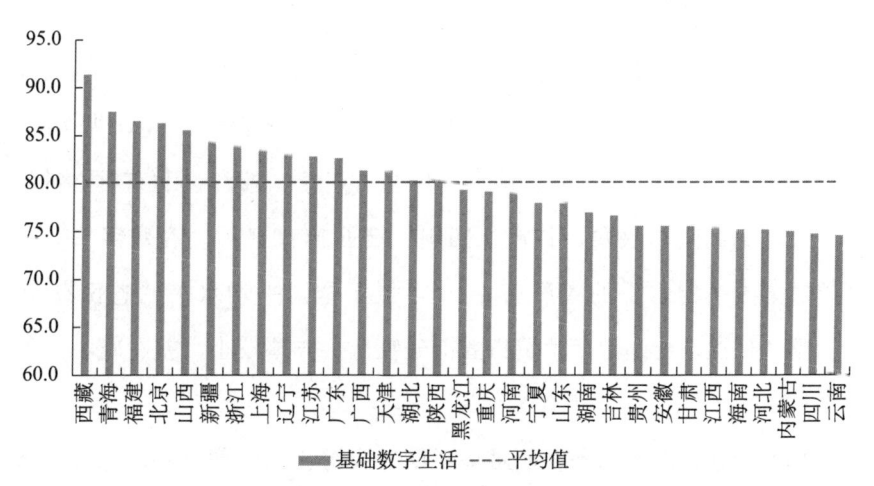

图2-6 各省份基础数字生活指数得分（按指数得分降序排列）

西藏的指数得分较高可能有多方面的原因。首先，西部地区实现的数字化赶超的成果有目共睹。近年来，电子商务在西藏等西部地区发展迅猛。截至2022年底，西藏已经建成自治区级电子商务产业园、电子商务科技孵化园、电商公服中心、物流仓储配送中心等多个项目，以及74个县级电商公服中心和1 090个乡村电商服务站点，农牧民参与电子商务的热情高涨。另外，由于先天的地理和气候条件优势，西藏吸引了大量的数字产业项目落地。2023年7月，2023全球数字经济大会拉萨高峰论坛在拉萨举行，论坛以推动数字产业化和产业数字化为核心，为深化数字经济合作共赢搭建更大的平台。其次，由于存在各种调查条件的限制，抽样调查的过程中样本的代表性难以保障，最终可能会使得测算结果有所偏差。除此之外，由于近年来西部地区的数字化建设飞速发展，人民的生活方式在短期内实现了较大的数字化的转变和跳跃，但是由于所接触的数字化生产、生活方式有限，他们在自评各项数字化生活方式程度时在主观上倾向于选择更高的评价，可能最终导致结果的偏差。

（2）数字消费。

在数字消费方面，全国31个省份整体的数字消费指数得分较低，平均值为71.4分，标准差为2.98分。西藏指数得分最高，为77.1分，江西最低，为65.4分。西藏、广东、辽宁、浙江、北京排在前5名，江苏、湖南、陕西、甘肃、四川、江西排在最后。在数字消费方面超过全国平均水平的省份有15个，低于全国平均水平的省份有16个。整体来说，全国数字消费指数得分较低，方差较小，差距较小（见图2-7）。

如前所述，电子商务在西藏呈现爆发式增长，西藏土特产通过直播带货等方式受到了大家的大量关注。作为新型消费方式的电子商务带动了西藏数字消费的发展。另外，广东、浙江等外贸、跨境电商大省的特点也在数字消费的得分上有所体现。

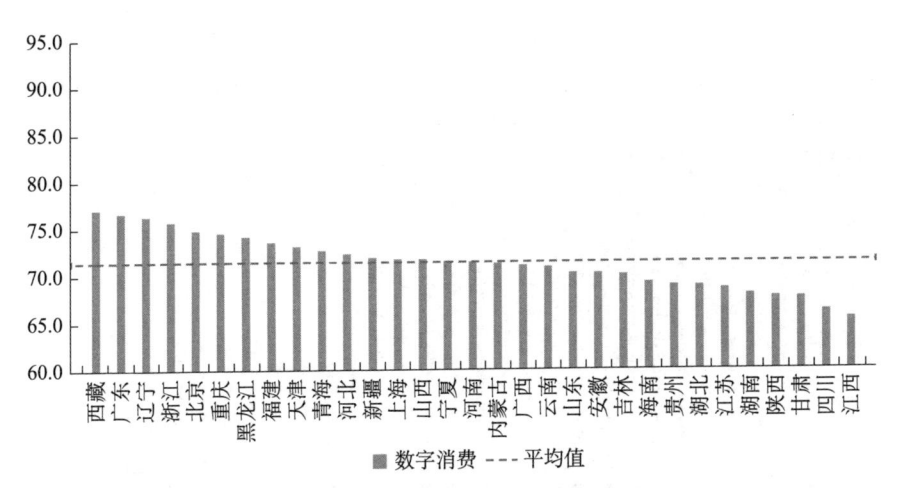

图 2-7　各省份数字消费指数得分（按指数得分降序排列）

(3) 数字金融。

关于数字金融要素指数，全国平均得分为 75.8 分，标准差为 5.16 分，相较于其他指数波动更大。福建得分最高，为 86.8 分，西藏得分最低，为 67.2 分。在福建之后，浙江、山西、广东、北京、上海排在第 2 名至第 6 名，最后 5 名除西藏外依次是江西、贵州、重庆和海南。在全国平均水平之上的省份有 17 个，平均水平之下的有 14 个省份。整体来看，在数字金融方面，全国各省份差距相对明显，明显呈现经济发达的东部地区领先、西部地区落后的整体局面（见图 2-8）。

福建针对推进数字金融的发展采取了多项举措。福建省政府出台《福建省"十四五"金融业发展专项规划》，提出要推动福州打造数字金融和科技金融特色功能区。厦门市推出"金融科技之城"品牌，宁德市、龙岩市也创建了国家级普惠金融改革试验区。根据北京大学发布的《北京大学数字普惠金融指数（2011—2020）》，福建 2020 年数字普惠金融指数排名领先。数字金融指数得分较高的省份在推动数字普惠金融上采取了大量举措。相比之下，重庆、海南和西藏亟须推动数字金融的发展。

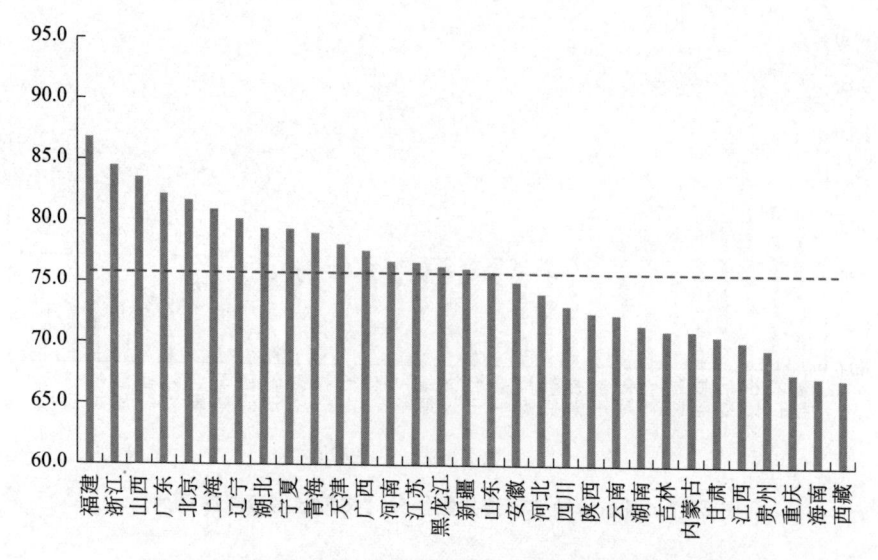

图 2-8 各省份数字金融指数得分（按指数得分降序排列）

(4) 数字社会参与。

关于数字社会参与要素指数，全国 31 个省份平均得分为 77.6 分，标准差为 4.03 分。北京指数得分最高，为 86.1 分；湖南最低，为 70.9 分。北京之后，西藏、上海、山西、辽宁排在第 2 名至第 5 名，最后 5 名除湖南外依次是江西、云南、四川、贵州。在全国平均水平之上的省份有 14 个，平均水平之下的有 17 个省份。整体来看，数字社会参与测算得分较高的省份与平均水平之间的差距比较大（见图 2-9）。

(5) 数字就业。

关于数字就业要素指数，全国平均得分为 72.3 分，标准差为 2.71 分。重庆得分最高，为 77.7 分，江西得分最低，为 67.0 分。西藏、福建、广东、北京排在第 2 名至第 5 名，最后 5 名除江西外依次是吉林、贵州、湖南和甘肃。在全国平均水平之上的省份有 14 个，平均水平之下的有 17 个省份。相较于其他指数，数字就业要素指数省份间差距小，平均得分低，全国情况比较一致（见图 2-10）。

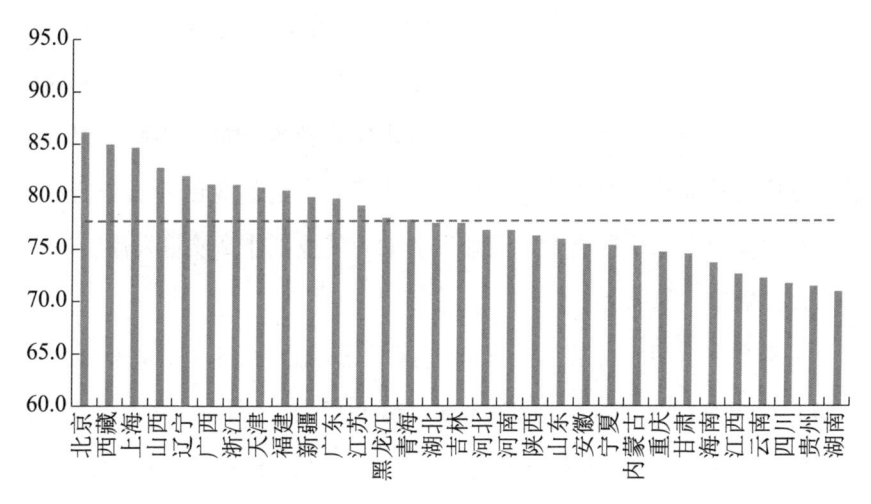

图 2-9 各省份数字社会参与指数得分（按指数得分降序排列）

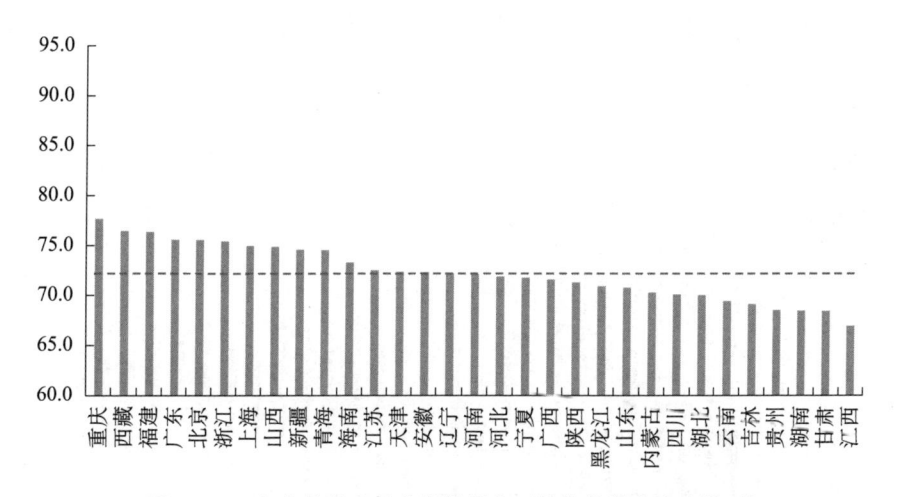

图 2-10 各省份数字就业指数得分（按指数得分降序排列）

重庆在数字就业上的表现比较突出。重庆建立人力资源信息库，并分类建设专项信息库，多维度、多层次进行数据统计。此外，重庆积极促进"一库"数据与"四联盟"资源有效衔接，做到线上线下齐头并进。在线上，通过发挥"重庆智能就业"招聘、培训、创业、政策经办四大系统作用，推动"人找政策""人找服务"向"政策找人""服务找人"转变。2022年1—7月，重庆全市实现智能推送岗位、培训信息8.7万条，受理政策经办67.3万人次。重庆还将深入推进"一库四联盟"工作，充分运用大数据、智能化技术实现精准对接，为服务对象提供全方位、精准化、智能化的就业创业服务，促进就业创业服务资源共享、互联互通，以优质高效的就业服务助力就业工作高质量发展。

（6）数字生活服务。

关于数字生活服务要素指数，全国平均得分为78.7分，标准差为4.50分。北京得分最高，为89.3分，超出其他省份优势明显；江西得分最低，为70.9分。西藏、黑龙江、上海、山西排在第2名至第5名，最后5名除江西外依次是内蒙古、湖南、贵州和重庆。在全国平均水平之上的省份有16个，平均水平之下的有15个省份（见图2-11）。

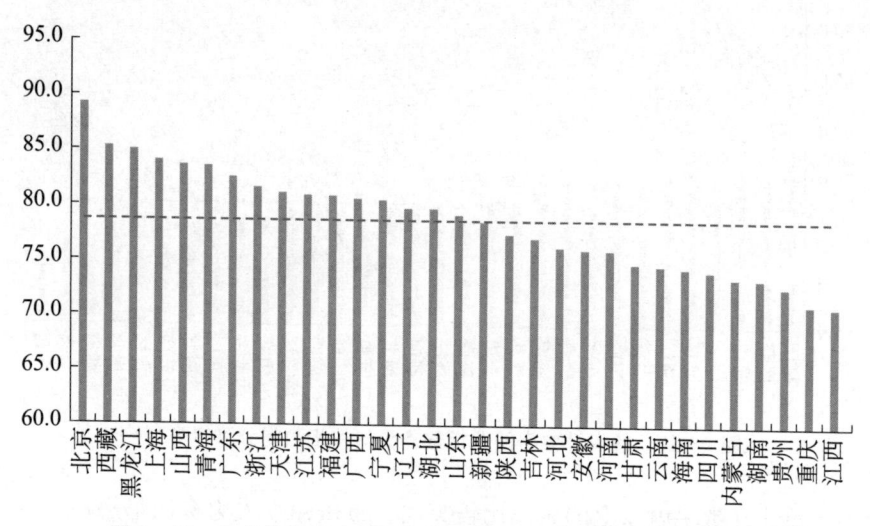

图2-11　各省份数字生活服务指数得分（按指数得分降序排列）

2. 微观数字生活各要素指标对比分析

对比微观数字生活要素指数下的六个要素指标，基础数字生活的总体得分更高，数字金融、数字社会参与、数字生活服务的得分居中，数字就业和数字消费的整体得分较低。对于在全国的分布来说，各省份在数字消费和数字就业方面的差距较小，在基础数字生活和数字金融等方面的差距比较大（见图2-12）。

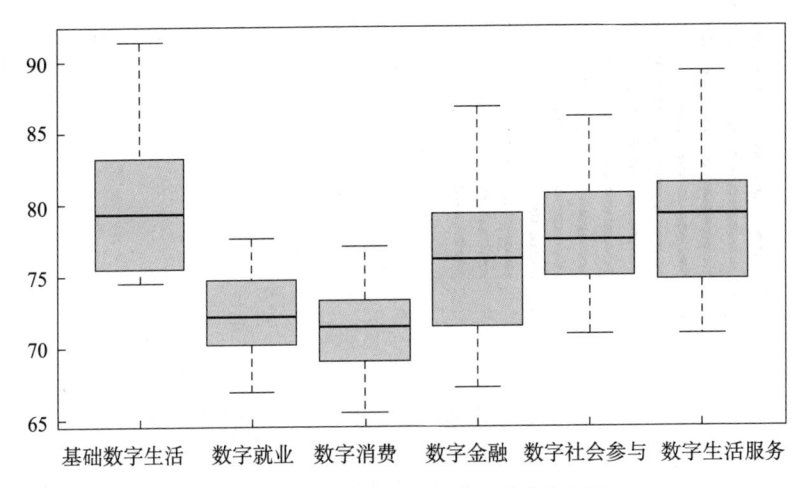

图2-12 微观数字生活各要素指标对比

3. 微观数字生活要素指数地区比较分析

东部地区微观数字生活要素指数平均值最高，为77.6分；中部地区平均值最低，为74.6分；西部地区平均值为74.9分。三个区域之间尤其是中部地区和西部地区之间的微观数字生活要素指数平均值差距较小。

在全国31个省（自治区、直辖市）微观数字生活要素指数平均水平以上的省份，东部地区有9个，中部地区有1个，西部地区有5个。整体来看，东部地区微观数字生活要素指数发展整体相对均衡，但也有部分省份如吉林、海南得分较低；中部地区微观数字生活要素指数差距比较大，中部地区微观数字生活要素指数得分最高的山西省与得分最低的江西省的分差达到了10.1分；西部地区的省份发展差距情况则介于东部和中部之间（见图2-13）。

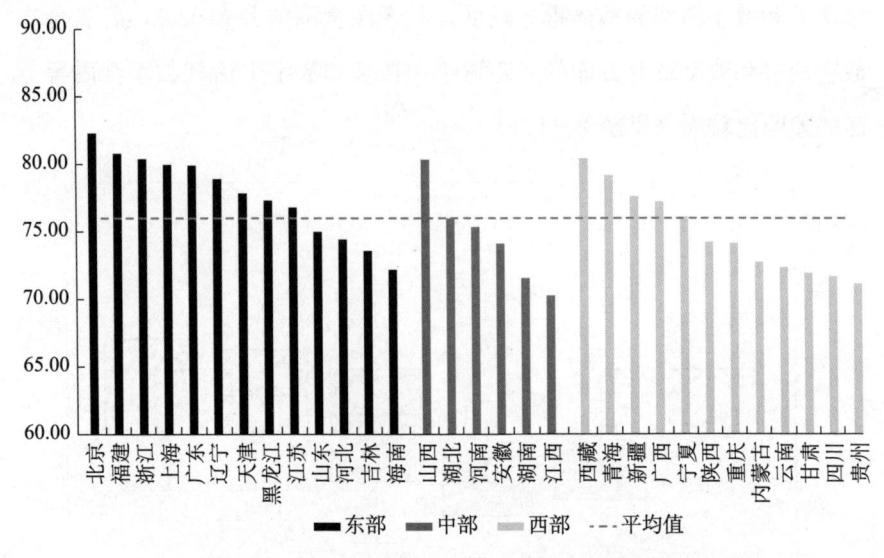

图 2-13 东、中、西部地区微观数字生活要素指数对比分析

从微观数字生活要素指数的测算结果可以看到，西部地区在数字化建设方面正在积极赶超。近年来，面对东强西弱的发展情况，西部地区正在抢抓机会，加紧数字基础设施和物流建设，促进电商发展，实现经济数字化转型，进行数字化赶超。中南财经政法大学数字经济研究院联合阿里巴巴发布的《西部电商发展报告2021》显示，在2020年，西部新入淘创业者增幅超过了中东部，增幅最高的宁夏达到了420%，新疆的双河市、西藏的阿里等城市寄件量同比增幅也均超过300%。微观数字生活要素指数的测算结果在一定程度上反映了西部地区在数字化方面加强建设的成果。

2.5.2 宏观数字生活要素指数分析

1. 宏观数字生活各要素指标贡献度分析

在宏观数字生活要素指数中，数字基础设施数量指标能够反映地区数字基础设施建设的整体规模，密度指标则能够反映数字基础设施的覆盖率和使用率，从而反映落实到居民个体的具体资源配置情况。因此，关注两个二级指标对于宏观数字生活指数的贡献率，有利于同时把握数字基础设施地区发展水平和地区居民的平均使用情况。

各省份宏观二级指标的贡献度如图 2-14 所示，全国基础设施数量指标的平均贡献度是 60.6%，基础设施密度指标的平均贡献度是 39.4%。其中，基础设施数量指标贡献度占比最高的是广东，为 67.0%；贡献度占比最低的是上海，为 52.8%。北京的基础设施数量指标贡献度占比也较高，仅次于广东。天津的基础设施数量指标贡献度占比较低，明显低于平均水平。

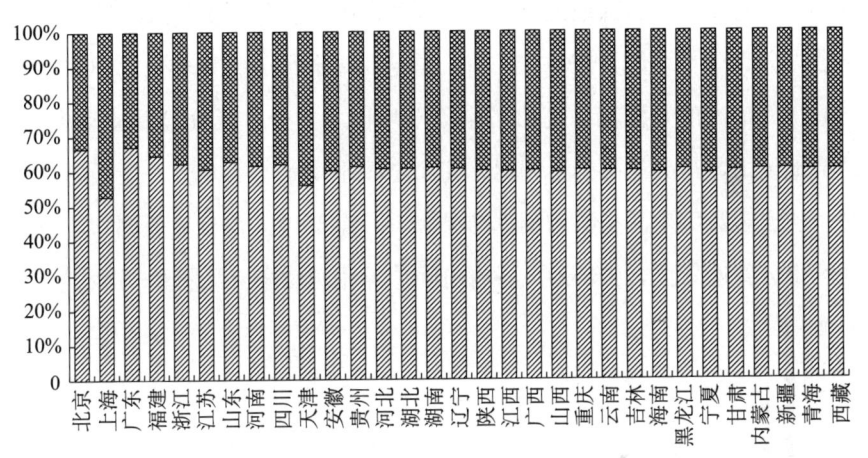

图 2-14 宏观数字生活各要素指标贡献度（按宏观数字生活要素得分降序排列）

这意味着，总体来看，基础设施数量指标对于宏观数字生活指数的作用更大。其中，广东和北京相较于全国在基础设施总量建设上更为突出；上海和天津在基础设施密度建设上表现更好，明显优于全国其他省份。

当关注数字基础设施建设最终落实到百姓生活的日常使用的部分时，密度（人均）值的高低更加重要。因此，从这个角度出发，我们可以看到，上海的基础设施建设表现优异，居民生活数字化水平比较高。

目前，上海正在加快建设具有世界影响力的国际数字之都，《上海市全面推进城市数字化转型"十四五"规划》提出，到 2025 年，上海将基本构建起底座、中枢、平台互联互通的城市数基，形成面向未来的数字城市底座支撑。数字城市底座就是指面向未来的数字城市基础设施体系，为城市数字化转型提供数据支撑、技术赋能和平台服务。

2. 宏观数字生活要素指数地区比较分析

宏观数字生活要素指数在东部地区的平均分为 71.5 分，中部地区的平均分为 65.2 分，西部地区的平均分为 62.5 分。在全国 31 个省（自治区、直辖市）宏观数字生活指数平均水平以上的省份，东部地区有 8 个，中部地区有 1 个，西部地区有 1 个。东部地区大部分省份的宏观数字生活指数得分高于平均值，吉林、海南、黑龙江指数得分整体较低。中部地区指数得分最高的是河南，高出了全国平均值 1.6 分，得分最低的是山西。西部地区指数得分最高的是四川，高出全国平均水平 0.9 分，最低的是西藏。从宏观数字生活指数的测算结果来看，东部地区得分显著偏高，西部地区得分普遍较低，中部地区各省份间差异相对较小（见图 2-15）。

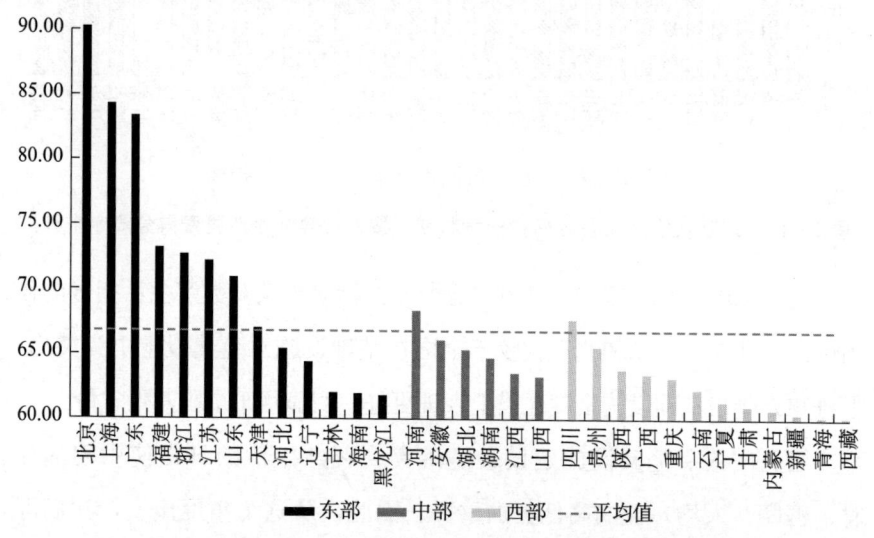

图 2-15 东、中、西部地区宏观数字生活指数对比分析

2.6 本章小结

2.6.1 数字生活总指数测算分析结论

全国31个省（自治区、直辖市）数字生活总指数测算结果显示，得分最高的省份为北京，为86.3分，上海、广东、福建、浙江分别排在第2名至第5名；甘肃得分最低，为66.5分；大部分省份得分集中在68~72分。整体而言，东部沿海地区数字生活总指数水平较高，全国呈现高分段差距大、低分段差距小的分布特点。

两个一级指标中，整体上对总指数贡献度更高的是微观数字生活，即微观数字生活指数得分对数字生活总指数得分影响更大。微观数字生活贡献度最高的是西藏，为57.2%；宏观数字生活贡献度最高的是北京，为52.3%。两项得分比较均衡的省份有广东、山东等。

2.6.2 数字生活要素指数测算分析结论

微观数字生活指数测算结果显示，北京得分最高，为82.3分，福建、西藏、浙江、山西分别排在第2名至第5名，东、中、西部三个地区的得分均值差距较小，全国分布相对均衡。在微观数字生活各要素指数上，北京均位于全国领先的位置，分别在数字社会参与和数字生活服务上得分最高。西藏在数字消费和基础数字生活方面得分最高，福建在数字金融上得分最高，重庆在数字就业上得分最高。整体而言，全国在数字消费和数字就业指数上得分偏低，差距较小，在基础数字生活和数字金融指数上得分差异大。

宏观数字生活指数得分前五的省份分别是北京、上海、广东、福建和浙江，得分最高的省份为北京，得分90.2分，相较于其他省份领先优势明显，反映出北京在数字基础设施的覆盖上较为完善；上海、广东、福建、浙江分别排在第2名至第5名。一线城市所在的东部沿海地区得分整体偏高，西部地区整体偏低，全国分布很不均衡。

关于宏观数字生活各要素指数的贡献度，总体上全国各省份基础设施数量指标对于宏观数字生活指数的作用更大。其中，北京和广东相较于全国在基础设施总量建设上更为突出；上海和天津在基础设施密度建设上表现更好，明显优于全国其他省份。

第 3 章
国民数字经济认知情况分析

3.1 总体情况

在这一章中，我们将分析国民对数字经济的认知情况，并进一步探讨数字经济在不同地区和群体中的差异。通过详细的数据分析，我们可以更全面地了解国民的数字化行为和认知水平，从而为政策制定和战略规划提供更具体的指导。

3.1.1 网络设备使用基本情况

研究居民的上网行为时，可观察到他们在电脑和移动设备上网方面呈现多样性。图 3-1 显示出居民网络设备使用的不同情况：一些居民仅使用电脑上网（占比约为 0.08%），一些居民仅使用移动设备上网（占比约为 8.43%），还有一部分人既不使用电脑又不使用移动设备上网（占比约为 4.30%），最大的群体则同时使用电脑和移动设备上网（占比约为 87.19%）。总体来说，使用移动设备上网的居民占比高于使用电脑上网的居民占比，居民网络接触率较高。

为了综合考虑这些不同情况，本书引入加权计算方法，对每类居民分别赋予不同的权重。使用电脑上网的综合加权比例约为 0.87，而使用移动设备上网的综合加权比例约为 0.96。这一加权计算结果提示，当综合考虑不同设备的使用情况时，使用移动设备上网的比例更高。

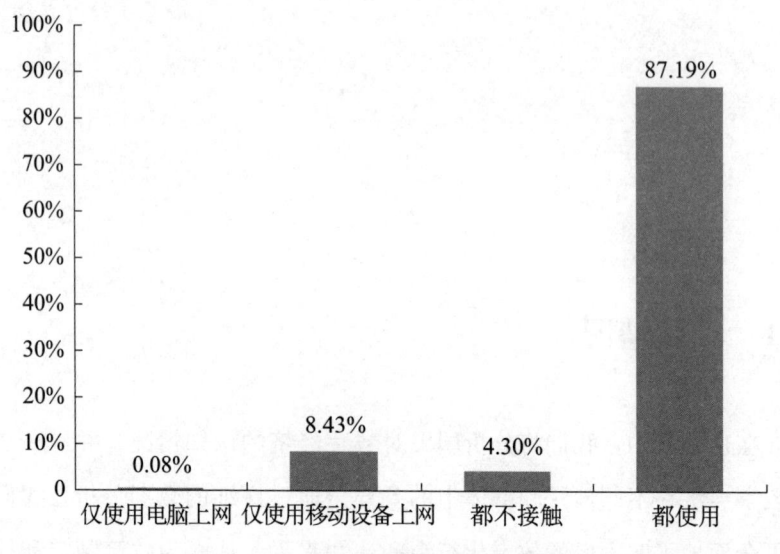

图 3-1　上网使用网络设备基本情况

对于使用移动端或电脑端上网的用户，本书还关注其每日除工作时间外使用网络的时长。从图 3-2 中可以看出，在通过电话调查且平时不收发电子邮件的用户中，不考虑无回答的居民，每日除工作外用于上网的时间集中在 1～4 小时区间，这表明对于绝大多数人来说，他们在工作之外不会在网上花费过多时间。平均每日工作外上网时长约为 3.62 小时，呈现明显的右偏分布，这意味着有一小部分用户可能在网上花费更多时间，拉高了平均值。这可能是因为有一些人对特定的在线活动特别热衷，或者他们工作之外的娱乐和社交需求需要更多的在线时间。

从图 3-3 中可以看出，在通过网络渠道调查且使用移动端或电脑端上网的用户中，每日除工作外用于上网的时间集中在 0～6 小时区间，这意味着大多数用户每日的上网时长在较短的范围内。其中，有 43 名用户的每日上网时长在 2 小时以下，占总用户数的 14.24%；有 114 名

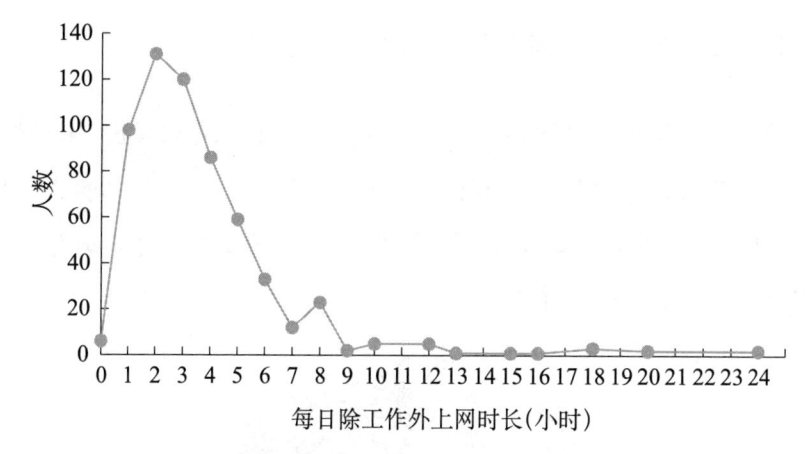

图 3-2 网民每日除工作外上网时长分布（电话调查用户）

用户的每日上网时长在 2~4 小时区间，占总用户数的 37.75%；有 85 名用户的每日上网时长在 4~6 小时区间，占总用户数的 28.15%；有 40 名用户的每日上网时长在 6~8 小时区间，占总用户数的 13.25%；有 20 名用户的每日上网时长超过 8 小时，占总用户数的 6.62%。

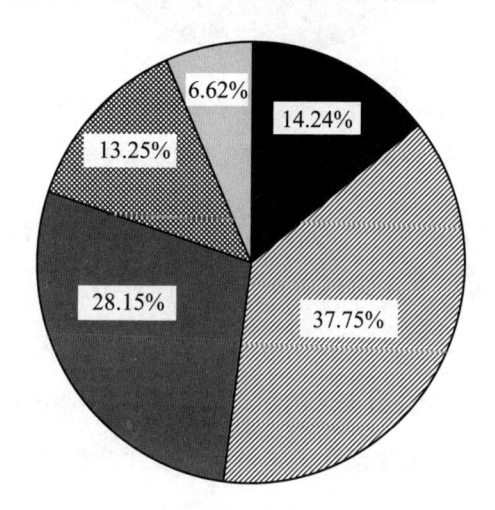

图 3-3 网民每日除工作外上网时长分布（网络调查用户）

3.1.2 电子邮件使用基本情况

在使用网络设备的居民中,平时收发电子邮件的居民占 84.97%,一共 5 065 人;不收发电子邮件的居民占 15.03%,一共 896 人(见图 3-4)。引入加权计算方法,计算得出:在所有的居民中,约 64.4% 的居民平时会收发电子邮件。

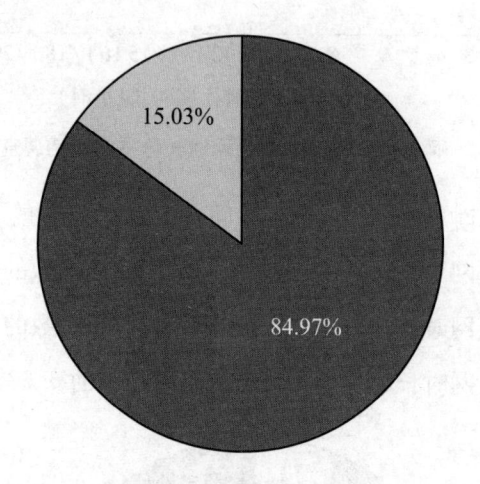

图 3-4 网民电子邮件使用基本情况

对于平时会收发电子邮件的居民,本调查进一步统计了其使用电子邮件的频率。从图 3-5 中可以看出,电话调查用户中,无回答的用户(记为-999)有 14 人,占 2.5%;一周使用 1 天和每天都使用的用户占比较大;一周使用 4 天或者 6 天的用户占比最小。网络调查用户中,每周使用 1~3 天的用户占比最大,约占这部分用户的一半;每天使用的用户占比最小,占 20.5%。

对于平时不会收发电子邮件的用户(共 896 人),本书关注其每周使用网络的频率。从图 3-6 中可以看出,虽然平时不会收发电子邮件,

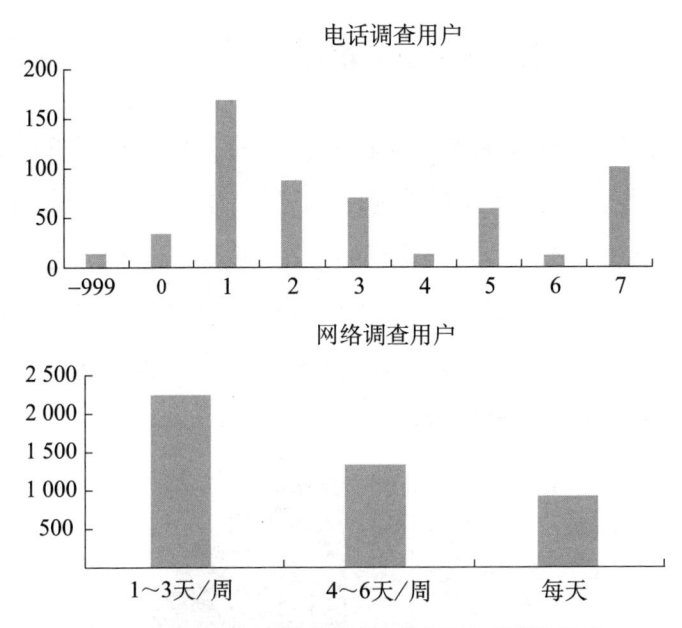

图 3-5 电子邮件用户每周使用电子邮件频率情况

但是几乎每天都使用网络（比如，在电脑、手机、平板上看视频、新闻，以及购物等）的居民占比最大，占 54.7%。这表明虽然他们不使用电子邮件，但他们在日常生活中频繁地使用互联网。从不使用网络或者几个月才使用一次网络的居民占比最小，这意味着只有少数居民完全不使用互联网或者极少使用。

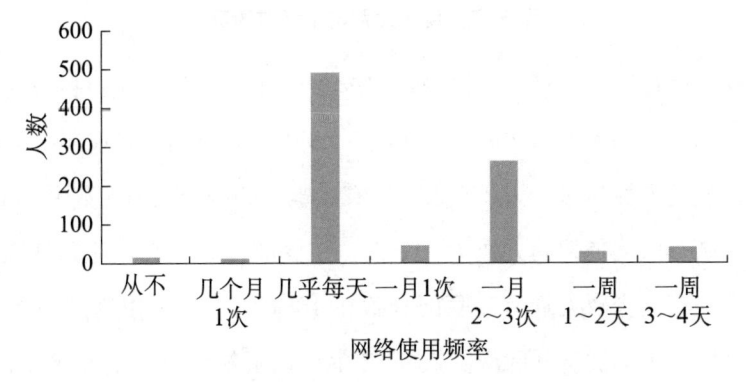

图 3-6 不使用电子邮件的网络用户使用网络频率情况

3.1.3 网络借贷使用基本情况

对于会使用移动端或者电脑端上网的居民（占所有受访者的 95.7%），本书调查了其网络借贷行为。结果显示，曾在 P2P 平台、借呗、百度金融、京东金融、互联网银行等互联网平台上借过钱款的居民有 2 188 人，占网民的 36.7%，未使用网络借贷的用户占 63.3%（见图 3-7）。引入加权计算方法，计算得出：在所有的居民中，约 28.0% 的居民使用过互联网借贷服务。

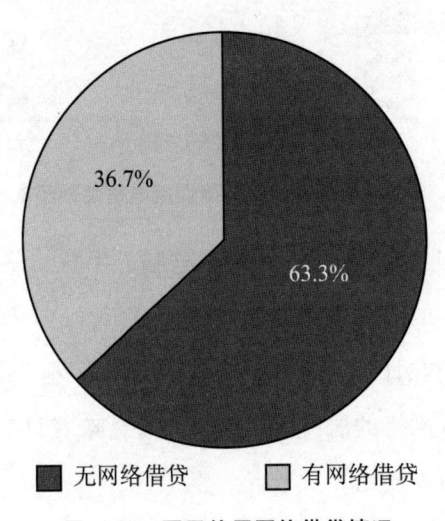

图 3-7 网民使用网络借贷情况

在使用过网络借贷的居民中，去掉 4 个无回答的居民，目前还有 0 笔互联网贷款的人数为 205 人。从图 3-8 中可以看出，目前还有 1 笔互联网贷款的人数最多，为 859 人；还有 2 笔互联网贷款的人数为 714 人；还有 3 笔互联网贷款的人数为 347 人；有少部分人现有互联网贷款在 5 笔以上，有极少数人现有互联网贷款在 10 笔以上。在使用过网络借贷的居民中，平均拥有互联网贷款 1.72 笔，借贷笔数分布呈现明显右偏，表示有一小部分人在网络借贷领域更为活跃，持有更多的贷款笔数。

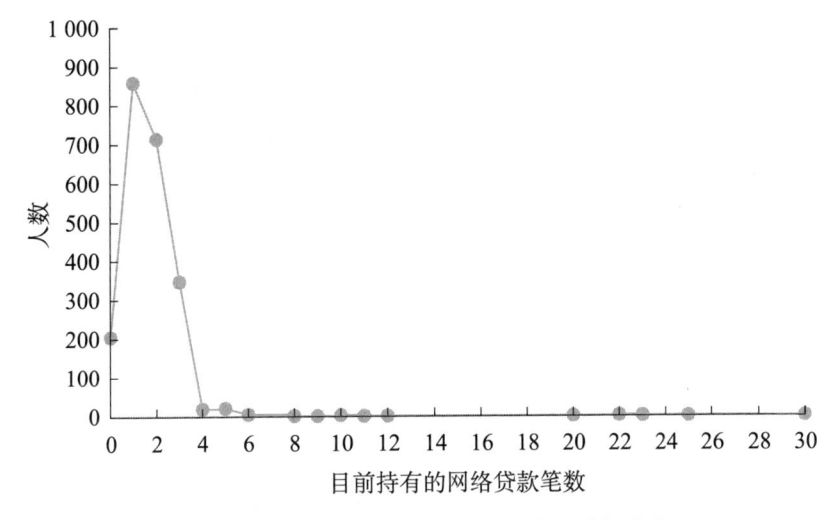

图 3-8　使用网络借贷的网民目前贷款笔数分布

在使用过网络借贷的居民中，通过电话渠道调查的居民有 203 人。在图 3-9 中，84.2% 的电话调查用户的网络借贷金额集中在 4.5 万元以下，6.9% 的电话调查用户的网络借贷金额在 4.5 万～9 万元区间，8.8% 的电话调查用户的网络借贷金额在 9 万元以上。大多数电话调查用户选择较小的借款金额。

在使用过网络借贷的居民中，通过网络渠道调查的居民有 1 972 人。从图 3-10 中可以看出，借贷金额在 0.5 万元以下的人数为 682 人，借贷金额在 0.5 万～1 万元区间的人数为 569 人，借贷金额在 1 万～5 万元区间的人数为 557 人，借贷金额在 5 万～10 万元区间的人数为 124 人，借贷金额在 10 万～50 万元区间的人数为 35 人，借贷金额在 50 万～100 万元区间的人数为 5 人。借贷金额较小（0.5 万元以下）的借款人数量最多，然后是 0.5 万～1 万元区间和 1 万～5 万元区间的借款人数量。随着借贷金额的增加，借款人数量逐渐减少。

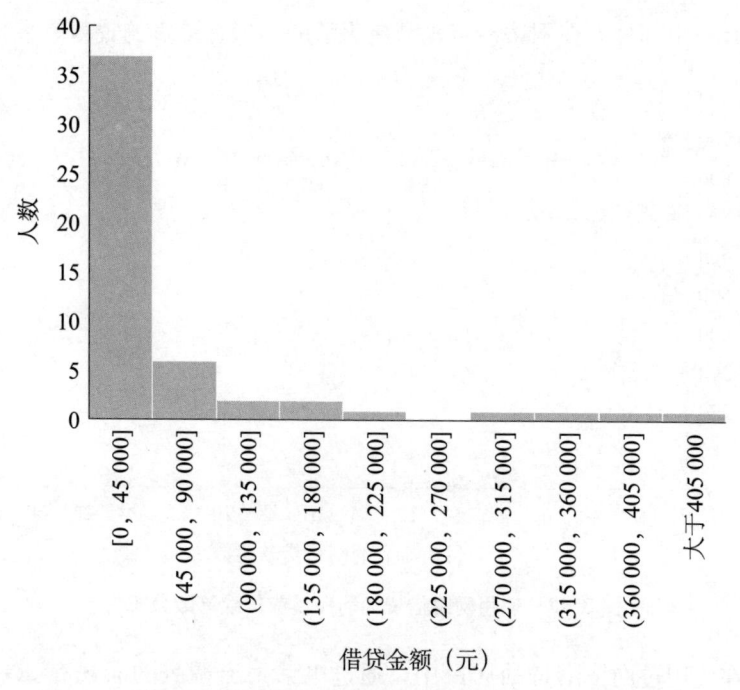

图 3-9 使用网络借贷的网民目前借贷金额分布（电话调查用户）

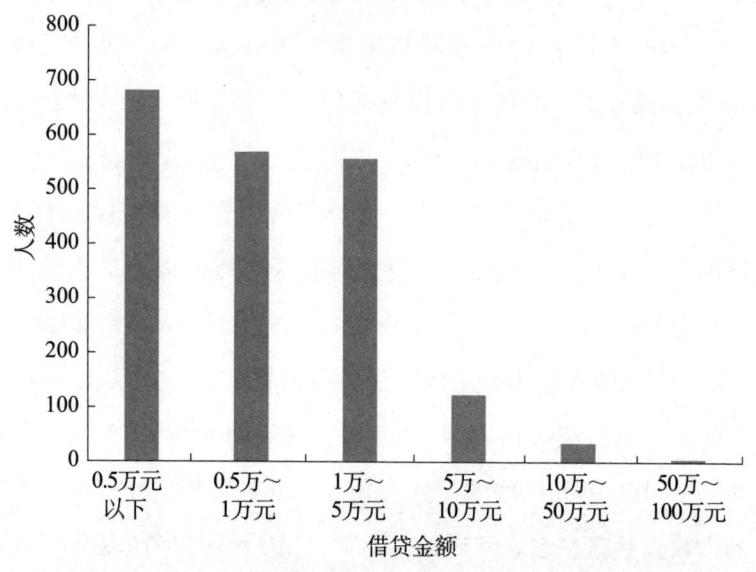

图 3-10 使用网络借贷的网民目前借贷金额分布（网络调查用户）

3.1.4 互联网理财产品拥有基本情况

对于未使用过网络借贷的居民,本书调查了其对互联网理财产品(如银行线上理财产品、余额宝、微信零钱通、京东小金库、活钱理财等)的购买情况。未使用过网络借贷的居民中,有 2 023 人没有购买过互联网理财产品,占比 53.6%;而有 1 750 人购买过互联网理财产品,占比 46.4%(见图 3-11)。

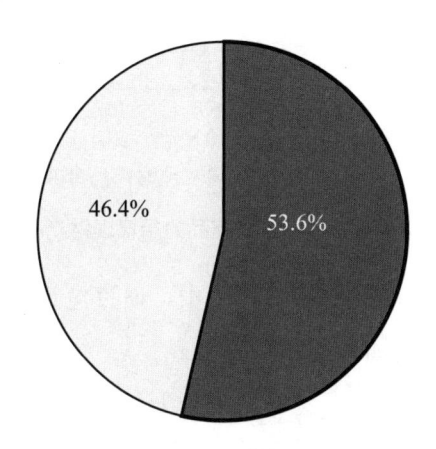

图 3-11 未使用网络借贷的网民购买互联网理财产品情况

在购买过互联网理财产品的居民中,去掉 12 名无回答的居民,从图 3-12 中可以看出,大多数人(513 人)拥有的互联网理财产品金额在 0.5 万元以下,这可能反映了一部分人的小额储蓄或投资需求。较大比例的人(284 人)持有的互联网理财产品金额在 0.5 万~1 万元区间,更多人(424 人)持有的金额在 1 万~5 万元区间。这表明一些人选择了中等规模的互联网理财产品,可能涉及中期或适度的投资。虽然比例较小,但仍有一部分人选择了较高金额的互联网理财产品。有 264 人的互联网理财产品金额在 5 万~10 万元区间,220 人的金额在 10 万~50

万元区间，28 人的金额在 50 万～100 万元区间，5 人的互联网理财产品金额超过 100 万元。

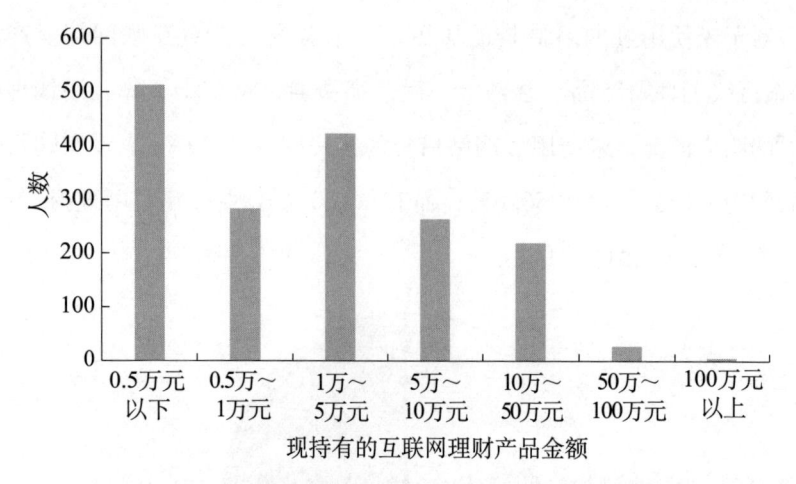

图 3-12　购买过互联网理财产品的居民理财产品金额分布

在购买过互联网理财产品的居民中，通过电话渠道调查的居民有 341 人，通过网络渠道调查的居民有 1 401 人。从图 3-13 上图可以看出，在电话调查中，除去 15 个无回答的居民，互联网理财产品获取利息在 300 元以下的居民占 48.5%，在 5 000 元以下的居民占 89.5%。从图 3-13 下图可以看出，根据网络调查提供的数据，80.3% 的受访者在 2021 年获得的互联网理财产品利息在 5 000 元以下，这表明相当数量的人将互联网理财产品用于小额储蓄或短期投资。还有一小部分人获得了较多的互联网理财产品利息，其中 82 人的获利在 1 万～5 万元区间，20 人的获利在 5 万～10 万元区间，3 人的获利在 10 万～50 万元区间。不论是电话调查居民还是网络调查居民，大多数人的互联网理财产品获利金额都相对较低。

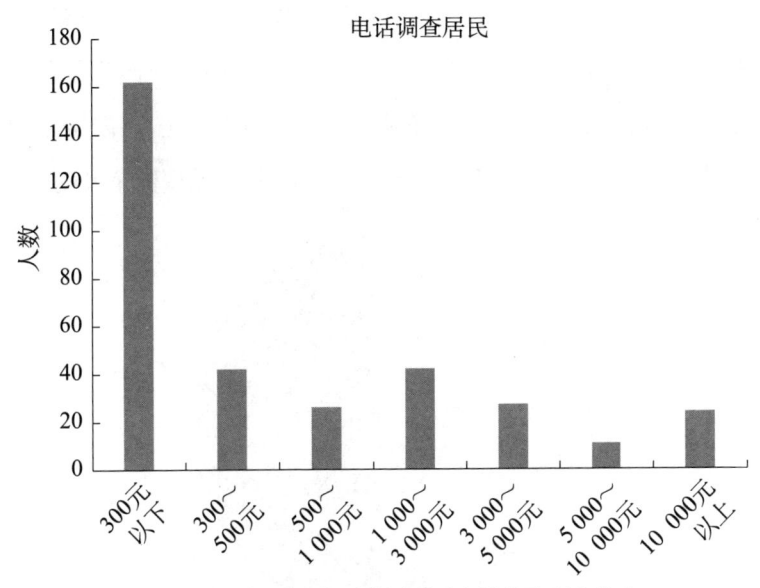

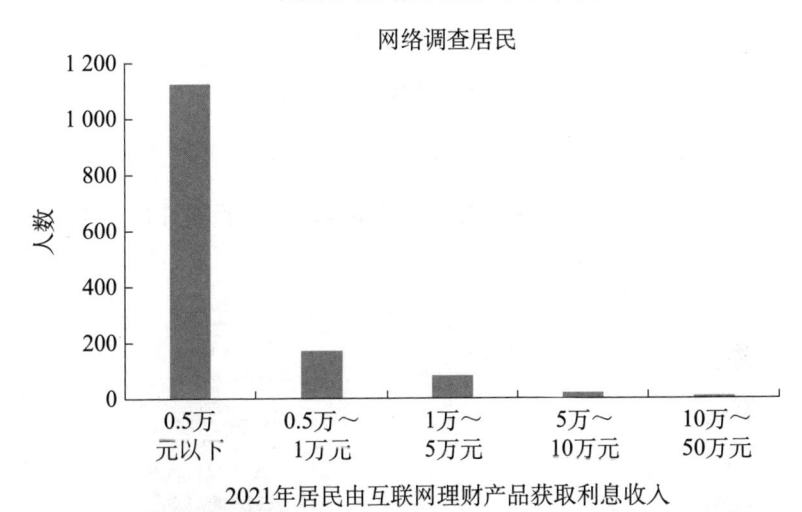

电话调查居民

[柱状图：2021年居民由互联网理财产品获取利息收入，纵轴为人数（0~180），横轴分为：300元以下、300~500元、500~1 000元、1 000~3 000元、3 000~5 000元、5 000~10 000元、10 000元以上]

2021年居民由互联网理财产品获取利息收入

网络调查居民

[柱状图：纵轴为人数（0~1 200），横轴分为：0.5万元以下、0.5万~1万元、1万~5万元、5万~10万元、10万~50万元]

2021年居民由互联网理财产品获取利息收入

图 3-13　购买过互联网理财产品的居民 2021 年理财产品利息分布

3.1.5　数字人民币使用基本情况

在通过移动端或者电脑端上网的居民中，除去无回答的用户，没有使用过数字人民币的居民有 2 980 人，使用过数字人民币的居民有 2 979 人（见图 3-14）。尽管没有使用过数字人民币的人数略多于使用过的人数，但数字人民币的使用在受访者中还是具有一定的普及度。引入加权计算方法，计算得出：在所有的居民中，约 38.2% 的居民使用数字人民币。

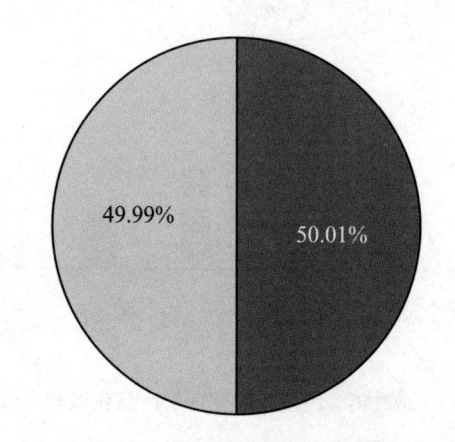

图 3-14 网民数字人民币使用情况

在平时不收发电子邮件的居民中，不使用数字人民币的居民占比为 77.3%，高于不使用数字人民币的平时收发电子邮件的居民的占比 45.2%（见图 3-15）。

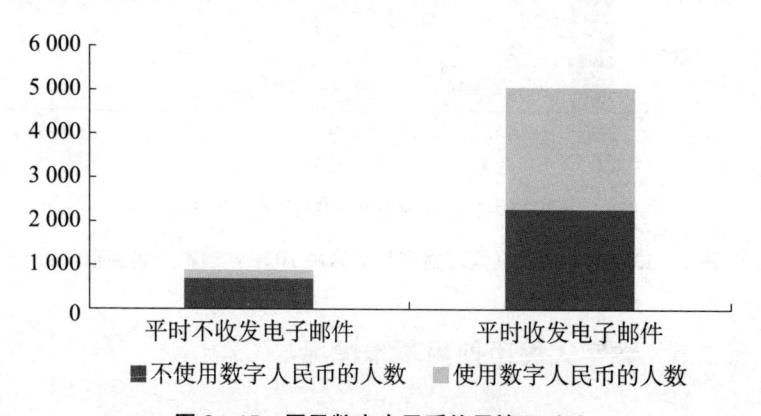

图 3-15 网民数字人民币使用情况（1）

同样，在未使用过网络借贷的居民中，不使用数字人民币的居民占比为 56.9%，也高于不使用数字人民币的使用过网络借贷的居民的占比 38.0%（见图 3-16）。

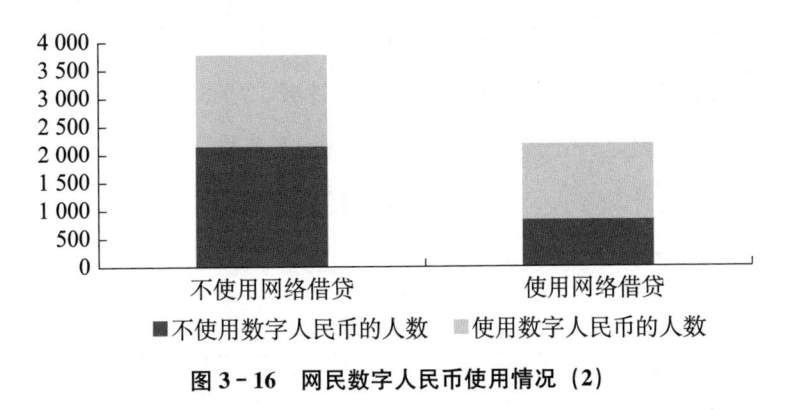

图 3-16　网民数字人民币使用情况（2）

"是否收发电子邮件"和"是否使用过网络借贷"都与"是否使用过数字人民币"呈现明显的相关性，居民的网络行为之间存在一定的关联。

3.2　分地区比较

由于城乡差异、自然地理区域差异和城市等级差异，不同地区的居民数字经济认知情况存在显著差异。

3.2.1　城乡差异

城市地区通常拥有更好的互联网基础设施和网络覆盖，因此城市居民更容易接触到数字经济。他们更频繁地使用电脑和移动设备上网，同时也更有可能使用数字支付、互联网购物等数字化服务。相比之下，农村地区的居民可能面临互联网覆盖不足、网络速度较慢等问题，这限制了他们的数字化体验。因此，农村居民的数字经济认知水平可能较低，他们更依赖传统的非数字化经济方式。

本书对受访居民的城乡地区进行了分类。表3-1显示城市市区的受访居民数量最多，共有3 219人。其次是县城，共有896人接受了调查。城市市区和县城之外，还有城郊，共有799人参与了调查。乡镇也有不少受访者，共计766人。农村的受访居民数量为542人。此外，还有7人属于其他地区或无法明确定位到特定地区。

表3-1 受访居民城乡地区分布

地区	所调查居民人数
城市市区	3 219
县城	896
城郊	799
乡镇	766
农村	542
其他	7

1. 网络设备使用基本情况

数据表明，在所有居住地区，移动设备上网的使用率都高于电脑。特别是在农村和其他地区，这一趋势尤为明显。农村地区的移动端网络使用率为74.4%，而电脑端网络使用率明显较低，为52.8%。这种差距反映了农村地区在互联网基础设施和电脑设备供应方面面临的挑战。而在城市市区和城郊，这一差距并不明显。城市市区和城郊的电脑端网络使用率较高，分别为92.1%和92.0%，移动端网络使用率分别为98.3%和97.7%。

从表3-2中可以看出，不同地区之间在电脑端网络使用率上存在明显差异。城市市区和城郊在电脑端和移动端网络使用率上都表现出色。城市市区的不使用网络比例最低,仅为 1.6%。这些地区的数字基础设施更为完善,居民更容易获得高速互联网连接。这反映了城市地区(城市市区加城郊)通常具有更高的数字化水平和更广泛的互联网接入。农村地区的电脑端和移动端网络使用率明显较低,尤其是在电脑端。农村地区的不使用网络比例最高,达到了 25.6%,这可能是农村地区的基础设施和互联网接入相对较不发达所致。县城和乡镇的两种网络使用率都介于城市地区和农村之间,具有一定的潜力和需求。乡镇和县城的不使用网络比例分别为 4.4% 和 2.8%,也介于城市地区和农村之间,可能反映了地理位置和基础设施的不同。

表 3-2 不同城乡地区居民网络设备使用情况

居住地	电脑端网络使用率	移动端网络使用率	不使用网络比例
城市市区	92.1%	98.3%	1.6%
城郊	92.0%	97.7%	2.3%
县城	89.1%	97.1%	2.8%
乡镇	85.0%	95.4%	4.4%
农村	52.8%	74.4%	25.6%
其他	42.9%	85.7%	14.3%

去掉不使用网络的这部分居民,本书关注不同城乡地区居民的除工作外上网时长分布情况。从表 3-3 和图 3-17 中可以看出,在通过网络调查的居民中,每天上网时长在 2~4 小时的人群中,生活在城市市区的人更多;农村和县城的人们相对更多地倾向于每天上网时长较短,特别是在 2 小时以下的范围内;乡镇的人们相对来说每天上网时长在 8 小时以上的更少,在 2~4 小时范围内的也相对较多。

表 3-3　不同城乡地区居民每天上网时长分布（网络调查用户）

上网时长	城郊	城市市区	农村	县城	乡镇
2 小时以下	42	96	16	49	36
2～4 小时	245	1 159	83	274	225
4～6 小时	211	840	83	243	209
6～8 小时	146	362	38	132	143
8 小时以上	17	94	32	25	7

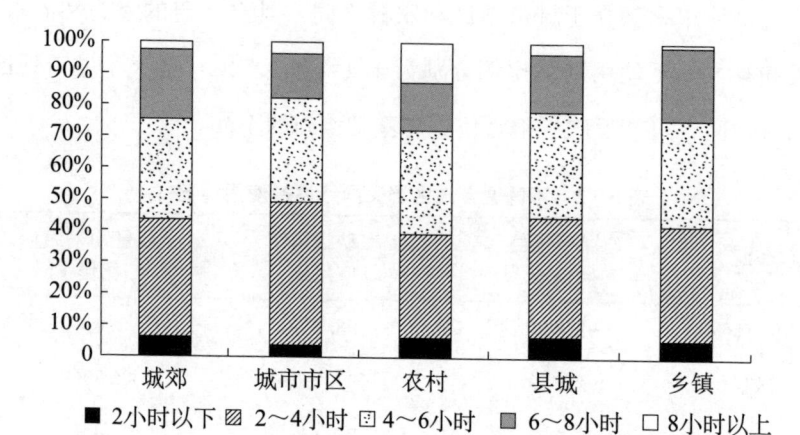

图 3-17　不同城乡地区居民每天上网时长分布（网络调查用户）

在通过电话调查的居民中，城郊和其他地区的居民拥有较长的工作外平均上网时长，农村地区的平均上网时长相对较短。城郊和其他地区的人们似乎拥有更长的平均上网时长，分别为 4.03 小时和 4.17 小时，这反映了城郊和其他地区居民在日常生活中更频繁地使用互联网；农村地区的居民平均上网时长最短，为 3.19 小时；城市市区和县城居民的平均上网时长相近，分别为 3.99 小时和 3.28 小时，差距不是特别大，但城市市区略高一些；乡镇居民的平均上网时长为 3.46 小时，介于其余地区之间（见图 3-18）。

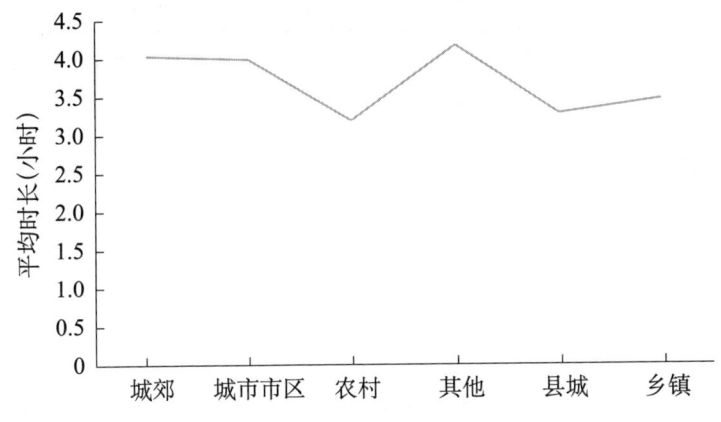

图 3-18　不同城乡地区居民上网平均时长（电话调查用户）

从时长分布上看，在城市市区，有最多的人在 1~2 小时的上网时长范围内，总计有 617 人，占城市市区的上网人口的大部分；在农村地区，有最多的人在 2~3 小时的上网时长范围内，总计有 148 人，占农村地区的上网人口的大部分；在县城地区，不同上网时长范围的人数分布相对均匀。

整体而言，城市地区的居民上网时长分布都比较集中而且平均值较高，农村地区的居民上网时长分布都比较分散而且平均值较低。

2. 电子邮件使用基本情况

对于接触网络的居民，本书调查了不同城乡地区的电子邮件使用情况。从表 3-4 中可以看出，城市市区和城郊的电子邮件使用率较高，分别为 87.5% 和 88.6%；而农村的电子邮件使用率较低，仅为 63.8%。城乡差异可能受到基础设施、教育水平和互联网普及率等因素的影响。其他地区的电子邮件使用率也相对较低，为 33.3%，但是由于其他地区的样本量过少，有一定的误差性，本书倾向于忽略其他地区很低的电子邮件使用率。在接下来对电子邮件使用频率的计算中也将忽略位于其他地区的居民。

表 3-4　不同城乡地区网民使用电子邮件情况

城乡地区分布	不使用电子邮件	使用电子邮件	电子邮件使用率
城市市区	397	2 771	87.5%
城郊	89	692	88.6%
县城	133	738	84.7%
乡镇	127	605	82.7%
农村	146	257	63.8%
其他	4	2	33.3%

对于网络调查的用户来说，在城市市区，电子邮件使用频率相对较高，每天使用的人数达 443 人，表明城市居民更倾向于每天使用电子邮件，显示对电子邮件的高度依赖。城郊也有较多的电子邮件使用者，每天使用的人数为 153 人，显示一定的电子邮件依赖。然而，农村的电子邮件使用频率较低，每天使用的人数仅有 27 人，显示较低的电子邮件使用频率。相反，县城和乡镇地区的居民显示较高的电子邮件使用频率，尤其是每天使用的人数。从占比来看，位于乡镇的每天使用电子邮件的居民占比最高，城郊其次，农村地区最低；位于农村的居民使用频率集中在 1～3 天/周（见表 3-5、图 3-19）。

表 3-5　不同城乡地区居民使用电子邮件频率分布（网络调查用户）

城乡地区分布	1～3 天/周	4～6 天/周	每天
城市市区	1 294	674	443
城郊	261	219	153
县城	308	224	149
乡镇	244	175	153
农村	138	43	27

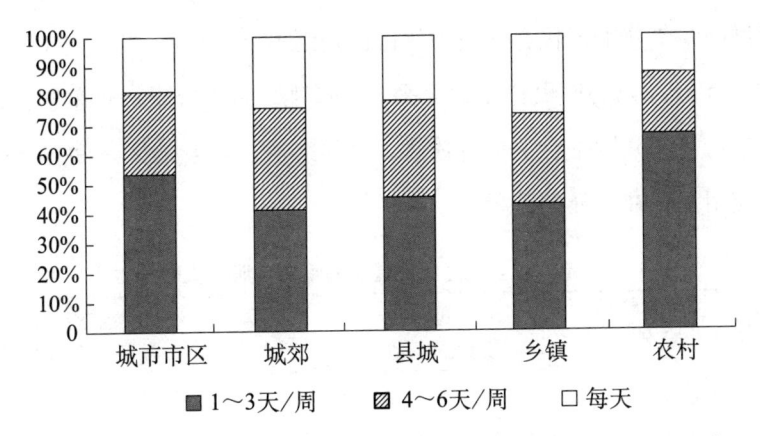

图 3-19 不同城乡地区居民使用电子邮件频率分布（网络调查用户）

从图 3-20 中可以看出，在电话调查的用户中，城市市区的居民使用电子邮件最为频繁，平均每周接近 3.5 天，而城郊的使用频率稍低，但仍然保持在 3 天左右。相比之下，农村和县城居民的使用频率显著较低，平均每周使用不到 2.5 天。

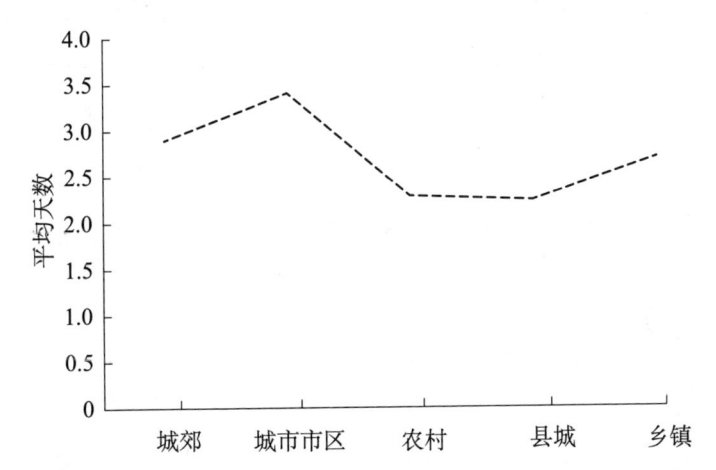

图 3-20 不同城乡地区居民电子邮件每周使用平均天数（电话调查用户）

3. 网络借贷使用基本情况

从表 3-6 中可以看出，对于使用移动端或者电脑端上网的居民，不同城乡地区的网络借贷使用情况也不同。城市市区、城郊、县城和乡镇使用过网络借贷的居民在网民中的占比差距不大，均在36%～40%。而农村仅有25.3%的网民曾在P2P平台、借呗、百度金融、京东金融、互联网银行等互联网平台上借过钱款。总的来说，城乡地区之间在互联网借贷使用上存在明显的差异。

表3-6 不同城乡地区居民使用网络借贷服务人数与占比

城乡地区分布	使用过网络借贷的人数	网民总人数	使用过网络借贷的网民占比
城市市区	1 173	3 168	37.0%
城郊	284	780	36.4%
县城	337	871	38.7%
乡镇	289	732	39.5%
农村	102	403	25.3%
其他	2	6	33.3%

图3-21显示，在不同城乡地区，使用过网络借贷的居民现有的网络借贷笔数都集中在4笔或4笔以下。城市市区的这部分居民平均网络借贷笔数为1.65笔，城郊的这部分居民平均网络借贷笔数为2.01笔，县城为1.67笔，乡镇为1.82笔，农村为1.52笔，差距不大。有10位居民的借贷笔数在10笔及10笔以上，其所在地区分布均匀。

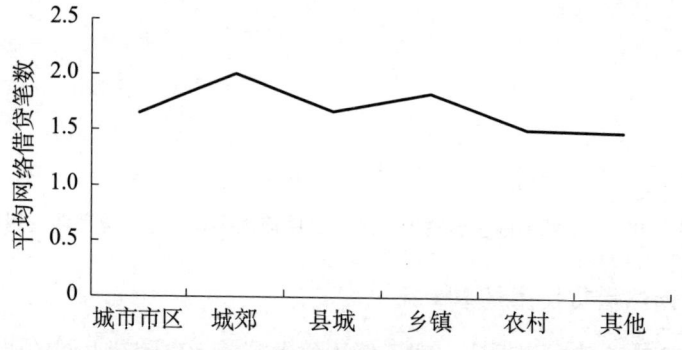

图3-21 不同城乡地区使用网络借贷的居民现有的网络借贷笔数

电话调查触及的有网络借贷行为的有回答居民共 215 人。其中，城市市区共 100 人，平均现有网络借贷金额为 25 926 元；乡镇共 34 人，平均现有网络借贷金额为 20 491 元；其余地区的人数较少，代表性不足。

网络调查触及的有网络借贷行为的有回答居民共 1 972 人。其中，城市市区现有网络借贷金额在 5 万～10 万元的占比是几个地区中最高的，农村地区网络借贷金额在 0.5 万元以下的占比是几个地区中最高的。县城和城郊的借贷金额分布情况相似，还有少数城市市区居民和城郊居民的网络借贷金额在 50 万～100 万元区间（见图 3－22）。

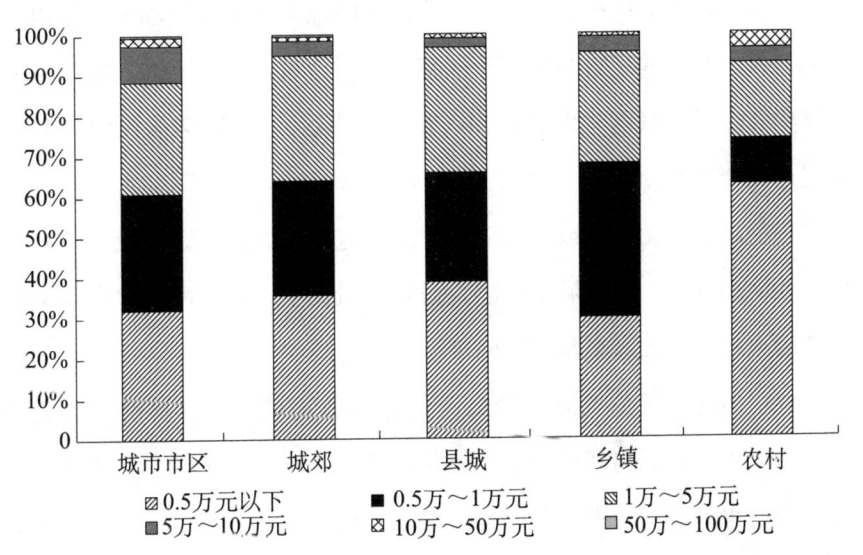

图 3－22　不同城乡地区使用网络借贷的居民目前借贷金额分布（网络调查用户）

4. 互联网理财产品拥有基本情况

对于没有使用过网络借贷的居民，本书分地区研究其购买互联网理财产品的情况。在这部分居民中，居住地在城市市区的居民购买互联网理财产品的比例最高，达 54.5%；居住地在乡镇的居民购买互联网理财产品的比例较低，为 33.2%（见表 3－7）。

表 3-7 不同城乡地区未使用过网络借贷的网民互联网理财产品购买情况

城乡地区分布	购买过理财产品	无网络借贷人数	购买过理财产品的比例
城市市区	1 088	1 995	54.5%
城郊	184	496	37.1%
县城	182	534	34.1%
乡镇	147	443	33.2%
农村	149	301	49.5%
其他	0	4	0.0%

从图 3-23 中可以看出，城市市区居民的互联网理财产品金额分布广泛。城市市区居民中有一部分人的互联网理财产品金额较低，但也有一部分人的互联网理财产品金额较高，包括超过 100 万元的。城市市区居民中高金额互联网理财者较多：在城市市区，有 25 名居民的互联网理财产品金额在 50 万～100 万元（不含 100 万元）区间，3 名居民的互联网理财产品金额达到或超过 100 万元。这表明城市市区有较多的高金额互联网理财者。相比城市市区，城郊的居民中，互联网理财产品金额较低的人较多，较高金额互联网理财者相对较少。

农村地区居民的互联网理财产品金额普遍较低。农村地区的居民中，多数人的互联网理财产品金额在 0.5 万元以下，表明农村地区的互联网理财水平相对较低。县城和乡镇居民的互联网理财产品金额分布类似，在县城和乡镇，互联网理财产品金额的分布趋势相对接近，都以较低金额的居民为主，同时也有一些较高金额的互联网理财者。

从表 3-8 中可以看出，对于电话调查的用户，不同城乡地区的网民互联网理财产品一年利息分布情况差距较大。互联网理财产品一年利息收入在 1 万元及以上的网民大多为城市市区居民，农村购买互联网理财产品的居民中绝大部分人一年所获得的利息在 300 元以下。

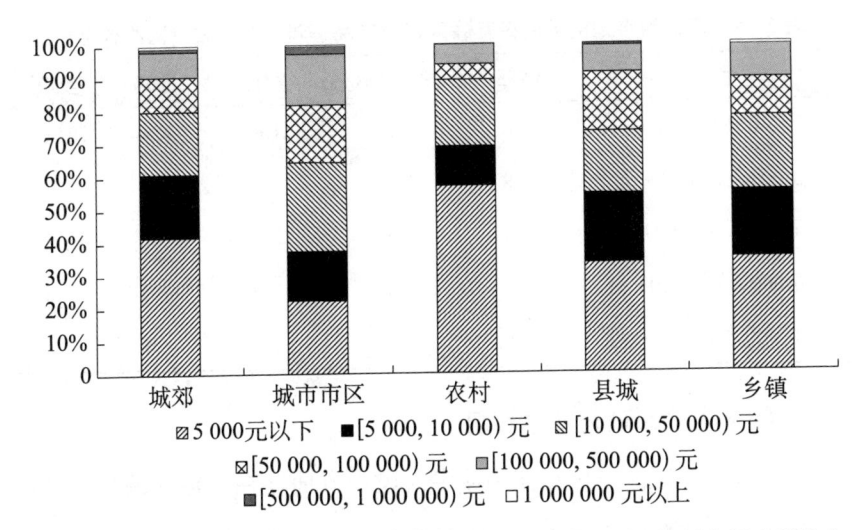

图 3 - 23　不同城乡地区购买过互联网理财产品的网民互联网理财产品金额分布

表 3 - 8　不同城乡地区的网民互联网理财产品一年利息分布（电话调查）

利息	城郊	城市市区	农村	县城	乡镇
300 元以下	18	94	20	19	11
[300，500）元	9	20	4	6	3
[500，1 000）元	2	21	1	1	1
[1 000，3 000）元	5	29	0	5	3
[3 000，5 000）元	2	22	0	2	1
[5 000，10 000）元	0	7	1	0	3
10 000 元及以上	1	19	0	3	1

从表 3 - 9 中可以看出，对于网络调查的用户，城市市区的互联网理财网民数量最多，其理财产品一年利息分布在各个范围内，包括 5 000 元以下、[5 000，10 000) 元、[10 000，50 000) 元、[50 000，100 000) 元，以及 [100 000，500 000) 元等范围；城郊、县城、乡镇、农村地区的互联网理财网民相对较少，一年利息主要集中在 5 000 元以下和 [5 000，10 000) 元的范围内，较少涉及较高额度的互联网理财产品。

表 3-9　不同城乡地区的网民互联网理财产品一年利息分布（网络调查）

利息	城郊	城市市区	农村	县城	乡镇
5 000 元以下	126	662	109	124	104
[5 000, 10 000) 元	13	117	10	14	17
[10 000, 50 000) 元	5	68	3	5	1
[50 000, 100 000) 元	1	17	1	0	1
[100 000, 500 000) 元	0	2	0	1	0

5. 数字人民币使用基本情况

不同城乡地区的居民在使用数字人民币方面存在一定的差异。城市市区的居民使用数字人民币的占比最高，为 53.6%；而农村地区的居民占比较低，为 40.7%。这可能反映了数字人民币在不同地区的推广和普及程度的差异，也可能受到不同地区居民的金融习惯和便利的影响（见表 3-10）。

表 3-10　不同城乡地区的居民使用数字人民币占比

地区分布	使用过数字人民币的居民占比
城市市区	53.6%
城郊	44.3%
县城	47.1%
乡镇	49.3%
农村	40.7%
其他	0.0%

3.2.2　不同自然地理区域差异

东部地区通常是国家经济发展的前沿，拥有更多的数字经济企业和就业机会。因此,东部地区的居民更可能接触和了解数字经济,他们的数字经济认知水平可能更高。相对而言,包括西部地区在内的内陆地区的数字经济发展水平可能较低,数字化服务的普及程度也较低,这导致其居民的数字经济认知可能较为有限、对数字经济的了解可能较少。不同地区的数字经济发展差异可能影响居民的金融行为和金融产品偏好,因此需要针对不同地理区域研究居民的数字经济认知情况。

本书将受访的居民按照自然地理区域划分为七大地理区域居民:东北地区居民共 493 人,华北地区居民共 815 人,华东地区居民共 1 600 人,华南地区居民共 718 人,华中地区居民共 849 人,西北地区居民共 1 024 人,西南地区居民共 730 人,总体而言,人数分布较为均匀(见表 3-11)。

表 3-11 受访居民自然地理区域分布情况

自然地理区域	所调查居民人数
东北	493
华北	815
华东	1 600
华南	718
华中	849
西北	1 024
西南	730

1. 网络设备使用基本情况

华南地区表现出明显的数字化趋势,其中 92.9% 的居民使用电脑上网,98.6% 的居民使用移动设备上网,居民不上网的比例低至 1.3%。与其他地区相比,西南地区的居民数字化水平较低,其中不上网的居民比例高达 6.4%(见表 3-12)。

表 3-12　不同自然地理区域受访居民上网情况

自然地理区域	电脑端上网率	移动端上网率	不上网率
东北	83.6%	94.1%	5.7%
华北	82.5%	96.0%	4.0%
华东	88.0%	95.3%	4.7%
华南	92.9%	98.6%	1.3%
华中	88.9%	95.6%	4.4%
西北	86.9%	95.9%	3.8%
西南	86.6%	93.6%	6.4%

从表 3-13、图 3-24 中可以看出，在网络调查用户中，西北地区工作外上网时长在 2 小时以下的居民占比较大，华中地区工作外上网时长在 6~8 小时（不含 8 小时）的居民占比较大，东北地区和华北地区工作外上网时长在 8 小时及以上的居民占比较大。总体来说，网络调查用户中，东北和华北地区的平均工作外上网时长较长，西北地区的平均工作外上网时长较短。

表 3-13　不同自然地理区域受访居民工作外上网时长分布（网络调查用户）

上网时长	东北	华北	华东	华南	华中	西北	西南
2 小时以下	15	22	37	33	13	95	24
[2，4) 小时	141	223	508	277	274	316	247
[4，6) 小时	116	180	428	216	222	222	202
[6，8) 小时	50	91	193	88	167	138	94
8 小时及以上	20	32	47	20	18	25	13

在通过电话调查的居民中，不同自然地理区域的居民工作外上网时长的平均值差距较大，东北和华南地区的居民平均工作外上网时长较

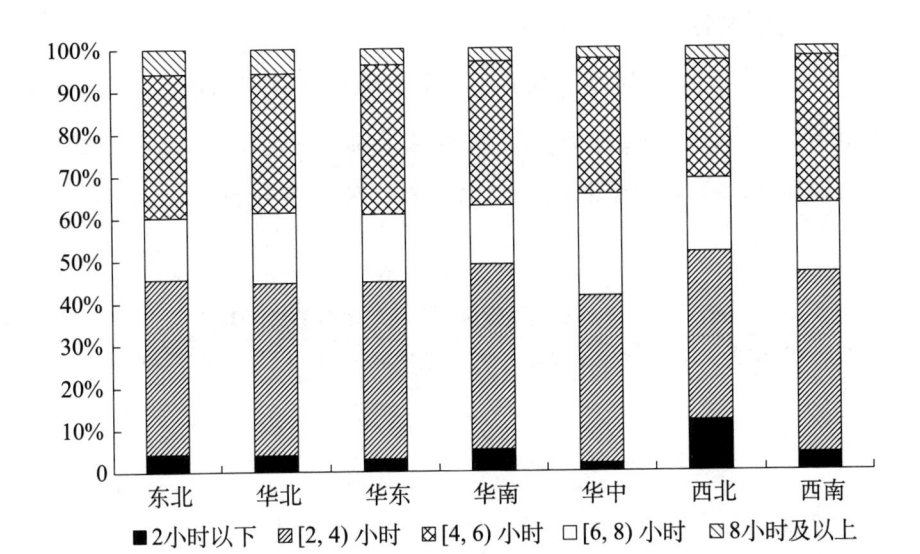

■ 2小时以下　☒ [2, 4) 小时　☒ [4, 6) 小时　☐ [6, 8) 小时　☒ 8小时及以上

图 3-24　不同自然地理区域受访居民工作外上网时长分布（网络调查用户）

长，分别为 4.17 小时和 4.12 小时，而华东和西南地区的居民平均工作外上网时长较短，分别为 3.43 小时和 3.31 小时（见图 3-25）。从时长分布上看，华东地区和西北地区的居民平均工作外上网时长呈现右偏分布，有一定数量的居民的工作外上网时长在 10 小时及以上。

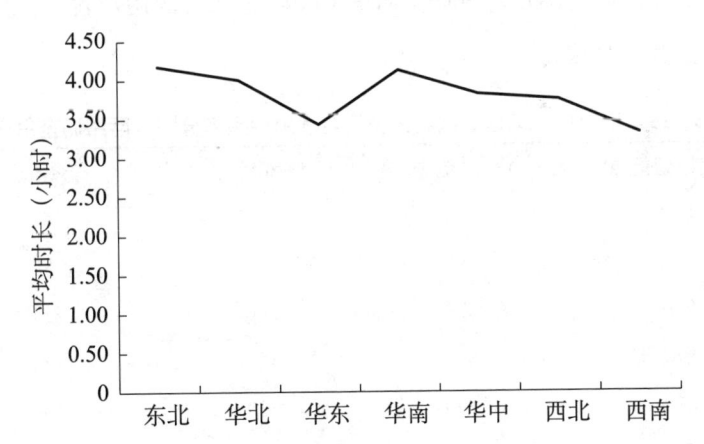

图 3-25　不同自然地理区域受访居民平均工作外上网时长分布（电话调查用户）

2. 电子邮件使用基本情况

对于接触网络的居民，本书调查了不同自然地理区域的电子邮件使用情况。华南地区和华中地区的电子邮件使用率较高，分别为 87.4% 和 88.3%；而华北地区的电子邮件使用率较低，仅为 78.1%（见表3-14）。

表3-14 不同自然地理区域居民使用电子邮件情况

自然地理区域	不使用电子邮件人数	使用电子邮件人数	电子邮件使用率
东北	98	367	78.9%
华北	171	611	78.1%
华东	208	1 317	86.4%
华南	89	620	87.4%
华中	95	717	88.3%
西北	142	843	85.6%
西南	93	590	86.4%

表3-15 和图3-26 展示了不同自然地理区域居民使用电子邮件频率分布情况，可以看出，对于网络调查用户来说，华北地区的用户每天使用电子邮件的比例相对较低，而华中和西北地区的用户每天使用电子邮件的比例相对较高。

表3-15 不同自然地理区域居民使用电子邮件频率分布（网络调查用户）

自然地理区域	1~3天/周	4~6天/周	每天
东北	163	87	66
华北	292	117	80
华东	576	340	224
华南	305	159	124
华中	293	213	160
西北	325	259	173
西南	291	160	98

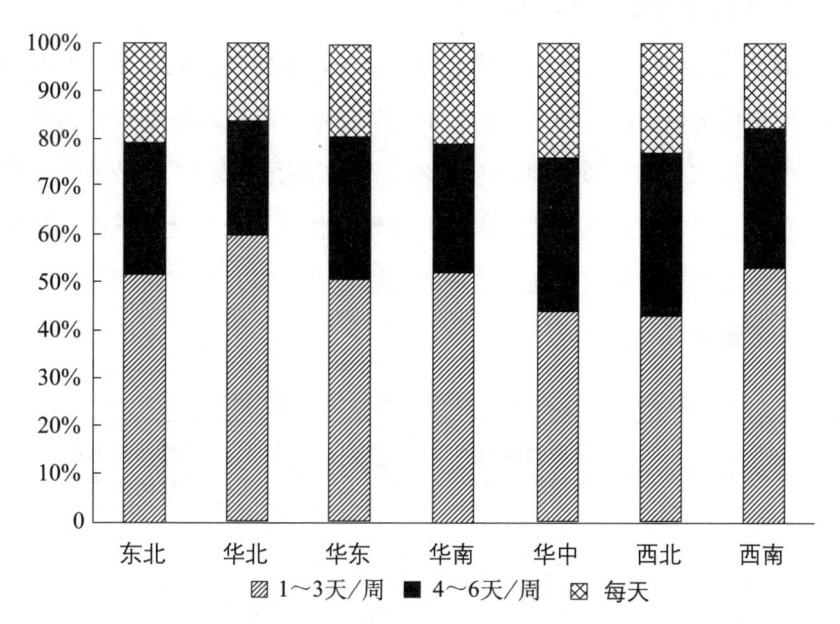

图 3-26 不同自然地理区域居民使用电子邮件频率分布（网络调查用户）

在电话调查用户中，七大自然地理区域居民每周使用电子邮件的天数分布曲线图类似。例如，华北地区居民每周使用电子邮件的平均天数为 3.5 天左右；华中地区居民每周使用电子邮件的平均天数稍少，为 2.6 天左右（见图 3-27）。

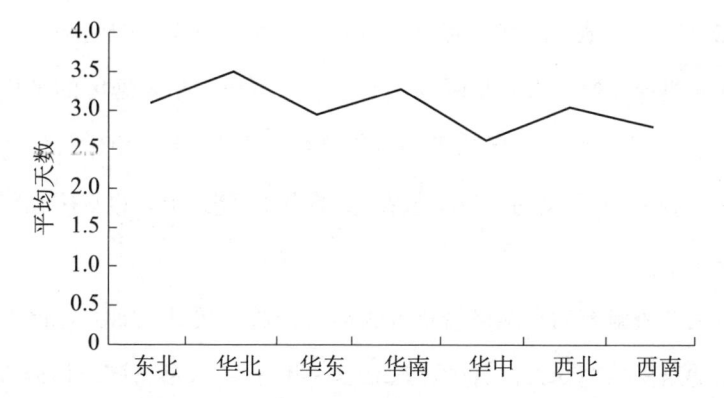

图 3-27 不同自然地理区域居民每周使用电子邮件平均天数（电话调查用户）

3. 网络借贷使用基本情况

对于使用移动端或者电脑端上网的居民，不同自然地理区域的网络借贷使用情况也不同。表3-16显示，华中地区有过网络借贷行为的网民占比高达43.7%，而西北地区仅有32.6%的网民曾在P2P平台、借呗、百度金融、京东金融、互联网银行等互联网平台上借过钱款。从人数上看，华东地区使用过网络借贷的人数最多，东北地区使用过网络借贷的人数最少。

表3-16 不同自然地理区域居民使用网络借贷情况

自然地理区域	使用过网络借贷的人数	网民总人数	使用过网络借贷的网民占比
东北	164	465	35.3%
华北	267	782	34.1%
华东	570	1 524	37.4%
华南	282	709	39.8%
华中	355	812	43.7%
西北	321	985	32.6%
西南	228	683	33.4%

在不同自然地理区域，使用过网络借贷的居民现有的网络借贷笔数集中在4笔或4笔以下。从图3-28中可以看出，华东地区的平均借贷笔数为1.75笔；华中地区的平均借贷笔数为1.92笔，相比其他地理区域较多。有10位居民的借贷笔数在10笔及10笔以上，也集中在华东地区和华中地区。

电话调查触及的有网络借贷行为的有回答居民共215人，回答了具体金额的居民共203人。其中，东北地区共有14人参与该电话调查，平均现有网络借贷金额为27 929元；华北地区共有37人参与调查，平均现

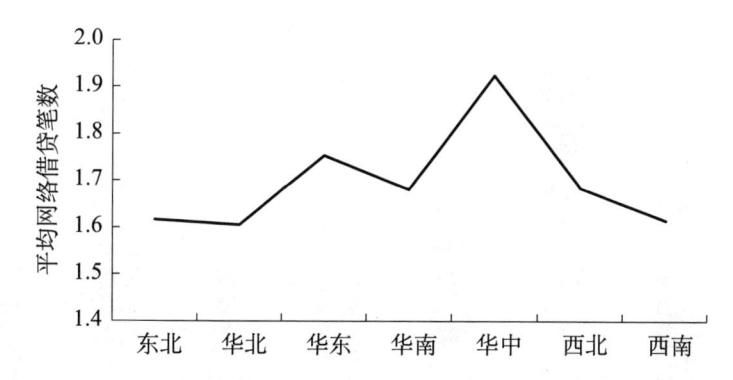

图 3-28 不同自然地理区域使用过网络借贷的居民现有的网络借贷笔数

有网络借贷金额为 23 716 元；华东地区共有 52 人参与调查，平均现有网络借贷金额为 132 062 元；华南地区共有 14 人参与调查，平均现有网络借贷金额为 73 742.86 元；华中地区共有 25 人参与调查，平均现有网络借贷金额为 45 314.36 元；西北地区共有 37 人参与调查，平均现有网络借贷金额为 71 775.50 元；西南地区共有 24 人参与调查，平均现有网络借贷金额为 40 455.57 元。总体来看，华东地区电话调查触及的有网络借贷行为的有回答居民网络借贷金额最大。

网络调查触及的有网络借贷行为的有回答居民共 1 972 人。图 3-29 显示，华北地区居民的借贷金额在 0.5 万元以下的人数占比最高，东北地区居民的借贷金额在 0.5 万元以下的人数占比最低。此外，华北地区居民的借贷金额在 5 万元以上的人数占比相对于其他地区最高。

4. 互联网理财产品拥有基本情况

对于没有使用过网络借贷的居民，本书分地区研究其购买互联网理财产品的情况。居住地在华北的居民购买互联网理财产品的比例最高，达 58.6%；居住地在西南的居民购买互联网理财产品的比例最低，为 31.9%（见表 3-17）。

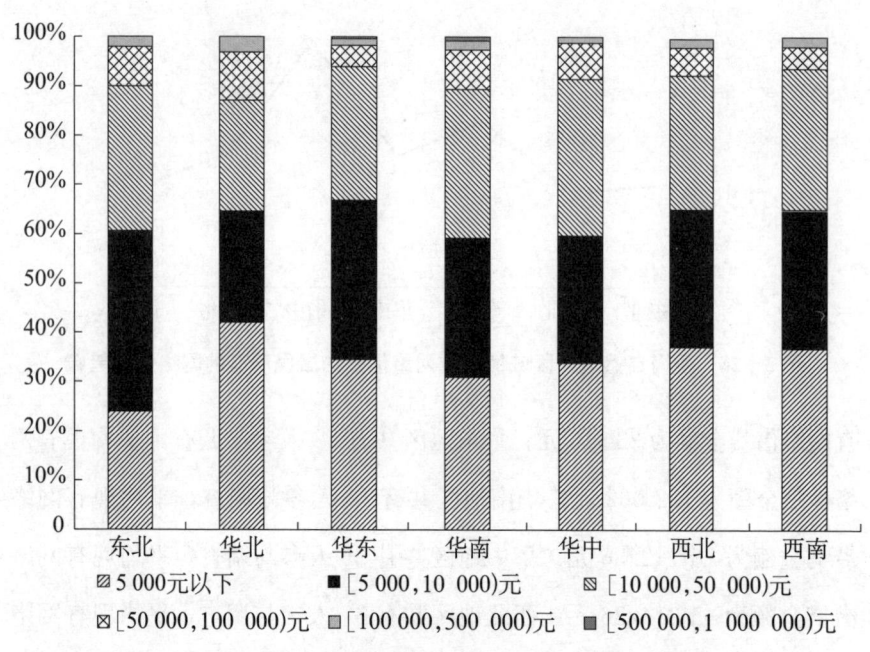

图 3-29　不同自然地理区域居民现有网络借贷金额分布
（网络调查用户）

表 3-17　不同自然地理区域居民购买互联网理财产品人数与占比

自然地理区域	购买过理财产品的人数	网民总人数	购买过理财产品的人数占比
东北	171	301	56.8%
华北	302	515	58.6%
华东	490	954	51.4%
华南	240	427	56.2%
华中	166	457	36.3%
西北	236	664	35.5%
西南	145	455	31.9%

从图 3-30 中可以看出，华东地区和华北地区的居民的互联网理财产品金额分布广泛，有一部分人的互联网理财产品金额较低，但也有一部分人的互联网理财产品金额较高，包括 100 万元以上的。华东地区居民中高金额互联网理财者较多，有 14 名居民的互联网理财产品金额在 50 万～100 万元区间，以及 3 名居民的互联网理财产品金额超过 100 万元。

西北地区居民的互联网理财产品金额普遍较低，多数人的互联网理财产品金额在 5 000 元以下，居民的互联网理财水平相对较低。

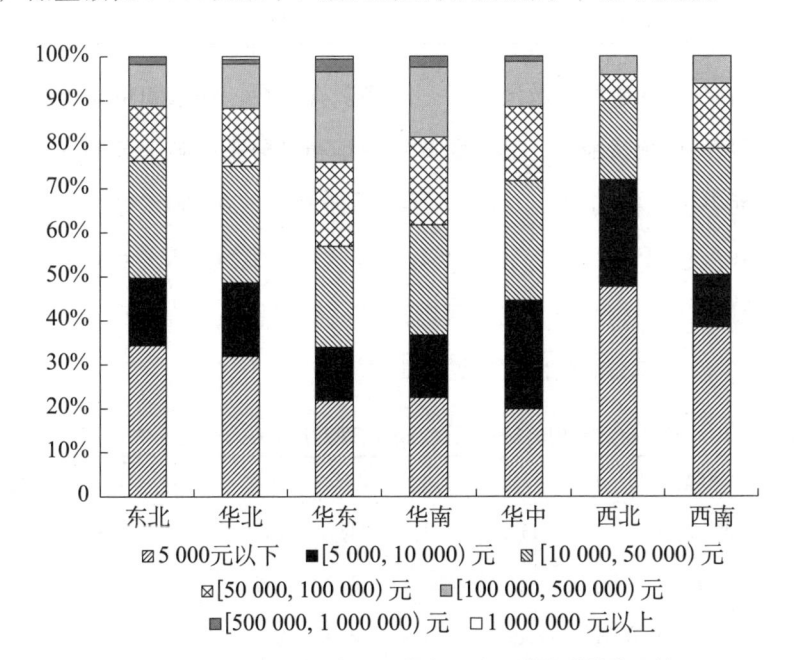

图 3-30　不同自然地理区域购买过互联网理财产品的居民互联网理财产品金额分布

从表 3-18 中可以看出，对于电话调查用户，不同自然地理区域的居民互联网理财产品一年利息分布情况差距较大。东北地区居民互联网理财产品一年利息收入大多在 3 000 元以上，而华南地区购买互联网理财产品的居民一年所获得的利息总体上最低。

表 3-18　不同自然地理区域的居民互联网理财产品一年利息分布（电话调查）

利息	东北	华北	华东	华南	华中	西北
300 元以下	17	34	49	11	18	23
[300, 500) 元	6	7	20	0	3	5
[500, 1 000) 元	1	6	7	2	3	5
[1 000, 3 000) 元	0	7	19	3	3	6
[3 000, 5 000) 元	3	7	10	1	0	3
[5 000, 10 000) 元	2	2	6	0	0	1
10 000 元及以上	6	4	5	1	4	3

从表 3-19 中可以看出，对于网络调查用户，华东和华北地区的互联网理财网民数量最多，其理财产品一年利息分布在各个范围内，包括 5 000 元以下、[5 000, 10 000) 元、[10 000, 50 000) 元、[50 000, 100 000) 元、[100 000, 500 000) 元等范围；华中、东北和西南地区的互联网理财网民相对较少，其理财产品一年利息主要集中在 5 000 元以下，较少涉及较高额度的互联网理财产品。

表 3-19　不同自然地理区域的居民互联网理财产品一年利息分布（网络调查）

利息	东北	华北	华东	华南	华中	西北	西南
5 000 元以下	111	204	248	167	108	182	105
[5 000, 10 000) 元	11	20	67	35	20	5	13
[10 000, 50 000) 元	10	7	36	18	7	1	3
[50 000, 100 000) 元	1	2	13	2	0	1	1
[100 000, 500 000) 元	0	1	2	0	0	0	0

5. 数字人民币使用基本情况

不同自然地理区域的居民在使用数字人民币方面存在一定的差异。表 3-20 显示，华南地区的居民使用数字人民币的占比最高，为

63.3%，而华北地区的居民占比较低，为 43.1%。这可能反映了数字人民币在不同地区的推广和普及程度的差异，也可能受到各地区居民的金融习惯和便利性的影响。

表 3-20　不同自然地理区域的居民使用数字人民币情况

自然地理区域	使用过数字人民币占比
东北	44.3%
华北	43.1%
华东	49.3%
华南	63.3%
华中	50.4%
西北	43.8%
西南	58.0%

3.2.3　不同城市等级差异

大城市通常拥有更多的数字化企业、创新科技和数字经济就业机会。一线城市通常拥有更多的商业机会、创新科技和数字经济企业，因此居民在数字经济方面的认知和参与程度可能相对较高。相反，五线及以下城市可能面临数字经济发展机会有限的挑战，因此居民的数字经济认知和参与程度可能相对较低。

本书参考《第一财经周刊》于 2023 年发布的《城市商业魅力排行榜》，将所有受访者所在的共 331 个城市划分为一线城市、新一线城市、二线城市、三线城市、四线城市和五线及以下城市。这种划分有助于更精确地了解不同城市的居民的数字经济认知情况，以及居民在数字经济领域的参与程度。从表 3-21 中可以看出，受访居民的城市分布较为均匀，一线城市共调查 604 人，新一线城市共调查 1 176 人，二线城市共调查 1 115 人，三线城市共调查 1 444 人，四线城市共调查 1 020 人，五线及以下城市共调查 870 人。

表 3-21 受访居民城市等级分布情况

城市等级	所调查居民人数
一线城市	604
新一线城市	1 176
二线城市	1 115
三线城市	1 444
四线城市	1 020
五线及以下城市	870

1. 网络设备使用基本情况

新一线城市在电脑端和移动端上网率方面都表现得很好，不上网率最低；每个城市等级的移动端上网率均高于电脑端上网率，五线及以下城市最为明显；四线城市和五线及以下城市的不上网率相对较高，说明在这些城市中，一部分人仍然没有上网的习惯或者没有互联网接入（见表 3-22）。

表 3-22 不同城市等级受访居民上网情况

城市等级	电脑端上网率	移动端上网率	不上网率
一线城市	84.6%	96.4%	3.5%
新一线城市	95.7%	98.5%	1.5%
二线城市	92.5%	98.2%	1.8%
三线城市	87.3%	95.4%	4.6%
四线城市	80.9%	92.4%	7.5%
五线及以下城市	78.6%	92.1%	7.6%

从表 3-23 中可以看出，在网络调查用户中，五线及以下城市工作外上网时长在 2 小时以下的居民占比最大，在 8 小时以上的居民占比

最小。

表3-23 不同城市等级受访居民工作外上网时长分布（网络调查用户）

上网时长	一线城市	新一线城市	二线城市	三线城市	四线城市	五线及以下城市
2小时以下	11	31	46	87	22	42
2~4小时	153	463	430	443	292	205
4~6小时	135	376	318	358	230	169
6~8小时	56	183	117	200	150	115
8小时以上	15	43	39	39	27	12

从图3-31中可以看出，在通过电话调查的用户中，二线城市的居民工作外平均上网时长最长，为4.03小时；一线城市和新一线城市的居民工作外平均上网时长分别为3.83小时和3.81小时；三线城市的居民工作外平均上网时长为3.41小时，是所有城市等级中最低的；四线城市的居民工作外平均上网时长为3.65小时；五线及以下城市的居民工作外平均上网时长为3.93小时。

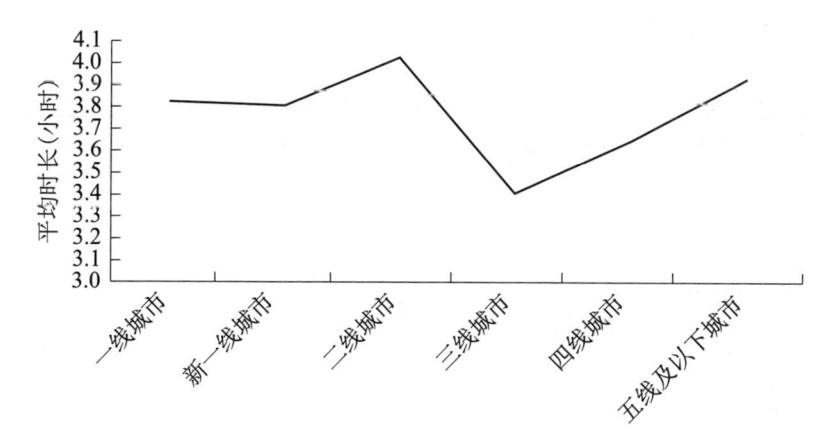

图3-31 不同城市等级居民每天工作外平均上网时长（电话调查用户）

2. 电子邮件使用基本情况

表3-24显示了不同城市等级居民对电子邮件的使用情况。电子邮件使用率在不同城市等级之间略有差异，但总体上都相对较高，位于92.6%~95.7%区间。一线城市的电子邮件使用率最高，四线城市最低，但差距不是很大。

表3-24 不同城市等级居民使用电子邮件情况

城市等级	不使用电子邮件	使用电子邮件	电子邮件使用率
一线城市	16	354	95.7%
新一线城市	57	1 039	94.8%
二线城市	62	888	93.5%
三线城市	77	1 050	93.2%
四线城市	53	668	92.6%
五线及以下城市	37	506	93.2%

在网络调查用户中，不同城市等级的居民在电子邮件的使用频率上存在差异。新一线城市和二线城市的居民使用电子邮件的频率相对较低，而一线城市、三线城市、四线城市的居民每天使用电子邮件的比例相对较高（见表3-25、图3-32）。

表3-25 不同城市等级居民使用电子邮件频率分布（网络调查用户）

城市等级	1~3天/周	4~6天/周	每天
一线城市	168	93	93
新一线城市	554	300	185
二线城市	473	283	132
三线城市	524	298	228
四线城市	319	193	156
五线及以下城市	207	168	131

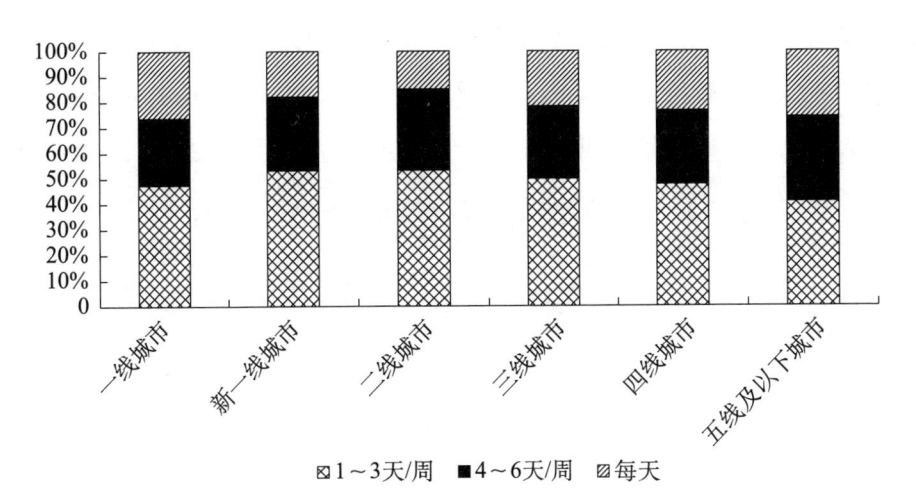

图 3-32 不同城市等级居民使用电子邮件频率分布（网络调查用户）

在电话调查用户中，不同城市等级的居民在一周内使用电子邮件的天数上也存在差异。一线城市的居民更倾向于每天使用电子邮件，而其他等级城市的居民在一周内使用电子邮件的天数相对较少（见图3-33）。

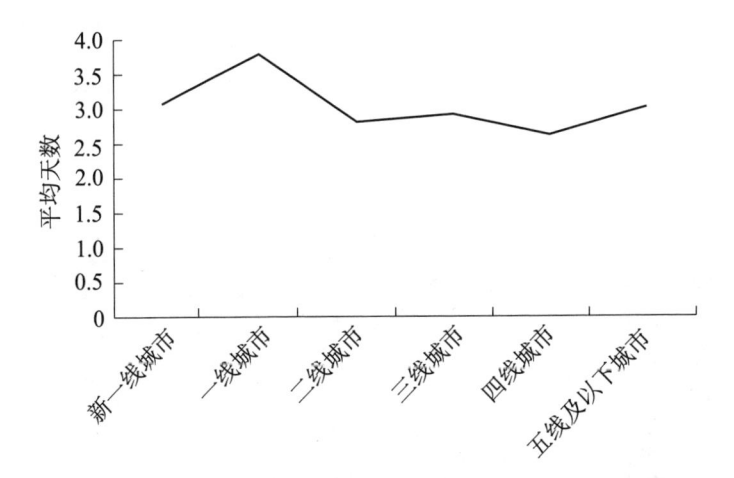

图 3-33 不同城市等级居民每周使用电子邮件平均天数（电话调查用户）

3. 网络借贷使用基本情况

二线城市和四线城市的居民在使用网络借贷方面的占比相对较高，

分别为 38.3% 和 38.2%，而一线城市和五线及以下城市的居民在这方面的占比相对较低。总体来说，在使用移动端或者电脑端上网的居民中，不同城市等级居民的网络借贷使用情况差异不大（见表 3-26）。

表 3-26 不同城市等级居民使用网络借贷服务人数与占比

城市等级	使用过网络借贷的人数	网民总人数	使用过网络借贷的网民占比
一线城市	188	582	32.3%
新一线城市	438	1 158	37.8%
二线城市	419	1 095	38.3%
三线城市	506	1 378	36.7%
四线城市	360	943	38.2%
五线及以下城市	276	804	34.3%

在不同等级的城市，使用过网络借贷的居民现有的网络借贷笔数都集中在 2 笔或 2 笔以下。新一线城市居民的平均借贷笔数为 1.84 笔，一线城市居民的平均借贷笔数为 1.59 笔，其他城市等级居民平均借贷笔数都在 1.70 笔左右（见图 3-34）。有 10 位居民的借贷笔数在 10 笔及 10 笔以上，也集中在新一线城市。

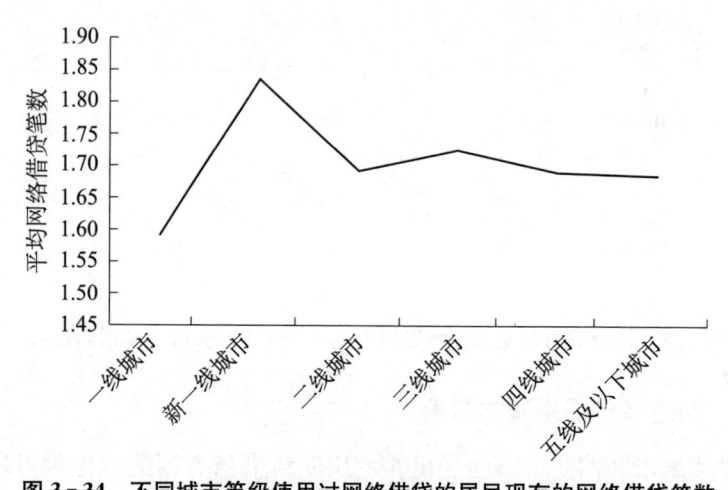

图 3-34 不同城市等级使用过网络借贷的居民现有的网络借贷笔数

电话调查触及的有网络借贷行为的有回答居民共 215 人。其中，一线城市共 39 人参与该电话调查，平均现有网络借贷金额为 51 792.8 元；新一线城市共 11 人参与调查，平均现有网络借贷金额为 56 785.7 元；二线城市共 35 人参与调查，平均现有网络借贷金额为 101 800.2 元；三线城市共 43 人参与调查，平均现有网络借贷金额为 85 669.1 元；四线城市共 45 人参与调查，平均现有网络借贷金额为 63 751.4 元；五线及以下城市共 42 人参与调查，平均现有网络借贷金额为 55 195.1 元。平均现有网络借贷金额在不同城市等级之间存在差异，最高的是二线城市，最低的是一线城市。

网络调查触及的有网络借贷行为的有回答居民共 1 972 人。从人数上看，一、二线城市居民的网络借贷金额分布在 [100 000，1 000 000) 元区间的占比较为突出，五线及以下城市居民网络借贷金额主要分布在 10 万元以下（见图 3-35）。

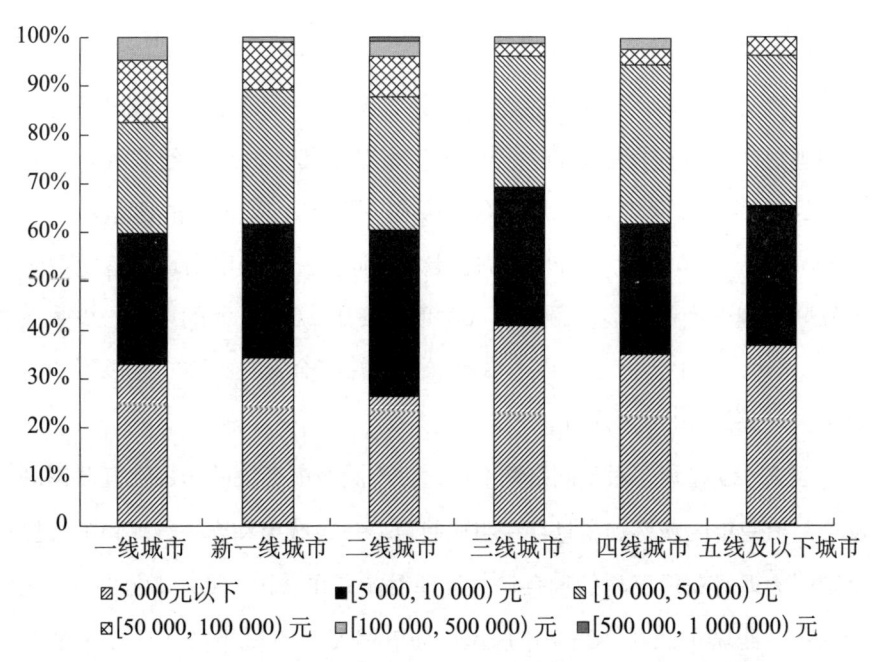

图 3-35 不同城市等级居民现有网络借贷金额分布（网络调查用户）

4. 互联网理财产品拥有基本情况

对于没有使用过网络借贷的居民，本书分城市等级研究其购买互联网理财产品的情况。表3-27显示，在这部分居民中，居住在一线城市的居民购买互联网理财产品的比例最高，达60.7%；居住在新一线城市和二线城市的居民购买比例相似，在53.0%以上；五线及以下城市的居民购买比例最低，为33.5%。

表3-27 不同城市等级无网络借贷居民购买互联网理财产品人数与占比

城市等级	购买过互联网理财产品	无网络借贷人数	购买过互联网理财产品的比例
一线城市	239	394	60.7%
新一线城市	382	720	53.1%
二线城市	362	676	53.6%
三线城市	377	872	43.2%
四线城市	213	583	36.5%
五线及以下城市	177	528	33.5%

在购买过互联网理财产品的这部分居民中，不同城市等级居民的互联网理财产品持有金额分布差异较大。相对于其他城市等级来说，一线城市的居民互联网理财产品持有金额在5 000元以下的占比最小，在[100 000，500 000)元区间的占比最大，而且一线城市出现了一定数量的互联网理财产品持有金额在[500 000，1 000 000)元的居民，少数在1 000 000元以上。五线及以下城市居民的持有金额在5 000元以下的占比最大，超过40%（见图3-36）。

表3-28显示，对于网络调查用户，不同城市等级的居民在互联网理财产品上一年内获得的利息存在明显差距。一线城市和新一线城市的居民通常因为理财获得更高的利息，一年理财获利在[100 000，500 000)元的只有一线城市和新一线城市居民，而五线及以下城市的居民获得的利息较低。

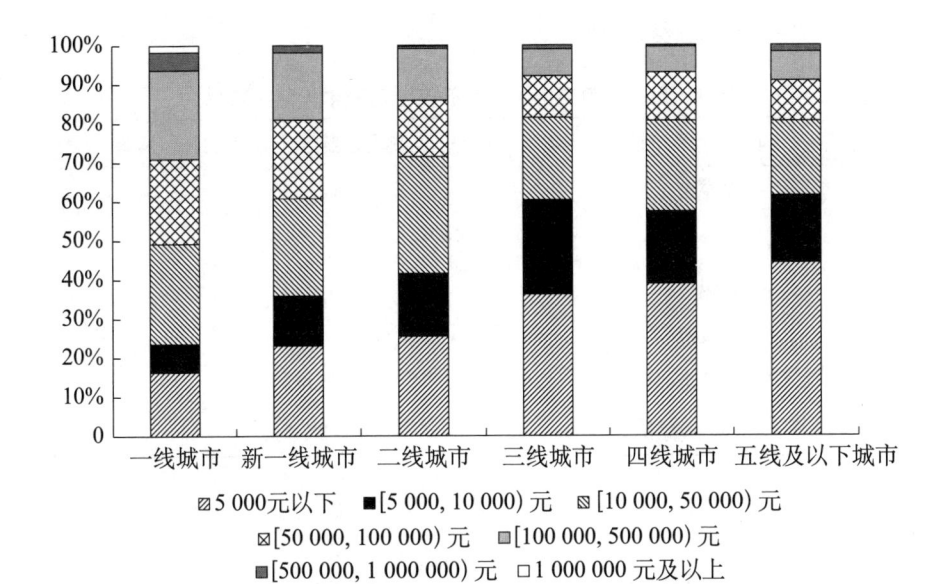

图 3-36　不同城市等级居民互联网理财产品持有金额情况

表 3-28　不同城市等级居民互联网理财产品一年利息分布（网络调查）

一年利息	一线城市	新一线城市	二线城市	三线城市	四线城市	五线及以下城市
5 000 元以下	90	275	239	276	143	102
[5 000，10 000) 元	37	50	40	21	10	13
[10 000，50 000) 元	27	22	21	4	7	1
[50 000，100 000) 元	5	5	8	2	0	0
[100 000，500 000) 元	2	1	0	0	0	0

5. 数字人民币使用基本情况

新一线城市的居民使用数字人民币的占比高达 62.5%，显著超过一半。随着城市等级逐渐下降，数字人民币的使用占比逐渐减小。具体而言，二线城市为 55.8%，三线城市为 45.6%，四线城市为 44.9%，五线及以下城市的居民使用数字人民币的占比最低，仅为 37.0%。这些数字清晰地反映了数字人民币在不同等级城市之间的普及程度和接受程度存在明显差异（见表 3-29）。

表 3-29　不同城市等级的居民使用数字人民币情况

城市等级	使用过数字人民币占比
一线城市	50.8%
新一线城市	62.5%
二线城市	55.8%
三线城市	45.6%
四线城市	44.9%
五线及以下城市	37.0%

3.3　本章小结

3.3.1　网络设备使用基本情况

大多数居民更倾向于使用移动设备（如手机和平板电脑）进行上网活动，传统的台式电脑和笔记本电脑的使用逐渐减少。绝大多数居民已经成为互联网的用户，不使用互联网的比例相对较低，互联网已经融入人们的日常生活。大多数人在工作之外的时间里不会花费过多时间在线，平均每日工作外上网时长约为 3.62 小时，表现出对于平衡线上和线下生活的重视。

城乡差异：农村地区的居民上网率较低，尤其在电脑端。而城市地区的居民上网时长更集中且平均值较高。这可能与城市和农村的数字化发展水平和基础设施有关。

地理区域差异：西南地区的数字化水平相对较低，不上网的比例较高。不同地理区域的居民工作外上网时长的平均值也存在差距，东北和华南地区的居民平均工作外上网时长较长，而华东和西南地区的居民平均工作外上网时长较短。

城市等级差异：四线城市和五线及以下城市的不上网率相对较高，这可能与城市的发展水平、数字化基础设施和居民的数字素养有关。

3.3.2 电子邮件使用基本情况

在使用网络设备的居民中，约84.97%的人在平时收发电子邮件，这显示了电子邮件在居民之间的广泛应用和重要性。然而，这些使用者的使用频率主要集中在1~3天/周。平时不会收发电子邮件，但几乎每天都使用网络（比如，在电脑、手机、平板上看视频、新闻，以及购物等）的居民占比最大，达到54.7%。这表明，虽然居民的电子邮件使用频率较低，但居民在其他互联网活动上的参与度很高。

城乡差异：城市市区和城郊地区的居民显示出较高的电子邮件使用频率，农村地区则显示出较低的电子邮件使用频率。这可能反映了城市和农村之间的数字化发展差距。

地理区域差异：华南地区和华中地区的电子邮件使用率较高，分别为87.4%和88.3%，而华北地区的电子邮件使用率较低，仅为78.1%。这可能受到地区文化、经济发展水平和技术基础设施的影响。

城市等级差异：一线城市、三线城市和四线城市的居民更倾向于每天使用电子邮件，而新一线城市和二线城市的居民每天使用的比例相对较低。这可能与城市等级的数字化程度、职业特点和通信需求有关。

3.3.3 网络借贷使用基本情况

约28.0%的居民使用过互联网借贷服务，这表明互联网借贷在社会中已经拥有一定的受众。使用过互联网借贷的居民平均拥有 1.72 笔借款。大多数借款人选择较小的借款金额，集中在 4.5 万元以下，这可能是因为小额借款更容易获得，而且风险相对较低。

城乡差异：城市市区和农村地区之间在互联网借贷使用上存在明显差异。城市市区的借款金额在 [50 000，100 000) 元区间的占比最高，而农村地区的借款金额主要集中在 5 000 元以下。这可能与城乡经济和金融发展不平衡有关。

地理区域差异：华中地区的互联网借贷使用率高达 43.7%；而西北地区较低，仅为 32.6%。华中地区的平均借贷笔数也较高，为 1.92 笔。总体来看，华东地区的居民在网络借贷金额上表现最出色。

城市等级差异：二线城市和四线城市的居民在使用互联网借贷方面的占比相对较高，而一线城市和五线及以下城市的居民在这方面的占比相对较低。这可能与城市等级的金融发展和居民风险偏好有关。

3.3.4 互联网理财产品拥有基本情况

未使用过网络借贷的居民中，有 2 023 人没有购买过互联网理财产品，而有 1 750 人购买过互联网理财产品。大多数人在 2021 年获得的互联网理财产品利息金额相对较低，集中在 5 000 元以下。

城乡差异：居住在城市市区的居民购买互联网理财产品的比例最高，为 54.5%；而居住在乡镇的居民购买比例较低，为 33.2%。农村地区居民的互联网理财产品金额普遍较低，这可能与城乡地区的金融服务和理财习惯有关。

地理区域差异：西北地区的居民持有的互联网理财产品金额相对较低。而华东和华北地区的一些居民购买互联网理财产品获得高额利息。

城市等级差异：购买互联网理财产品的居民中，不同城市等级的居民持有金额和获得的利息存在明显差距。一线城市和新一线城市的居民通常获得更高的利息，这可能反映了城市等级的金融发展程度和居民的理财能力。

3.3.5 数字人民币使用基本情况

加权计算得出，约38.2%的居民使用数字人民币，这表明数字人民币在居民中已经得到一定程度的普及。"是否收发电子邮件"和"是否使用过网络借贷"与"是否使用过数字人民币"之间呈现明显的相关性。这可能意味着居民的网络行为之间存在一定的关联，数字人民币的使用可能与在线金融交易和互联网使用有关。

城乡差异：城市市区的居民使用数字人民币的占比最高，为53.6%；而农村地区的居民占比相对较低，为40.7%。这可能反映了城市市区在数字人民币发展和普及方面的领先地位。

地理区域差异：华南地区的居民使用数字人民币的占比最高，为63.3%；而华北地区的居民占比较低，为43.1%。这再次凸显了不同地理区域之间的数字人民币使用差异。

城市等级差异：数字人民币的使用在不同等级城市之间存在明显的差异。城市等级越高，数字人民币的使用越普及。这可能与城市等级的金融发展水平、数字化基础设施和居民数字素养有关。

第 4 章
国民数字信息获取情况分析

伴随数字技术的不断发展，互联网、移动通信等新技术在日常生活中不断普及。我国互联网移动用户使用率已达近80%，人们在日常生活中获取信息的渠道不断拓宽。数字化的信息获取渠道不仅极大地降低了信息获取成本，使得数字化手段在获取信息时得到广泛推广和应用，还提高了信息的传播速度和传播效率。相较于广播短信、纸质报刊等传统信息获取渠道，以智能手机、数字电视为代表的互联网数字化信息传播媒介更加受到人们的青睐与信任，同时得到了更加蓬勃的发展。同时，数字技术极大地降低了信息传播成本，使得个人可能成为信息传播和制造的主体。在信息传播便捷渠道之下，公众不但是信息的接收者，而且更多地参与到信息的传播与加工过程当中，还可能成为信息的传播者和制造者。信息传播获取的主客体呈现趋同统一的趋势，极大地拓展和丰富了信息的来源渠道。在这一新特征下，人们对不同信息渠道的偏好及权威性认知也逐渐发生变化，依托于互联网的自媒体及个人账户话语权得到放大，信源权威性和可靠性逐渐成为受众关注的核心问题。在官方媒体和主流媒体平台的权威性和可靠性保持主导地位的基础上，信源多元化的趋势日益明显。特别是由个人发起的自媒体平台，其受关注度占据相当的比重。由于信息技术发展不平衡、不充分，信息传播媒介在不同地区的使用频率以及传播效率也呈现较大的地区差异：中部和东部地区使用频率及传播效率明显高于西部地区。

4.1 数字信息获取总体情况

4.1.1 新兴载体大行其道——普及性与便捷性并重

伴随着信息化技术的发展,广播、电视、手机、电脑等信息传递载体逐渐普及。特别是进入数字时代,人们获取信息的渠道发生了极大的变化:从传统的口口相传,到利用报纸、书籍等纸质载体进行记录传播,再到利用以智能手机为代表的智能移动终端为载体进行即时信息传输,信息化水平的提高极大地丰富了获取信息的渠道。在多元化的选择下,信息获取效率成为人们评价信息获取渠道重要性的关键因素,其中信息获取渠道的普及性与便捷性成为影响信息获取效率的两个重要因素。

我们以数字化信息发展阶段为依据,利用信息获取渠道出现时间的早晚,将信息获取渠道划分为如表4-1所示的传统信息获取渠道和新型数字化信息获取渠道,对利用上述不同信息渠道获取信息的情况进行分析。

表4-1 信息发展阶段划分下的主要信息获取渠道

分类	渠道
传统信息获取渠道	他人转告
	报纸、期刊
	广播
新型数字化信息获取渠道	手机短信
	电视
	互联网

在大数据时代，海量信息往往意味着其本身具有极强的时效性。谁能在更短的时间内获取信息，谁就拥有信息的更高价值。因此，在公众的朴素认知中，便捷性往往是公众在获取信息时关注的关键因素。所以，在评价信息获取渠道的重要性时，便捷性往往占据了相当大的权重。

数字时代互联网是信息获取的重要渠道。基于问卷调查结果可知：在受访者中，认为传统纸质媒介与广播媒介在获取信息时非常重要的仅约占 1/10；通过他人转告渠道与数字化程度较高的电视媒介水平相当，略高于纸质和广播媒介；与之对应的是利用智能移动终端进行传播的手机短信，认为该渠道在获取信息时非常重要的受访者约占 1/5；认为互联网在获取信息时发挥非常重要作用的受访者占全部受访者的近六成，远远超过其他信息获取渠道。同时，结合百分比堆积图可知，根据信息获取方式便捷性排序，公众对信息获取渠道重要性的评价与便捷性呈现明显的正相关关系（见图 4-1）。

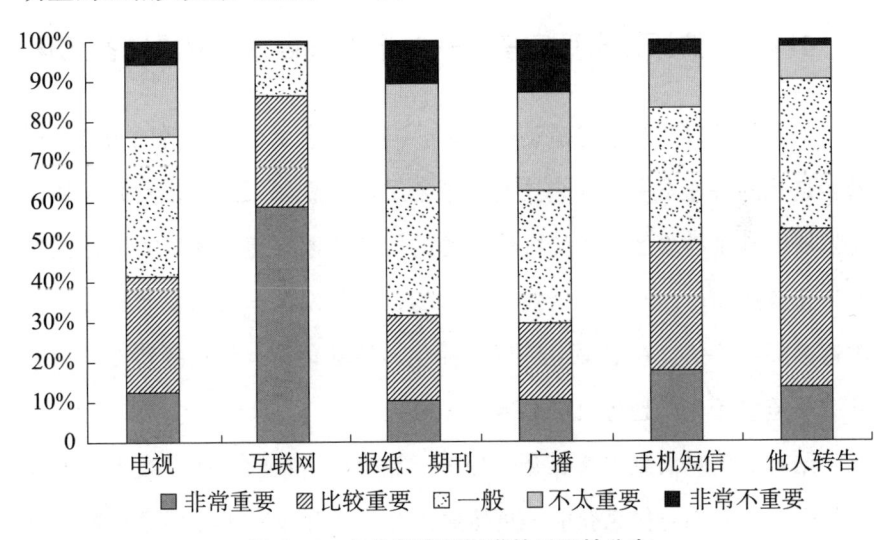

图 4-1　各信息获取渠道的重要性分布

与此同时，信息获取渠道的普及性决定了公众使用该渠道的频率和次数。信息渠道越不普及，往往意味着公众从该渠道获取信息的难度越大，进而令公众认为该渠道对获取信息帮助不大。因此，在评价信息获取渠道重要性上，信息载体的普及性是影响信息获取渠道重要性的关键因素。

根据受访者问卷中认为信息获取渠道最不重要的选项可知：覆盖受众范围最小和应用场景相对最少的纸质媒介和广播媒介被认为是不重要的信息获取渠道的比例最高，约占全体受访者的40%；认为手机短信和电视是不重要的信息获取渠道的比例次之，约为20%；口口相传的比例约为10%。与上述渠道相对应，普及范围最广的互联网渠道表现最优，占受访者的比例不到1%。结合百分比堆积图可知，信息获取渠道的普及性与评价信息非必要性呈现明显的负相关关系。普及化的信息获取渠道在为公众提供最新的信息源时，也为公众提供了多样化、个性化的信息选择。

4.1.2 信源分布百家争鸣——个人与官方获取渠道多元化

信息传播媒介是信息流动的载体，同时决定了信息传播的来源。随着信息化的快速发展，新兴技术也带来了信息获取渠道的多元化、快速化发展，越来越多区别于传统信息源的信息获取渠道伴随着人们生活的数字化应运而生。同时，受益于技术的普及与发展，信息发布和传输成本逐渐降低，信息获取渠道呈现个性化、精准化、专门化的特点，信息获取渠道多元化的趋势更加显著。

结合上文对信息传播媒介的分析，并根据信息的主体发布者和所面向的受众，我们对信息获取渠道按照媒介形式和发布主体两个标准进行分类。以时政类消息为例，我们将目前主流的信息获取渠道划分为传统个人发布、新型个人发布、传统官方发布和新型官方发布四种渠道,并对从上述不同渠道获取信息的频率进行分析(见表4-2)。

表4-2 媒介形式与发布主体标准下的信息渠道分类

分类	渠道
传统个人发布	朋友聊天与小道消息
	报纸、期刊
	广播
新型个人发布	微信朋友圈等熟人媒介分享
	自媒体平台新闻
	论坛时政类发帖
传统官方发布	纸质媒体
	地方电视媒体
新型官方发布	商业化门户网站
	新闻聚合客户端
	官方政务类新闻网站

在传统个人主体信息发布渠道中,朋友聊天或小道消息是信息获取的最常见的重要渠道。在调查过程中,接近半数的受访者几乎每天都会从这一渠道获取信息,其中经常使用这一渠道的受访者超过了三成,仅有约不到两成的受访者表示几乎不使用这一渠道,充分表明传统的口口相传在日常信息获取中仍发挥着重要作用,是公众获取信息的重要来源之一(见图4-2)。

在传统官方发布中,时政类信息主要以纸质媒体和官方及地方电视媒体为主。对于以报纸和专业时政分析报道杂志为代表的纸质媒体,仅有不到三成的受访者表示经常使用这类渠道获取信息。接近半数的受访者表示几乎不通过购买报纸等获取时政类评论消息,选择专业杂志的比例也仅接近三成。超过七成的受访者通过央视、新华社等官方媒体获取

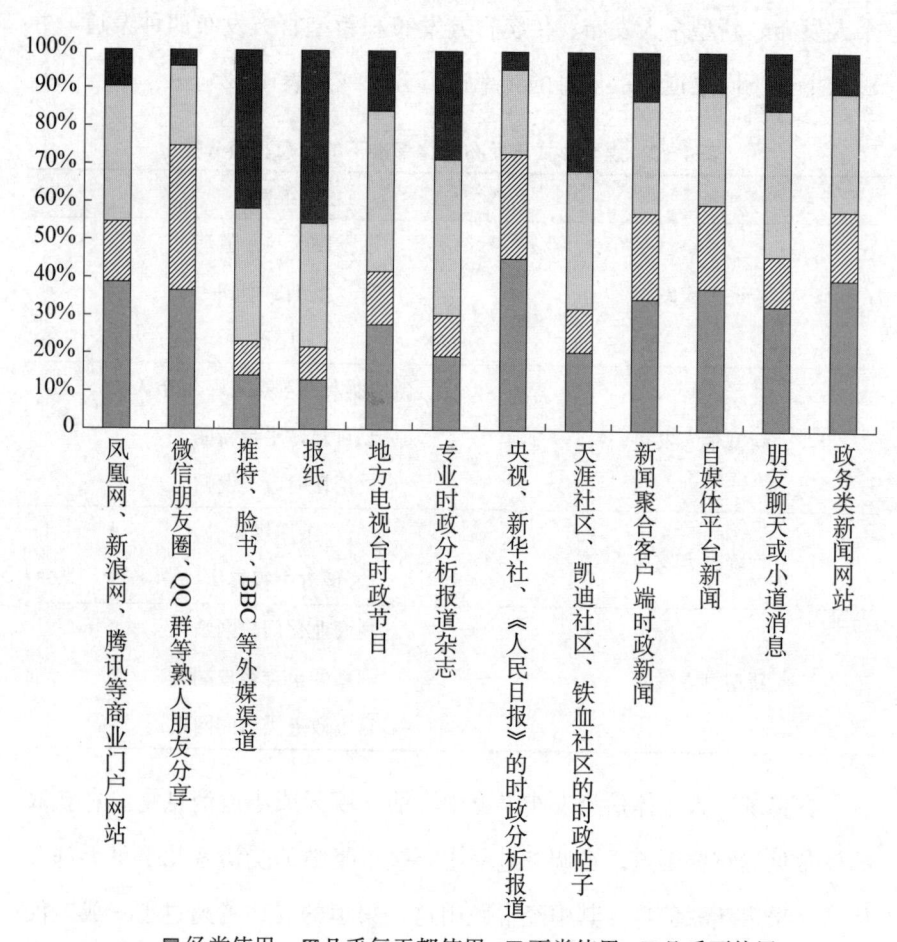

图 4-2　不同信息获取和评论时政类消息频率分布

时政类评论消息，仅有 5% 的受访者几乎不通过官方媒体获取消息；与之相对应的是，从地方媒体获取评论消息的受访者也超过了四成。但不使用这一渠道的受访者略有增加，约占整体的 20%。在信息获取便捷化的条件下，官方媒体由于发布的信息权威性仍然受到公众认可，是公众获取时政类信息的主要来源。

新型个人主体信息发布渠道主要涵盖以微信朋友圈为代表的熟人媒

介分享、自媒体平台新闻和论坛时政类发帖等。与传统个人信息获取渠道形成鲜明对比的是，在微信朋友圈、QQ群等熟人朋友分享渠道中，有超过七成的受访者几乎每天都使用上述信息渠道，仅有4%的受访者表示几乎不使用这一渠道；对于自媒体平台新闻渠道，有六成的受访者每天使用，10%的受访者几乎不使用这一渠道；对于以天涯社区为代表的时政类评论论坛，经常使用与几乎不使用的受访者占比均为1/3。不难看出，新型传播媒介极大地方便了受访者获取信息，也提高了个人主体发布信息、获取信息的效率。

新型官方主体信息渠道主要涵盖商业化门户网站、新闻聚合客户端和官方政务类新闻网站等。其中，商业化门户网站、政务类新闻网站和新闻聚合客户端的使用度相近，约占受访者总体的近六成，仅有不到一成的受访者不使用上述渠道获取时政类消息，表明上述三种渠道仍是大多数受众获取时政类消息的主要来源；从外部信息渠道经常获取时政类消息的受访者仅占约两成，接近半数的受访者不使用外部信息渠道获取时政类消息。这充分表明，在新型传播媒介下，高效便捷的官方信息发布渠道是公众获取权威时政类信息的主要来源。

4.1.3 获取内容丰富多元——"人人都是发声者"

信息化时代，信息获取渠道得到了深入的丰富和拓展，随之而来的是人们所能获取的信息种类日渐丰富。传统媒体多以关注时政要闻与社会事件等公众新闻为主；以微信、微博为代表的移动社交媒体，以其即时、便捷、互动、低门槛等特征，拓展了信息传播的自由时空，激活了以个人为基本单位的社会化传播，也使得以个人生活为主讲述个体故事的相关信息和内容逐渐增多，网络社群的吸引力越来越强，积聚起海量的有共同兴趣、爱好的网民。用户在信息传播渠道中掌握了越来越多的信息话语权,在信息选择和参与传播的过程中具有更高的灵活性和可视性。在"人人都是发声者"的时代,信息逐渐从以时政要闻、社会新闻为主的公众主体信息向以生活工作分享为主的个人主体信息转变。

基于上述分析,我们以公众在网络平台个人账号上发布和评论的信息类型和频率为切入点,并根据发布内容的类别,将信息分为时政要闻、社会事件、养生信息、励志故事、广告、生活工作和娱乐相关信息等,对个人主体在信息内容发布上的变化进行研究。

从信息类别来看,公众个体在参与信息传播和接收的过程中,就个人和家庭生活状态发声较多。不同信息类别中,参与度呈现明显的差异:生活和休闲娱乐相关信息的发布和评论数明显多于其他类别,约占受访者总体的1/3;社会事件类的发布和评论紧随其后,约占受访者总体的1/4;工作信息、时政要闻、励志故事等次之;广告的发布和评论数量排名最低,仅占到全体受访者的10%左右。从信息发布和评论的无应答率来看,广告和养生信息所占比例最高,超过全体受访者一半以上;时政要闻、社会事件、工作信息等次之;生活信息、休闲娱乐的无应答率最低,约占全体受访者的50%,同时显示其结果同发布和评论频率呈明显的负相关关系(见图4-3)。

从参与水平来看,个人账号在使用和发布信息上的主体性特征明显较强,围绕自己与家人生活工作、休闲娱乐和社会事件等相关信息的发布频率明显高于其他社会新闻或时政消息,上述信息类型多围绕公众主体或与个人利益切身相关,显示出公众在个体信息获取需求上对信息内容的个性化与多元性选择,表明公众参与信息获取和传播的主体地位正在逐渐上升。公众个人账号普遍对广告关注度不高。

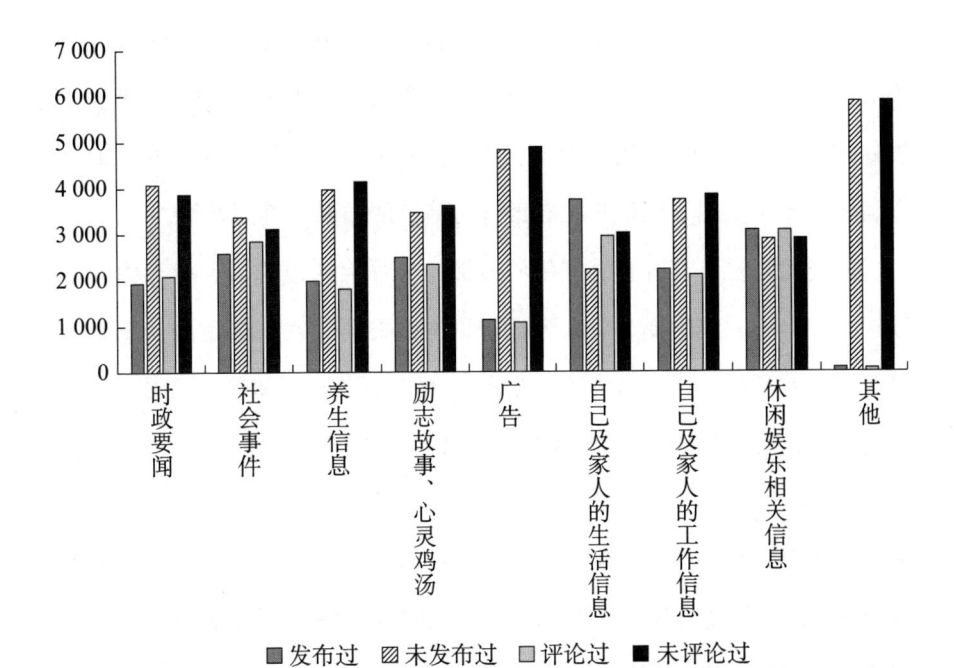

图 4-3　个人账号发布和评论信息类型与频率

4.1.4　信息可信度的提升与变化——多元化与权威性的平衡

当前，新兴媒体及信息获取渠道改变着公众的信息获取行为，网络平台所具有的开放性和虚拟性让人们的生活方式、生活工具发生了变化，人们在网络中发表自己的观点，形成了多元化的互动传播趋势。由于在数字时代信息拥有更多的发布者和观看者，信息平台发布的信息质量可能无法得到保障，尤其是在一些重大、突发事件中，部分群体可能会借题发挥，发布一些不真实或者不及时的内容，导致一些不良信息扩散。在这些信息扩散的过程中，自媒体的介入更会导致信息内容的复杂度提高，信息真假难辨，对于舆论的发展也会造成相应的影响。

基于上述分析，我们以突发事件为例，测度常见信息发布渠道在公众心目中的可信度。我们将信息发布渠道划分为以政府机构、央媒为代表的官方媒体，以及以网络大 V、朋友圈熟人和外媒等为代表的其他个人媒体，比较上述不同信息发布渠道可信度的差异及共同特性。

从类别来看，官方媒介宣传渠道仍具有强大的影响力、引导力和权威性。有将近九成的受访者认为政府机构、央媒等发布渠道的信息基本可信或非常可信，认为基本不可信的比例不到 5%，这充分说明官方渠道信息在各类信源中发挥着舆论"压舱石"和社会"黏合剂"的作用。与之相对应的是，商业媒体与个人自媒体的渠道可信度与官方渠道差距明显，认为非常可信的比例仅约为全体受访者的 15%。其中，认为地方性商业媒体可信度为基本可信及以上的受访者约占全体受访者的 60%，表明信息渠道可信度与媒体所辐射的影响力呈现相关关系；认为聚合类自媒体信息可信度为基本可信及以上的约占全体受访者的半数；认为其他个人自媒体和外媒可信度为基本可信及以上的受访者比例最低，不到全体受访者的三成（见图 4-4）。

值得关注的是，受访者更信任政府和公众媒体，对熟人圈子、境外媒体、自媒体等抱有适当戒心。研究发现，人们倾向于认为亲朋好友发来的信息是正确的、值得信赖。微信群、朋友圈由社会背景相似的人组成，彼此信任度高，虚假信息更易流传。但在对熟人小圈子和外媒等小众信息获取渠道的可信度评价中，认为可信度不足或完全不可信的受访者比例明显较其他渠道更高，约占受访者的四成，远高于官方媒体和商业媒体。当前信息收集渠道多样化、信息碎片化的背景，对信息使用者的筛选甄别能力提出了更高的要求，同时这一结果也表明受访者在信息获取时已具备较为充分的信息辨别和判断能力。

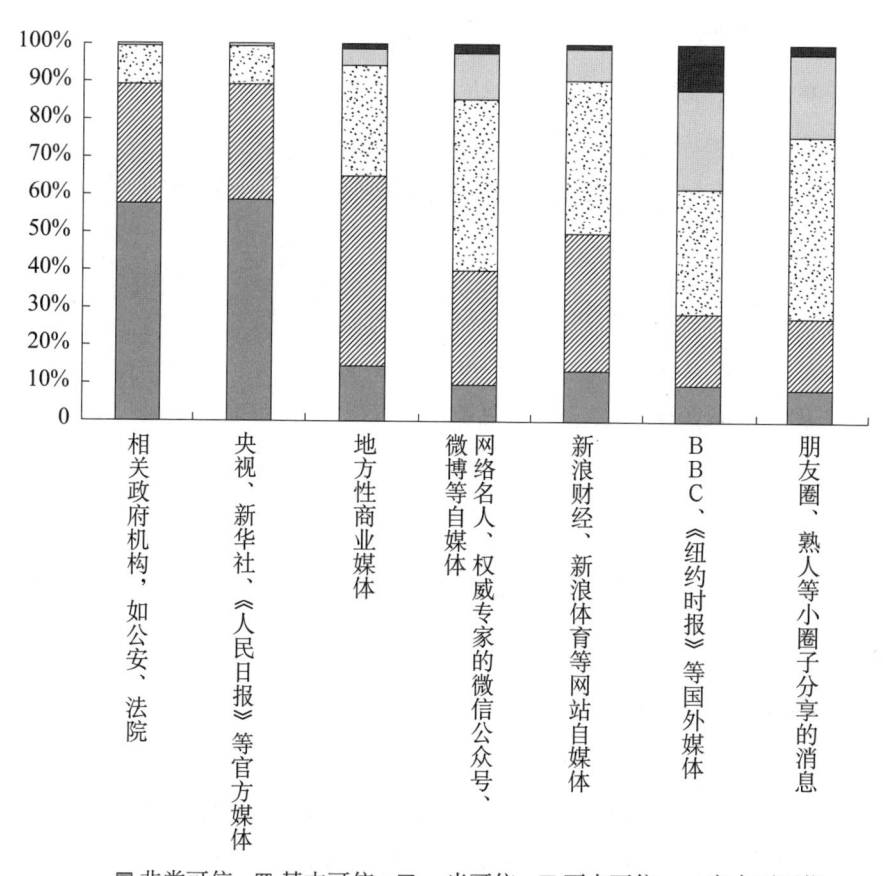

图 4-4 突发事件下各信息发布渠道可信度分布

4.2 数字信息处理的特征差异

4.2.1 信息处理的主客体趋同——传播与接收一体化

传统媒体的传播方式是单向、线性、不可选择的。它集中表现为在特定的时间内由信息发布者向受众传播信息,受众被动地接收,没有信息的反馈。这种静态的传播方式使得信息不具流动性。而伴随信息技术的不断发展，信息传播的成本不断降低，使得信息传播手段日益普及。在这一背景下，新型传播媒介的衍生使信息发布与接收逐渐建立起双向的关系。在以微信、微博为代表的移动互联网环境下，依托网络便捷的互动分享功能，人类交流的本能得以淋漓尽致地展现，新闻信息通过社交关系链被网民自觉分享、广泛转发，实现了几何级的传播效果，其传播的速度、广度和深度前所未有。新闻传播呈现人际传播、多向传播、海量传播的特点，网民既是信息制造者、传播者又是受众，多位一体，已很难辨认，信息获取的主客体呈现明显的趋同趋势。

基于上述分析，我们以公众在网络平台个人账号上发布和评论的信息类型和频率为切入点，并根据发布内容的类别对个人主体在信息发布和获取之间的联系进行研究。

数字媒体参与者积极成为信息的发布和评论者。从整体上看，受访者均深度参与到信息的获取和发布过程中，在个人账号上发布信息的受访者超过九成，评论过相关信息的也超过八成。从信息类别来看，个人账号在使用和发布信息上的主体性特征明显较强，围绕自己及家人生活工作、休闲娱乐和社会事件等相关信息的发布频率明显高于其他社会新闻或时政消息，反映出在信息时代下，不但将传统媒体的"受众"转变为"用户"，而且拓展了话语载体的传播途径，话语载体愈加分散化。从信息再处理情况来看，不同信息类别下发布与评论信息的受访者比例大致相同，总体变化趋势不大，呈现较为明显的相关关系；发布评论情况受信息主体的影响，官方媒介宣传渠道仍具有强大的影响力、引导力和权威性，受访者在如上信息来源处以评论为主，作为客体参与信息的再处理；对以个人为主体的生活分享类信息发布频率明显高于评论频率，显示目前个人主体在新兴媒介中大多以信息传播主体的形式存在，客体参与度较低（见图4-5）。

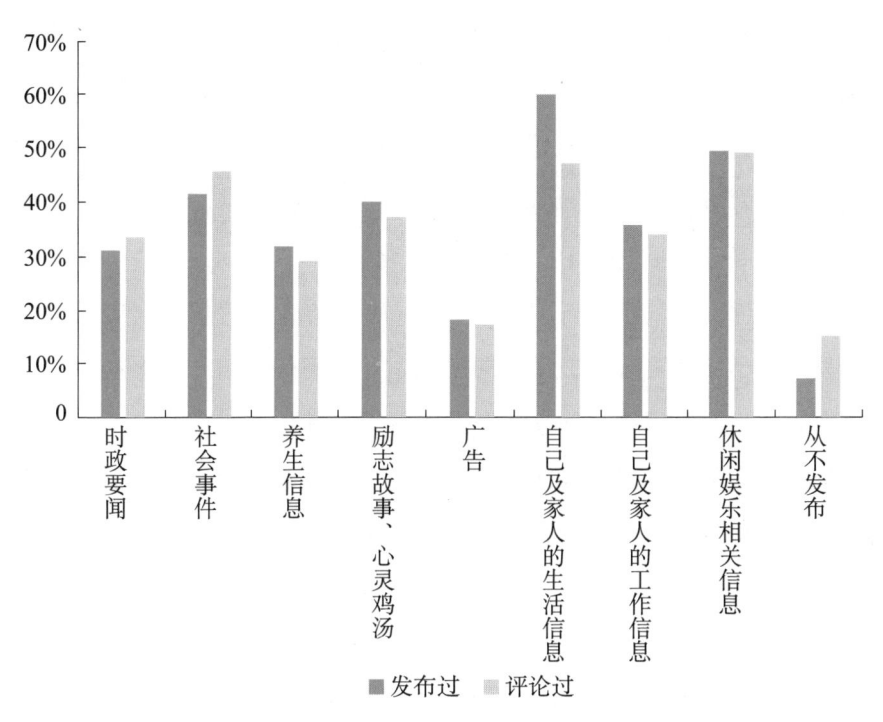

图 4-5 不同信息类别的发布和评论受访者比例

4.2.2 信息处理的教育背景差异——方式内容兼而有之

信息革命伴随着教育现代化的快速发展。伴随着技术的不断进步和民众教育水平的提升，各类新兴的信息渠道应运而生。中国互联网络信息中心的报告显示，截至2023年6月，我国网民规模已达10.79亿人，较2022年12月增长1 109万人，互联网普及率达76.4%。其中，学生网民中至少掌握一种初级数字技能的比例达98.5%，至少掌握一种中级数字技能的比例达81.0%，较2022年12月分别提升0.6和4.5个百分点；50～59岁网民中至少掌握一种初级数字技能的比例为72.8%，60

岁及以上网民中至少掌握一种初级数字技能的比例为54.6%。但我国人口基数大，在规模、结构和人均教育年限上，受教育情况仍待持续改善，教育水平仍呈现东强西弱的基本格局。在这一背景下，不同教育状况的人群获取信息的渠道、方式和发布内容呈现较为明显的差异。

基于上述分析，我们以公众在获取信息渠道和网络平台发布评论的偏好内容为切入点，并根据受访者教育背景进行分类，从传统和新兴信息获取渠道等维度，对信息处理的教育背景差异进行研究。

从信息获取渠道看，不同教育背景的受访者的信息获取渠道差异明显，高学历者更倾向于互联网模式。互联网仍是信息获取最主要的来源，认为互联网在信息获取渠道中占重要地位的受访者在不同学历背景下均占绝对多数。但这一比例随受访者受教育程度的降低而呈现明显的下降趋势，其中：硕博研究生学历占比接近八成，大学本科及以上学历占比超过六成，初中及以下学历占比不到四成，呈现明显的学历层次差异。在传统信息获取渠道中，电视、广播等传统媒介仍是公众获取信息渠道的重要来源，其受重视程度随学历背景和受教育程度的降低而呈现上升趋势，其中：在初中及以下教育背景的受访者中，认为广播、电视是重要信息来源的比例几乎与互联网持平，占该部分受访者的约四成，互联网信息传播普及效果明显弱于传统媒体。同时，在整体受访者中，电视作为信息获取渠道的重要性仍高于广播（见图4-6）。这一特征和结论仍需注意与我国人口结构有关，年长者受教育程度相对较低，年龄因素与信息获取渠道倾向或有重要关联。

从信息获取和发布的内容偏好看，时政消息与社会新闻的偏好度在不同教育背景的受访者中均偏低，高学历者的偏好度更低，总体占比均未超过所调查总体的半数。休闲娱乐信息内容获取和发布的偏好度较

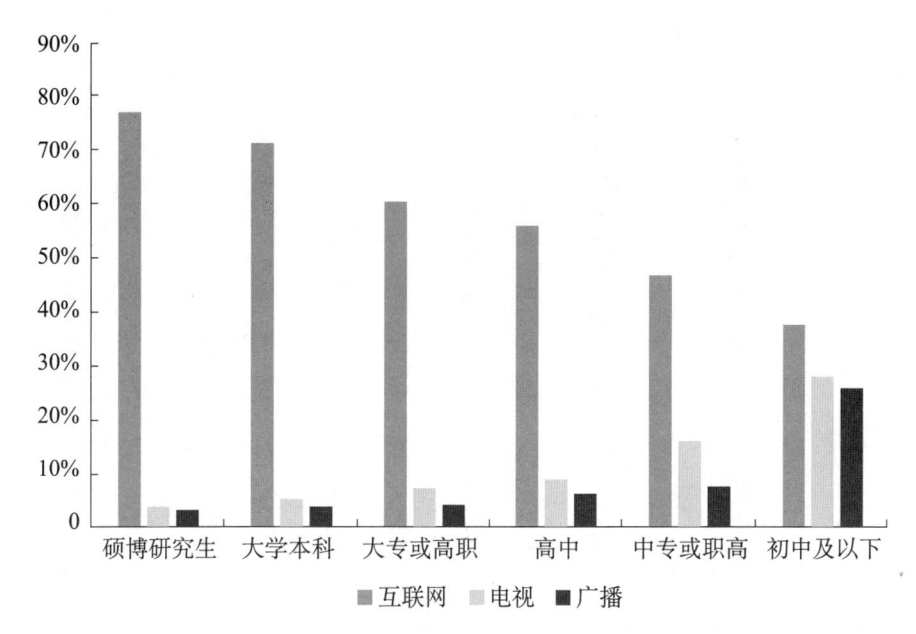

图 4-6　不同学历层次受访者对信息获取渠道重要性的评价占比

高，个人及家人生活信息获取和发布的偏好度最高。上述三类信息的获取和发布在不同教育背景的受访者中均呈现 V 字形特征，即受教育程度较高和较低的受访者对获取和发布上述信息的需求偏好较高，受教育程度中等的受访者对获取和发布上述信息的需求偏好较低。此外，高中和初中及以下学历背景的受访者对于时政要闻和社会新闻的关注度明显高于其他学历层次的受访者，显示出不同教育背景的公众在个体信息获取上对信息内容的个性化与多元性需求（见图 4-7）。

4.2.3　信息处理的年龄阶段差异——方式内容兼而有之

除教育背景之外，年龄因素也成为受访者获取信息和处理发布信息的重要影响因素。伴随着信息技术的发展，不同年龄段人群所接触的信息获取渠道变得不同。随着互联网的快速普及，年轻群体在互联网发展

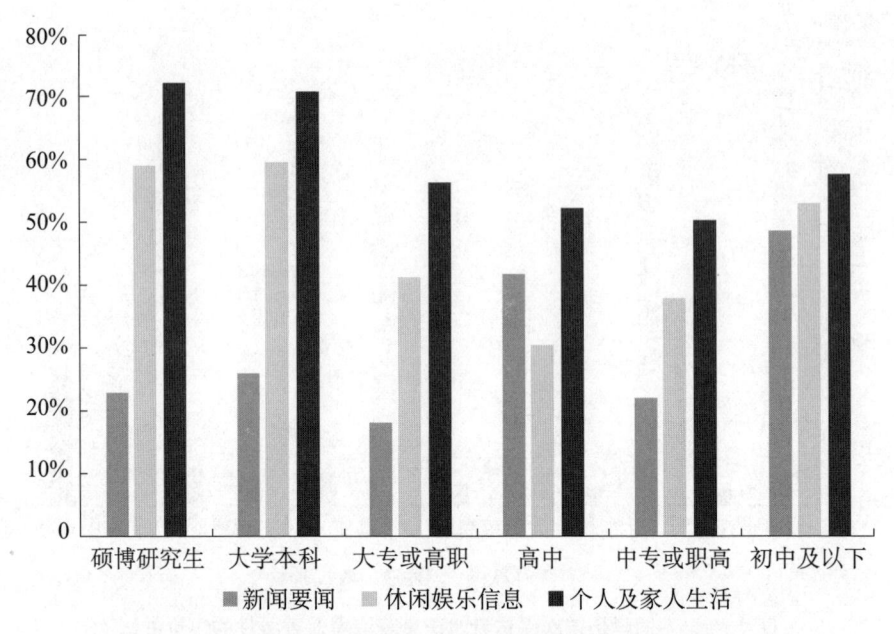

图 4-7 不同学历层次受访者对信息获取和发布的偏好类型占比

浪潮中发挥着"生力军"的作用，越来越多的青年便捷地获取信息、交流思想、交友互动、购物消费，青年的学习、生活和工作方式发生了深刻改变。青年日益成为网络空间主要的信息生产者、服务消费者、技术推动者，深刻影响了互联网发展潮流。我国网民群体中，20~29 岁、30~39 岁、40~49 岁网民的占比分别为 17.2%、20.3% 和 19.1%，高于其他年龄段群体；50 岁及以上网民群体的占比为 25.8%。与技术发展速度相对的是，老年人客观存在的记忆能力、学习能力日益降低，有些还有"学习恐惧""科技恐惧"心态。忽略老年群体的技术发展必然带来不平等引发的矛盾，老年人与互联网新时代的矛盾也逐渐浮出水面。在这一背景下，不同年龄段群体在信息获取和处理上存在极为明显的差异。

基于上述分析，我们以公众在获取信息渠道和网络平台发布评论的偏好内容为切入点，并根据受访者年龄进行分类，从传统和新兴信息获取渠道等维度，对年龄因素对公众信息获取的影响进行研究。

从信息获取渠道看，年轻人更多关注互联网，老年人热衷传统媒介，但仍以互联网获取信息为主。伴随互联网的普及和适老性的提升，互联网在老年群体中也得到了普及，仍是所有年龄段受访者中信息获取的最主要来源。但这一比例随年龄段不同而呈现明显差异：认为互联网是信息获取最主要来源的占青年群体近七成，中年群体中占比超过半数，老年群体中占比超过四成。在传统信息获取渠道中，电视、广播等传统媒介仍是公众获取信息渠道的重要来源，其受重视程度随年龄的上升而呈现明显的增长趋势：在青年群体受访者中，电视、广播等传统媒体占比均不到一成；在老年群体受访者中，认为电视、广播是重要信息来源的所占比例几乎持平，均超过两成；同时，在整体受访者中，电视作为信息获取渠道的重要性仍高于广播（见图4-8）。

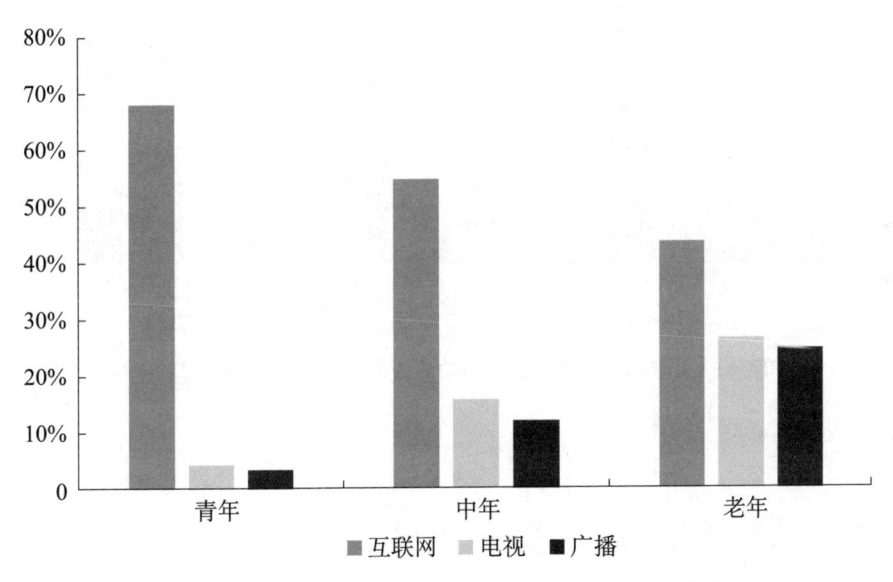

图4-8 不同年龄段主要信息获取渠道占比（重要程度）

从信息获取和发布的内容偏好看，年轻人对新闻要闻关注度不高，更倾向于关注休闲娱乐和个人生活信息，中老年人偏好结构相似。对时政消息与社会新闻的偏好度在青年受访者中偏低，总体占比仅约两成。中年群体和老年群体对时政消息与社会新闻的偏好度较高，两者几乎持平，总体占比约为四成。青年群体对休闲娱乐信息和个人及家人生活信息获取和发布的偏好度较高，总体占比均超过受访者的六成。中年群体和老年群体对上述两类信息的偏好度略低于青年群体，但总体占比也接近半数。这表明信息传播渠道在不同年龄段均重视个人的信息话语权，进一步体现了公众在个体信息获取上对信息内容的个性化与多元性需求（见图4-9）。

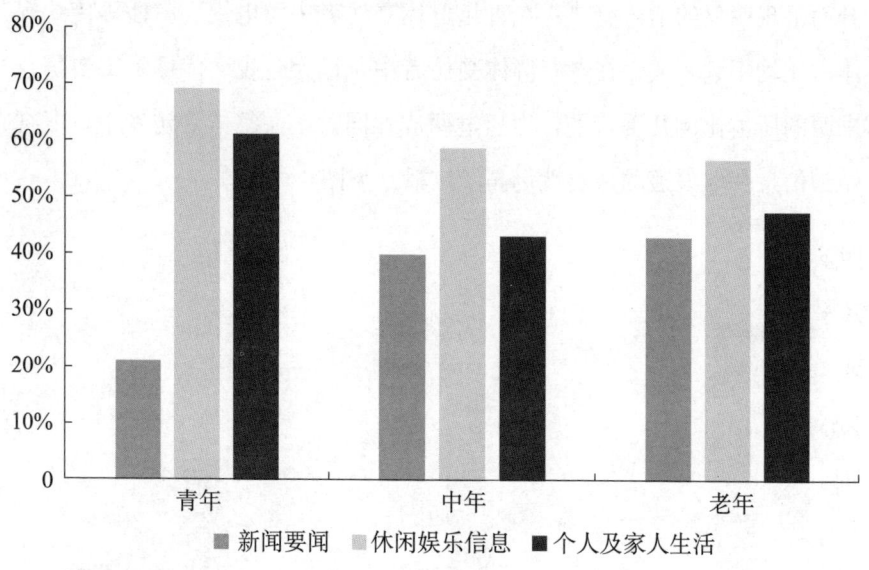

图4-9 不同年龄段受访者对信息获取和发布的偏好类型占比

4.3 数字信息获取的地区差异

在信息化水平迅速提高、以信息产业为核心的新经济体系不断完善与壮大的背景下，我国信息化建设存在较为明显的地区差异。各地区之间信息化发展极不平衡，信息化水平差距正在拉大，一条无形的"鸿沟"开始阻隔在信息化程度不同的地区之间。各地区对信息化建设的重视及政策不一，绝大多数地区的信息化政策不够完善。东部发达地区普遍对城市信息化建设比较重视，有专门的机构负责和协调整体信息化的建设。由于经济条件的原因，基础信息化环境比较好，发展和推动信息化建设相对容易。而西部与北部地区政府信息化建设管理职能分散、重复、交叉，许多城市还没有一个权威的机构统筹管理信息产业的发展和信息化建设工作，造成多头管理、信息化建设力量分散、组织管理和协调效率低下，许多信息化方面的工作难以落实，制约了区域信息化整体效益的发挥。这导致了无形之中区域信息化的差距拉大。

基于上述分析，我们以公众对信息获取渠道重要性的认知和使用不同渠道获取与评论时政类消息的频率为切入点，并根据受访者所在地区进行分类，对数字信息获取的地区差异进行分析。

4.3.1 信息获取渠道与数字化水平相关

从信息获取渠道看，不同地区受访者的信息获取渠道的差异较小，西部地区对互联网重要性认同略低。伴随互联网和数字技术的普及提升，互联网在各地区受访者中均是信息获取的最主要来源。但这一比重仍因地区经济发展水平的不同存在差异：东部地区认为互联网是最主要信息来源的受访者比例最高，占比超过全体受访者的60%；东北部地区次之，占比约为60%；中部地区次之，占比约为55%；西部地区最低，占比仅略高于50%。传统信息来源与互联网渠道趋势相反，与经济发展水平呈现负向关系：东部和东北部地区占比较低，西部和中部地区占比较高，上述传统渠道占受访者总体超过三成。同时，在整体受访者中，电视作为信息获取渠道的重要性仍普遍高于纸质媒体等渠道（见图4-10）。

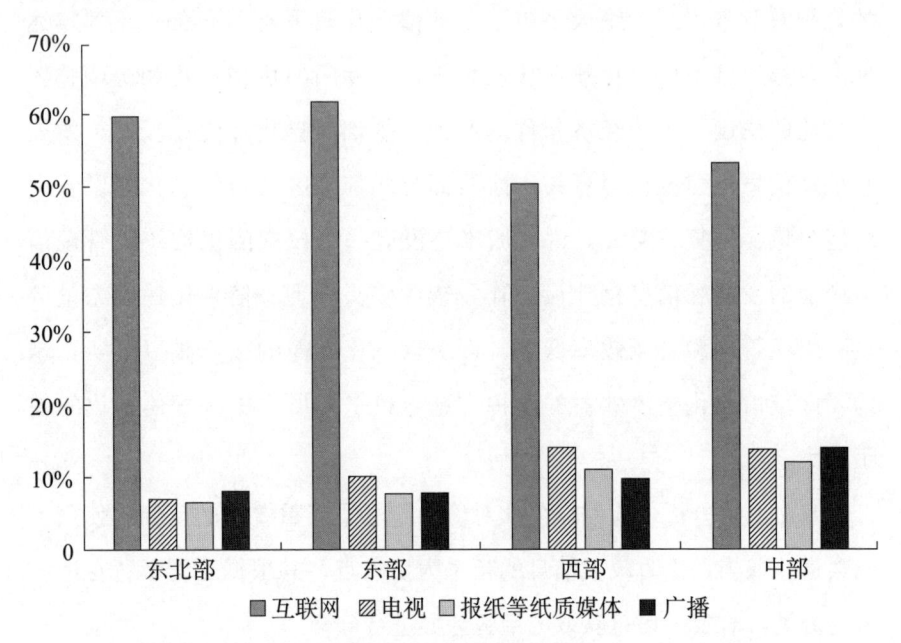

图4-10 不同地区受访者主要信息获取渠道占比（重要程度）

从使用不同渠道获取和评论时政类消息的频率看，不同地区受访者的信息获取和评论渠道的差异较小，均以官媒和客户端为主。央视、新华社、《人民日报》等官方媒体和地方电视台的时政分析报道在各地区受访者中均是信息获取最主要的来源。但同时受新兴媒介及信息获取渠道的影响，论坛等自媒体成为公众获取上述信息的来源之一，在各地区的平均占比均超过了15%，其中在中部和西部地区的占比接近或超过20%。受经济发展水平和信息传播渠道普及性的影响，报纸等纸质媒体也是中西部地区公众获取和评论时政类消息的主要渠道（见图4-11）。

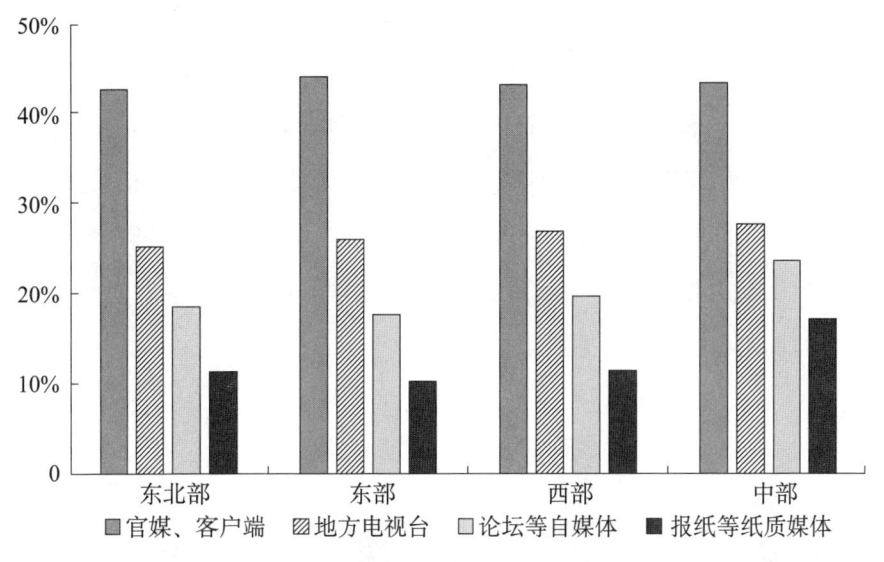

图 4-11 不同地区受访者使用不同渠道获取和评论时政类消息频率

4.3.2 信息多元化下的可信度与权威性差异明显

信息多元化是指现代社会中信息来源和传播途径的多样性和丰富性。信息化和数字化的快速发展，降低了信息发布成本，增加了信息获取渠道，缩减了信息获取时间。同时，受限于信息化水平的发展差异，不同地区公众获取渠道的偏好性存在明显差异，与之相对应的是信息渠道的可信度也呈现较为明显的地区差异。基于上述分析，我们以公众在突发事件下不同信源的不同可信度比较为切入点，并根据受访者所在地区进行分类，对信息多元化下的可信度与权威性差异进行研究。

从突发事件下信源的可信度看，不同地区受访者认为较可信的信息获取渠道的差异较小，央视、新华社、《人民日报》等官方媒体仍是公众在面对突发事件时最可信的信息来源。这说明，官方媒介渠道权威性和可信度受多元化信息冲击较小。但这一比例仍因地区经济发展水平的不同存在差异：东部和东北部地区认为官媒可信度最高的受访者比例最高，占比接近全体受访者的60%；中部地区和西部地区明显较低，占比约为50%。值得注意的是，地方性商业媒体和自媒体等个人信息主体渠道的可信度与官媒可信度趋势相反，与经济发展水平呈现负相关关系：东部和东北部地区占比较低，西部和中部地区占比较高，尤其是中部地区认为从上述各种自媒体渠道所获取信息非常可信的受访者在总体受访者中的占比超过一成（见图4-12）。

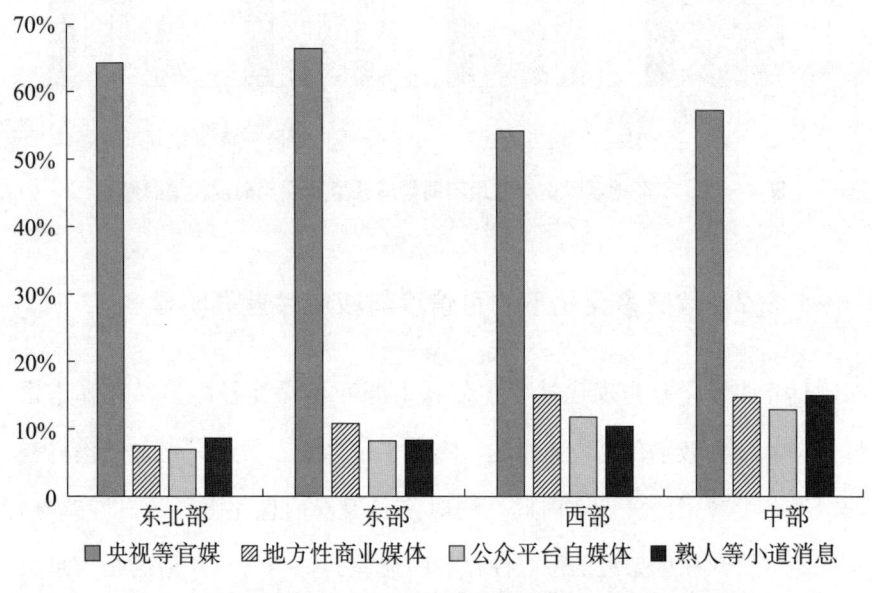

图4-12 不同地区受访者突发事件信息获取渠道可信度比较

从突发事件下信源的不可信度看，不同地区受访者呈现较为明显的差异。央视、新华社、《人民日报》等官方媒体在西部地区的不可信度相对较低，在其余地区也存在一部分认为其不可信的受众；熟人等小道消息的信息获取渠道在全体受访者中被认为不可信的比例较高；东北部地区受众整体对信息获取渠道的不可信度偏高，其中对自媒体和熟人等小道消息的信息获取渠道的不可信度均超过了4%。与可信度相对应的是，地方性商业媒体和公众平台自媒体等个人信息主体渠道的不可信度与经济发展水平呈现正相关关系：东部和东北部地区占比较高，西部和中部地区占比较低（见图4-13）。

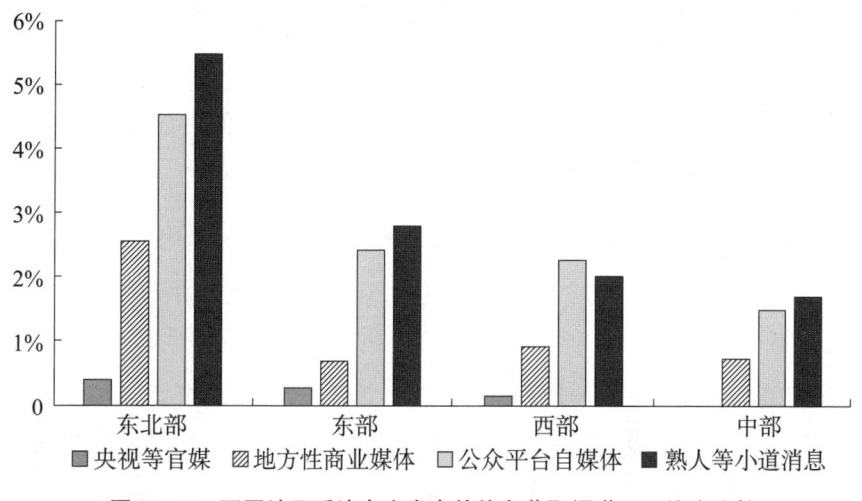

图4-13 不同地区受访者突发事件信息获取渠道不可信度比较

4.3.3 信息发布与处理上的地域差异

信息发布与处理上的地域差异是指不同地理区域在信息流通、传播和处理方面存在的差异，包括文化、技术和社会习惯等。不同地区有不同的文化背景和价值观，这可能会影响受众对信息的发布和处理方式。不同地区的技术基础设施和互联网接入水平各不相同。一些地区可能拥有先进的技术，而其他地区可能面临数字鸿沟问题。这会影响信息的传播速度和可用性。与此同时，受不同地区的社会习惯和传统的影响，不同地区受众对信息的发布和处理也存在较大差异。

基于上述分析，我们以不同地区受众在个人社交账号平台上发布的内容类型为切入点，并根据受访者所在地区进行分类，对信息发布与处理上的地域差异进行研究。

从信息发布与处理的偏好度看，不同地区呈现较为明显的差异，东北部、东部、西部和中部呈现明显的偏好度递增趋势。从信息发布与处理的类别看，不同地区公众在参与信息传播和接收的过程中，受信息类别的影响较大：中部地区受访者更偏好发布社会事件类的信息，参与者接近半数。各地区在休闲娱乐相关信息、自己及家人的生活信息和励志故事等信息发布与处理偏好度上差异较小；时政要闻和广告类型的信息发布与处理偏好度差异较大，偏好度差值接近两成（见图4-14）。

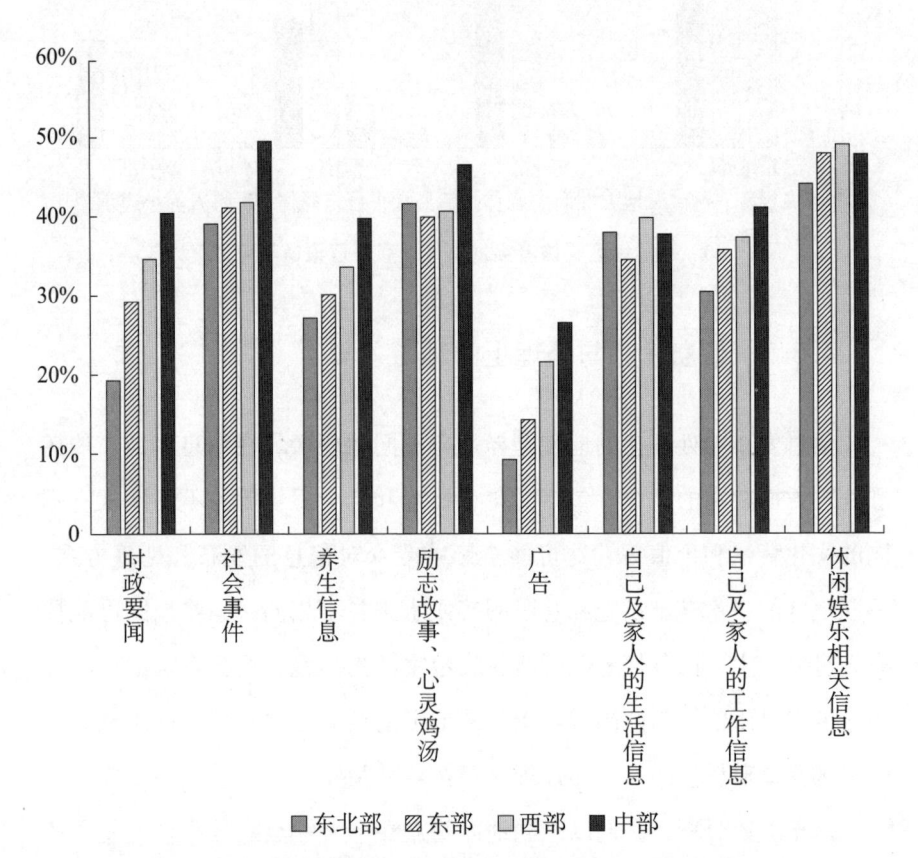

图4-14　不同地区受访者对不同类型信息发布与处理偏好度比较

从不同信息评论和二次处理的水平看，不同地区对不同信息类型的偏好度和信息发布与处理的特征基本保持一致，且偏好度相近，表征信息二次处理传播情况受地区因素影响较小。值得关注的是，中部地区受众对社会事件的信息评论偏好度明显低于信息发布与处理偏好度。各地区信息二次处理的主体性特征明显较强，围绕自己与家人生活工作、休闲娱乐和社会事件等相关信息的偏好频率高于其他社会新闻或时政消息，上述信息类型多围绕公众主体或与个人利益切身相关，显示出公众在个体信息获取上对信息内容的个性化与多元性需求，表明公众参与信息获取和传播的主体地位正在逐渐上升（见图4-15）。

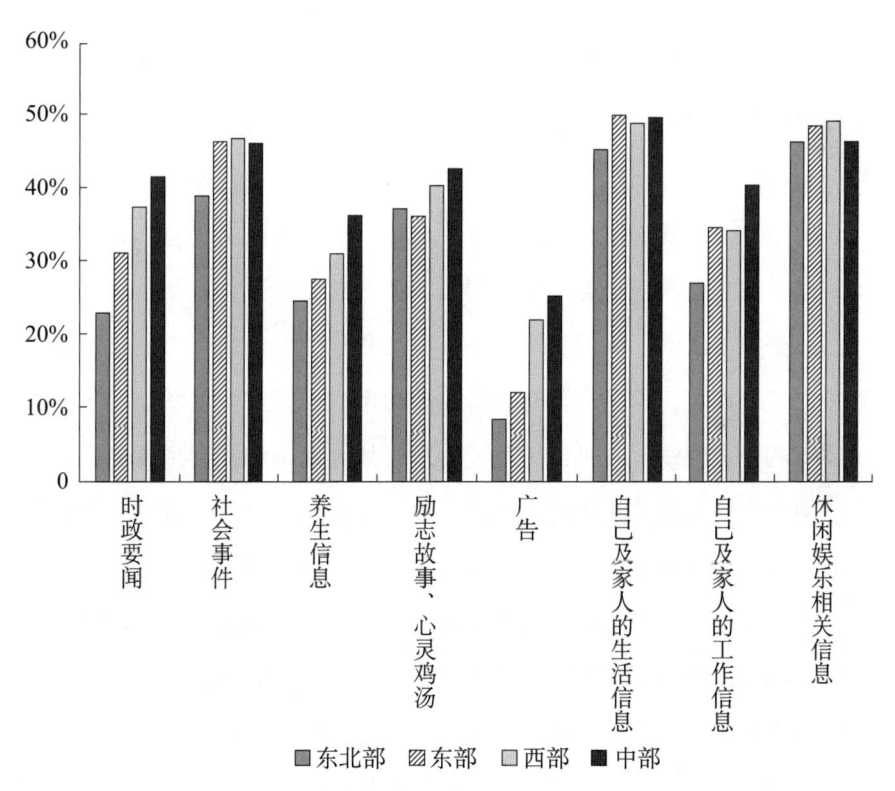

图4-15 不同地区受访者对不同类型信息评论偏好度比较

4.4 本章小结

数字时代信息获取的相关调查数据和分析结果可以总结为具有如下五个特点：

一是传统媒体获取信息的重要性下降，但其可信度仍维持在高位。新兴数字化媒体在获取信息的重要性上明显高于传统媒体，特别是互联网作为获取信息的渠道，有60%左右的受访者认为其非常重要，而认为传统媒体重要的比例仅在三成左右。

二是以非正规方式获取信息占有重要地位。他人转告是熟人社会传递信息的重要渠道。调查显示，仍有超过一半的受访者认为其重要，与手机短信的重要性基本相当，而后者也可以认为是一种熟人（包括正式认识的服务提供商）传递信息的重要途径。获取时政类消息方面，均有60%左右的受访者表示每天都使用朋友圈、自媒体和小道消息。

三是家人活动、休闲娱乐、心灵鸡汤和社会事件是个人信息发布和评论的主要内容。这里面既有非常隐私的个人和家庭生活状态，也有无关痛痒的心灵鸡汤，同时也体现了公众对休闲娱乐和社会事件的广泛关心。对个人信息的关注有助于展现个性化和多元化的社会发展，但容易出现个案和个体事件的影响力过度放大，存在引导和误导舆论的风险。

四是高学历人群和年轻人更倾向于使用互联网获取信息，但对新闻要闻普遍关注度不高。大学本科及以上学历受访者中有超过60%认为互联网是重要的信息获取渠道，但仅有不足30%的受访者偏好新闻要闻。年轻人中有接近70%的受访者以互联网为主要信息获取渠道，但仅有20%偏好新闻要闻，占比不足中老年人群的一半。

五是不同地区间的数字信息获取差异并不大。东部地区和东北部地区的互联网信息获取度相对略高，其余地区略有劣势。不同区域对时政信息的评论渠道差异很小，在突发事件上对官媒保有最高可信度；中部地区对广告、养生信息、励志故事、心灵鸡汤和社会事件等的发布有更高偏好度，东部地区对广告的发布偏好度最低。

就以上结论，结合数字经济和信息化发展的特点，以下评论值得关注：

一是伴随数字技术的不断发展，人们日常生活中获取信息的渠道不断拓宽，极大地降低了信息获取成本，提升了信息的传播速度和传播效率。在多元化的选择下，信息获取效率成为人们评价信息获取渠道重要性的关键因素。信息获取渠道的普及性与便捷性成为影响信息获取效率的两个重要因素。其中，公众对信息获取渠道重要性与便捷性的评价呈现明显的正向相关关系，信息获取渠道的普及性与评价信息非必要性呈现明显的负向相关关系。信息获取渠道呈现个性化、精准化、专门化的特点，信息获取渠道多元化的趋势更加显著。

二是数字时代，公众既是信息的接收者，也是信息二次加工的制造者和传播者，多位一体的特征表明当前时代信息获取的主客体呈现明显的趋同趋势。目前，个人主体在互联网等新兴媒介中大多以信息传播主体的形式存在，客体参与度较低。公众个体在参与信息传播和接收的过程当中，受信息类别的影响较大。不同信息类别中，参与度呈现明显的差异，但参与信息获取和传播的主体地位正在逐渐上升。客观认识公众信息参与的规律和特征，充分调动公众参与的积极性，提高信息发布的合规性，将有助于提升公共治理水平。

三是数字时代官方媒体和新闻要闻的重要性已并非最高，但其可信度和关注度仍为最高，体现了官方媒体在经济社会发展中的重要地位和作用。互联网平台的交互性、跨国性和传播的即时性等特点冲击着传统公共信息来源的权威性。在这样的传播格局和背景下，平台中的话语权可能会更加倾向于人们所表达的个性化语言，传统媒体的话语权逐渐被分解。如何充分重视当前我国官方媒体的影响力、权威性，同时认识到公众在信息获取时已具备较为充分的信息辨别和判断能力，平衡好二者的关系，积极创造数字时代的官媒价值，值得思考。如何加强多元化官方媒体的传播途径和手段，节约纸质媒体传播成本，提高传播效率，提升其在社会稳定和社会治理中的作用，同时居安思危，避免其公众信任关系削弱等问题，值得关注。

第 5 章

国民数字消费情况分析

随着互联网和智能手机的普及，数字消费在当今社会已成为一个备受关注的话题。人们越来越依赖数字技术来满足各种需求，包括在线购物、在线支付、社交媒体互动，以及在线学习和娱乐。这一趋势推动了数字消费的快速增长，以在线购物、直播带货、在线医疗等为代表的数字消费新形态持续发展，居民进行数字消费的比例快速提升，已成为我国经济增长的新动力。以在线医疗为例，截至2021年12月，我国在线医疗用户规模达到2.98亿人，同比增长38.7%，成为用户规模增长最快的领域之一。① 数字化产品及服务加速发展，促使网民数字消费水平稳步提升。研究显示，至少掌握一种初级数字技能的网民占整体比例为86.6%，60岁及以上网民、农村网民等群体也开始逐步掌握或了解如何使用数字消费技能。

网络购物作为数字经济的重要业态之一，在助力消费增长中发挥了积极的作用。公开数据显示，2023年上半年，全国网上零售额达7.16万亿元，同比增长13.1%。其中，实物商品网上零售额达6.06万亿元，增长10.8%，占社会消费品零售总额的比重为26.6%。此外，截至2023年6月，我国网络购物用户规模达8.84亿，占网民整体的82%。其中，跨境电商和农村电商是两种快速发展的业态模式。由此可见，国民数字消费在多个方面呈现积极的发展趋势。数字技术的广泛普及和不断创新，推动了数字消费的不断增长。本章将基于居民数字化调查问卷

---

① https://www.sohu.com/a/684718517_121119687.

对居民数字消费情况做详细分析，以期了解当前我国居民的数字消费总体状况以及地区差异。本章中所提的数字消费是指受访者将微信支付、支付宝等移动支付手段用于日常的消费。

5.1　总体情况

5.1.1　数字支付手段频率分析

我们调查了受访者使用微信支付、支付宝等移动支付手段的频率。有 72.55% 的受访者表示几乎每天都要使用微信支付、支付宝等移动支付手段，从不使用移动支付手段的仅占 0.25%。使用移动支付手段的频率为"从不"或"几个月 1 次"的受访者共有 25 名。从职业角度看，这 25 人中有 18 人无全职工作；从年龄角度分析，这 25 人中有 15 人出生于 1970 年之前。

为了进一步分析不同年龄段、居住地区和文化程度人群使用移动支付手段的习惯，我们绘制了如图 5-1、图 5-2、图 5-3 所示的百分比堆积图。为了确保图表的可读性，我们将问卷中的选项进行了归纳合并，其中，使用频率为"从不"、"几个月 1 次"或"一个月 1 次"的回答，统一归纳为"低频率"；使用频率为"一个月 2~3 次"或"一周 1~2 次"的回答，统一归纳为"中低频率"；使用频率为"一周 3~4 次"或"一周 3~4 天"的回答，统一归纳为"中高频率"；使用频率为"几乎每天"的回答，统一归纳为"高频率"。从图 5-1 可以看出，18~45 岁的人群中，几乎每天都使用移动支付手段的群体占比最高，为 84.79%；69 岁以上的人群中，"从不"、"几个月 1 次"或"一个月 1 次"（低频率）使用移动支付手段的群体占比明显高于其他年龄段，达到了 14.92%。

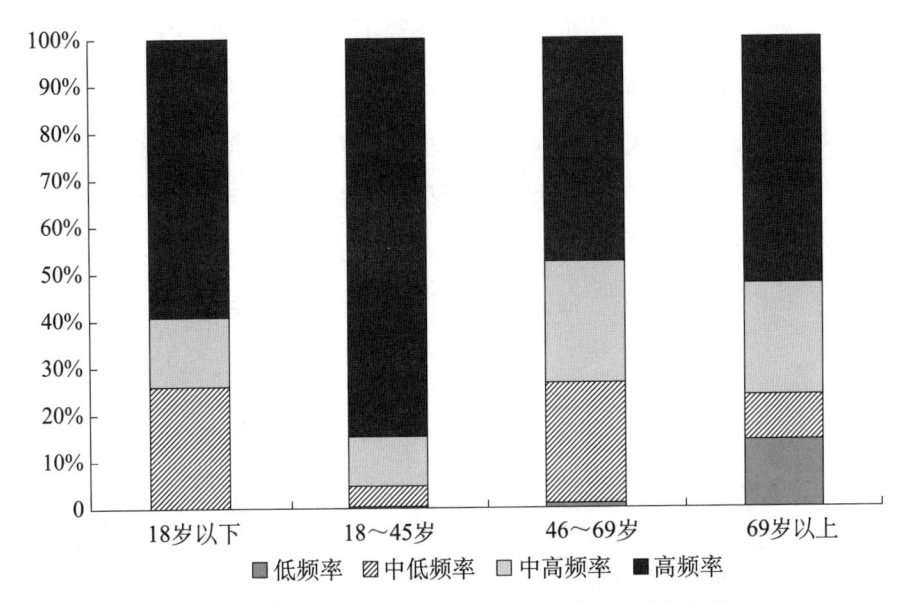

图 5-1　不同年龄段受访者使用移动支付手段的频率分布

互联网时代给年轻人的生活带来了许多便利，但对于老年人来说，不熟悉智能设备的操作，不熟悉新的支付方式，使得部分老年人逐渐与数字消费时代"脱节"。随着人口老龄化程度加深，数字支付领域的"年龄鸿沟"问题逐渐凸显。对此问题，地方政府出台工作方案，用于解决老年人使用移动支付的技术困难，银行系统、支付平台也在积极探索建立支付服务适老化模式，不断提升支付服务的深度、广度和温度，持续优化老年人支付服务环境。例如，我们建议地方政府推出数字培训计划，为老年人提供使用智能设备和数字支付的培训课程；鼓励开发适合老年人的应用和网站，使其界面更加友好和易于理解。这些应用和网站可以提供老年人常用的服务，如医疗预约、社交互动、购物和金融管理等。此外，政府可以考虑提供智能设备的购买补贴或折扣，以降低老年人购买这些设备的成本；这可以通过与制造商和零售商合作来实现，以鼓励老年人购买智能手机、平板电脑和其他数字设备。

接下来，我们从居住地区来看居民数字消费的情况。如图 5-2 所示，居住于城市市区的人群几乎每天使用移动支付手段的占比最高，为 82.39%。而居住于乡镇地区的人群几乎每天使用移动支付手段的占比最低，为 56.59%。居住于农村地区的人群中，使用移动支付手段的频率为"从不"、"几个月 1 次"或"一个月 1 次"（低频率）的受访者占比最高，达到了 3.47%；居住于城郊地区的人群中，使用移动支付手段的频率为"从不"、"几个月 1 次"或"一个月 1 次"（低频率）的受访者占比最低，仅为 0.25%。

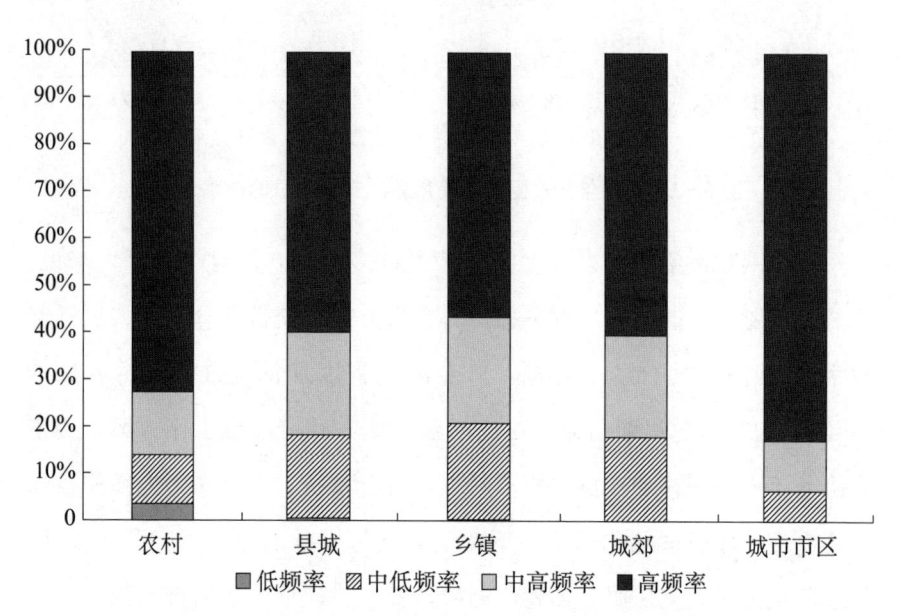

图 5-2 不同居住地区受访者使用移动支付手段的频率分布

从图 5-2 中可以看出，农村地区和城市等较发达地区之间，居民使用移动支付手段的频率并无明显差距，这是社会多方合力的结果。2019 年，中国人民银行、银保监会、证监会、财政部和农业农村部五部委联合发布了《关于金融服务乡村振兴的指导意见》。2021 年，中共中央、国务院发布了一号文件《关于全面推进乡村振兴加快农业农村现代化的意见》。这些文件明确提出，要积极推广适农新兴支付方式，如移动支付，以促进乡村振兴战略的落地。同时，对于为农村地区提供支付服务的各类机构，将给予鼓励和支持，助力农村支付服务环境的可持续发展。此外，还将支持金融机构在农村电商领域开展信贷和支付创新，打通线上农业资金链条。同时，积极引导人员、设备、产品等支付资源向农村倾斜。一系列的措施使得农村地区居民使用移动支付手段的频率大幅提升，同时也能刺激农村经济振兴。在数字支付推广方面，地方政府可以积极推广数字支付方法，例如移动支付、电子钱包和在线银行服务。政府可以与金融机构和支付提供商合作，提供优惠或奖励来鼓励老年人使用数字支付，例如返现、折扣或免费转账等。

从文化程度角度分析居民数字消费情况，如图 5-3 所示，文化程度为"没上过学"的受访者中，使用移动支付手段的频率为"从不"、"几个月 1 次"或"一个月 1 次"（低频率）的受访者占比最高，达到了 33.33%；文化程度为"硕士研究生""博士研究生"的受访者中，使用移动支付手段的频率为"从不"、"几个月 1 次"或"一个月 1 次"（低频率）的受访者占比最低，均为 0。而文化程度为"硕士研究生"的受访者中，使用移动支付手段的频率为"几乎每天"（高频率）的受访者占比最高，达到了 90.18%；而文化程度为"没上过学"的受访者中，使用移动支付手段的频率为"几乎每天"（高频率）的受访者占比最低，仅为 33.33%。

从整体上看，随着文化程度从"没上过学"上升到"硕士研究生"，人群使用移动支付手段的整体频率不断提升。这一现象的出现可能是教育水平与数字技术接受度、金融素养、支付需求以及数字支付推广等因素共同作用的结果。随着教育水平的提高，人们更容易接触和理解新兴的数字支付技术；较高教育水平的人群通常在工作、学习和生活中有更多的经济

■ 低频率　☒ 中低频率　□ 中高频率　■ 高频率

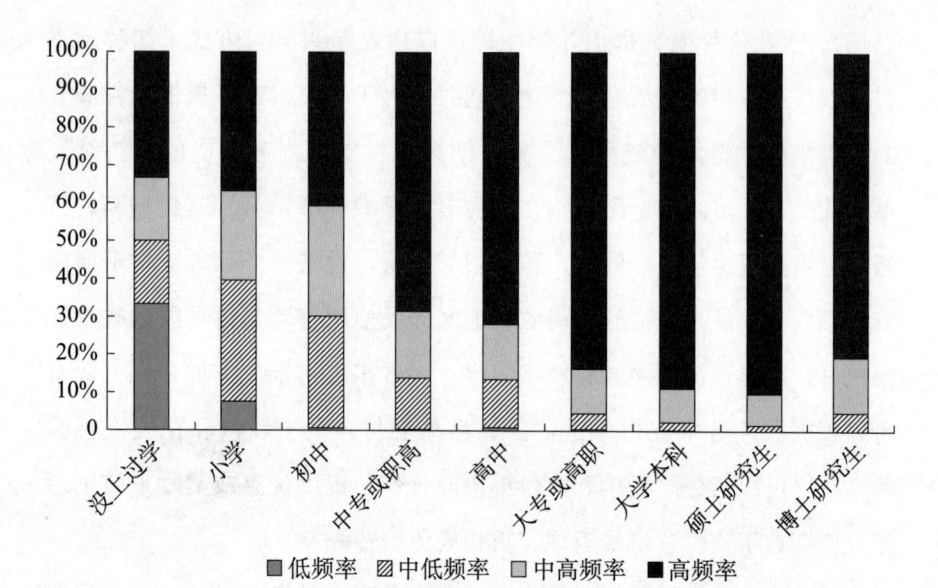

图 5-3　不同文化程度受访者使用移动支付手段的频率分布

交易和支付需求；文化程度较高的人群更有可能理解金融概念、风险管理和支付安全等方面的知识，因此更加愿意使用移动支付手段，同时也更有能力保障自己的支付安全。这一现象也反映了数字支付在普及过程中与教育的关联性，以及数字时代教育对于个体数字技术接受与应用的重要性。

5.1.2　数字支付手段重要程度分析

为了更好地反映微信支付、支付宝等移动支付手段深入居民生活的程度，我们以自评的形式调查了居民生活中移动支付手段的重要性。调查显示，有96.83%的受访者表示，使用移动支付对他们来说非常重要或者重要，仅有0.77%的受访者认为移动支付对自己不太重要或非常不重要，由此可见，移动支付手段已经深入人心。值得一提的是，在这0.77%的受访者中，44.89%的受访者目前没有全职工作；从互联网使用程度来看，这0.77%的受访者中，61.22%的受访者在工作之外每天使用互联网的时间在 2 个小时及以下。

接下来,我们使用百分比堆积图的形式,进一步分析居民生活中移动支付手段的重要性。从居住地区来看,如图 5-4 所示,居住于城市市区的人群中,移动支付手段重要性自评为"非常重要"的人群占比最高,为 74.44%;而居住于乡镇地区的人群中,移动支付手段重要性自评为"非常重要"的人群占比最低,为 57.65%。居住于农村地区的人群中,移动支付手段重要性自评为"一般重要""不太重要""非常不重要"的人群合计占比最高,为 9.68%;居住于城市市区的人群中,移动支付手段重要性自评为"一般重要""不太重要""非常不重要"的人群合计占比最低,仅为 2.46%。从整体上看,无论是农村、县城、乡镇、城郊或城市市区,认为移动支付手段对自己"非常重要"和"比较重要"的群体合计占比都超过了 90%,而认为移动支付手段对自己"不太重要"和"非常不重要"的群体合计占比都低于 2%。

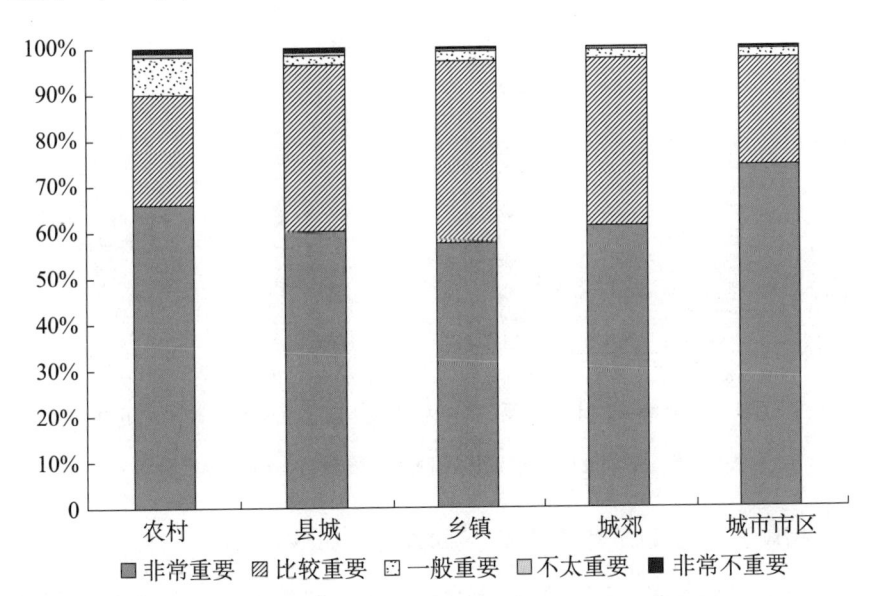

图 5-4 移动支付手段对于不同居住地区的受访者的重要性分布

对于不同年龄段的受访群体，移动支付手段的重要性自评同样存在差异。如图 5-5 所示，69 岁以上的老年受访者群体中，认为移动支付手段对自己"不太重要"和"非常不重要"的人群合计占比在各年龄段中最高，达到了 33.33%，远超其他年龄段水平。对于 18～45 岁和 46～69 岁两个年龄段，认为移动支付手段对自己"非常重要"和"比较重要"的受访者占比分别为 97.07% 和 97.12%，明显高于 18 岁以下和 69 岁以上人群。对于 18 岁以下的受访者，认为移动支付手段对自己"非常重要"的群体占比为 36%，认为移动支付手段对自己"比较重要"的群体占比为 44%，认为移动支付手段对自己"一般重要"的群体占比为 20%。

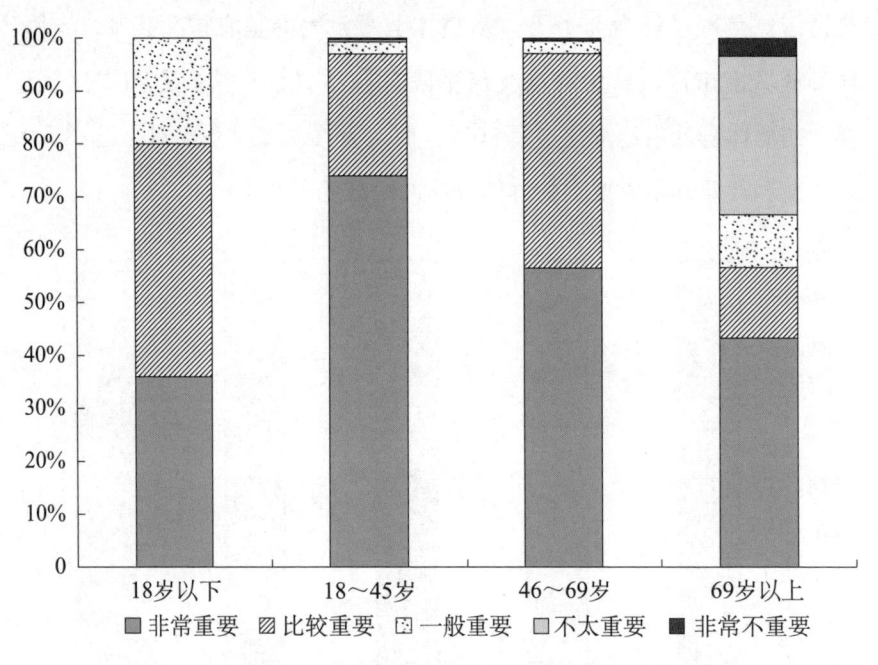

图 5-5　移动支付手段对于不同年龄段受访者的重要性分布

相较于 18 岁以下和 69 岁以上的人群，18～45 岁和 46～69 岁的人通常处于工作和家庭生活的主要阶段，他们的消费需求更加多样和频繁。移动支付的便捷性和多功能性能够满足他们在日常生活中的购物、支付、转账等各种消费需求。相比之下，18岁以下的人可能更多依赖家长或监护人进行支付，而69岁以上的人可能更习惯传统的支付方式，如现金或银行卡。除此之外，18～45岁和46～69岁的人相对于其他年龄段具备较高的数字金融素养和支付安全意识，结合科技文化和社会环境等因素的综合影响，共同促成了中青年和中老年群体更加依赖和认可移动支付手段在日常生活中的重要性。

从文化程度角度分析，如图5-6所示，文化程度为"没上过学"的群体中，认为移动支付手段对自己"非常不重要"的人群占比相对于其他文化程度群体最高，达到了16.67%。整体来看，随着文化程度从"没上过学"上升到"硕士研究生"，移动支付手段重要性自评整体不断上升，这也许与较高学历人群具备较高的数字金融素养和支付安全意识有关。

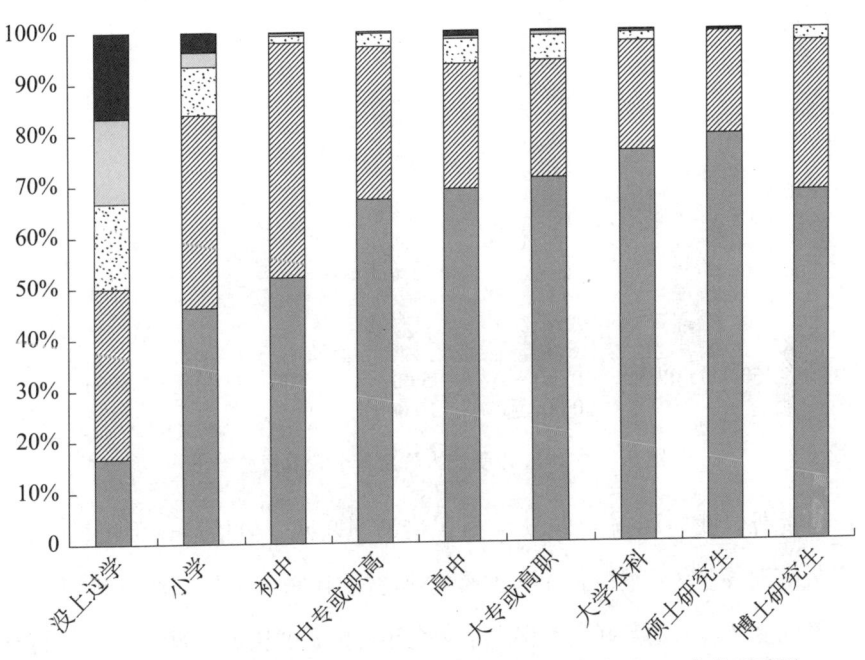

图5-6 移动支付手段对于不同文化程度受访者的重要性分布

5.1.3 居民互联网消费分析

除了从数字支付手段角度了解居民的数字消费情况之外，我们还从互联网消费行为角度进行了分析。我们调查了居民全年总消费额情况。2021 年国民的全年消费金额分布如图 5-7 所示，从图中可以看到，66.73% 的受访人群在 2021 年个人消费总金额处于 5 001～50 000 元区间，极少数个人消费总金额在 500 元以下，占比仅为 0.42%。调查显示，全年总消费额在 500 元以下的 25 人中，从职业角度看，15 人目前没有固定工作；从居住地区看，19 人居住在非城市市区的地区。

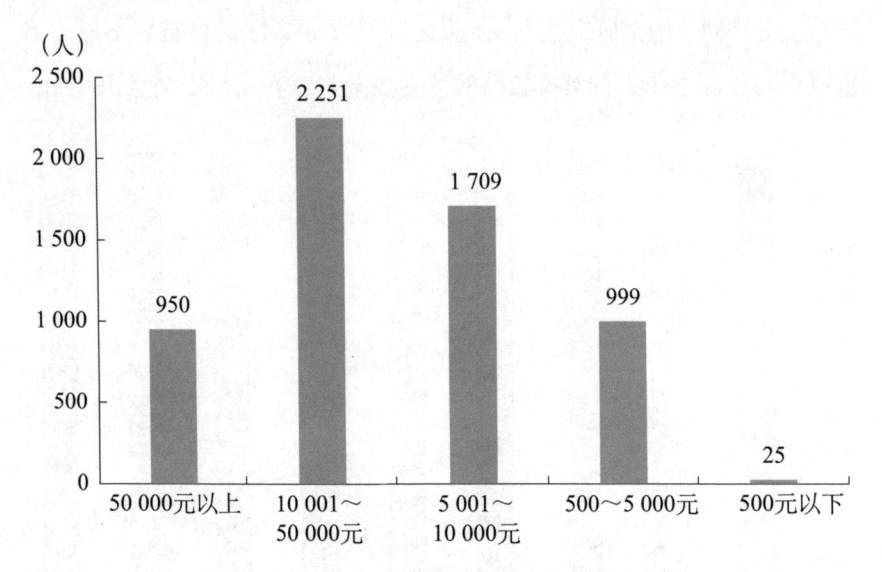

图 5-7 2021 年受访人群全年个人消费总支出

此外，我们调查了 2021 年居民借助互联网（包括通过手机、电脑、平板等设备上网）消费占个人全年总消费的比重，结果如图 5-8 所示。40% 的受访者借助互联网消费占个人全年总消费的比重在 80% 以上，另有 40% 的受访者借助互联网消费占个人全年总消费的比重在 50%～80% 区间，仅有 20% 的受访者借助互联网消费占个人全年总消费的比重低于 50%。

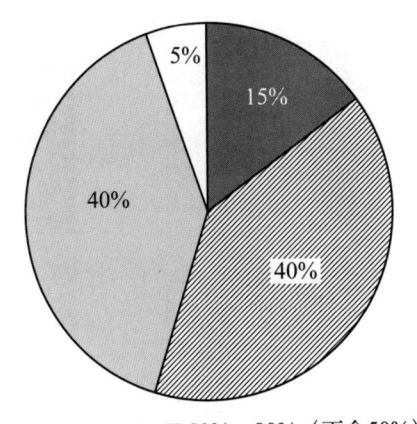

□ 低于20%　■ 20%～50%　▨ 50%～80%（不含50%）　▤ 80%以上

图 5-8　2021 年受访者借助互联网消费占个人全年总消费的比重分布

为了进一步分析不同年消费水平人群借助互联网（包括通过手机、电脑、平板等设备上网）消费的情况，我们用百分比堆积图的形式反映了不同年消费水平人群借助互联网消费占个人全年总消费的比重，结果如图 5-9 所示。从图 5-9 可看出，个人年消费额在 50 000 元以上的人群中，借助互联网消费占总消费比重为 80% 以上的群体占比最多，达到了 49.79%，这意味着高消费群体更倾向于运用互联网手段完成日常消费。而在个人年消费额在 500 元以下的群体中，借助互联网消费的比重低于 20% 的人群占比达到了 24%，远超其他年消费水平的人群。

接下来，我们用百分比堆积图的形式反映了不同地区、不同文化程度、不同年龄段人群借助互联网（包括通过手机、电脑、平板等设备上网）消费的情况，结果如图 5-10、图 5-11、图 5-12 所示。

从图 5-10 中可以看出，农村、县城、乡镇、城郊以及城市市区的居民中，借助互联网消费占个人全年总消费的比重在 80% 以上的群体占比均在 40% 左右，其中城郊居民的占比最高，达到了 46.86%。而在农

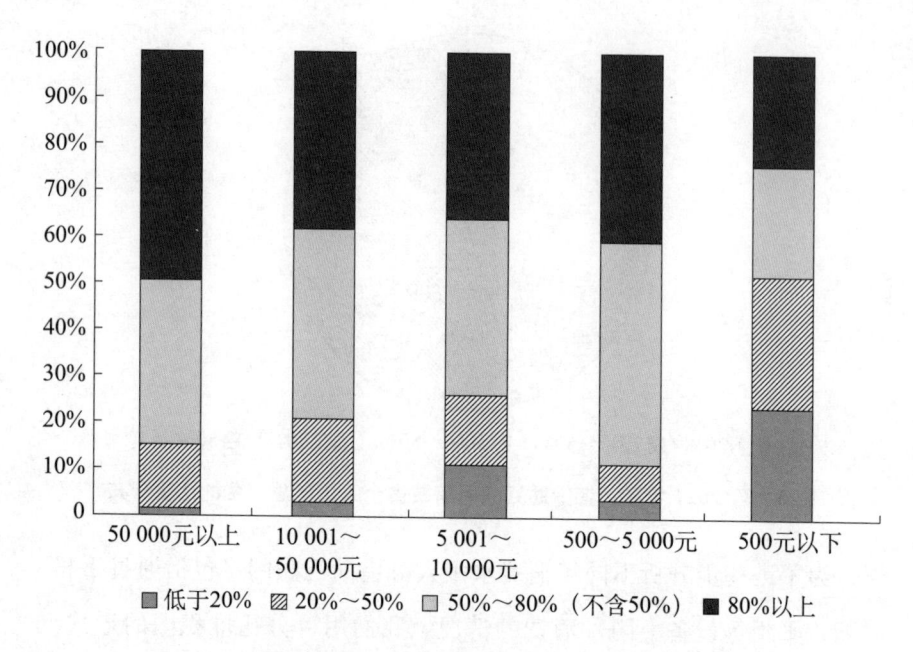

图 5-9 不同年消费水平受访者借助互联网消费的比重分布

村地区，借助互联网消费占个人全年总消费比重低于20%的人群占比最高，达到了该地区受访者的10%左右。整体来看，居住地区越靠近城市，借助互联网完成日常消费的倾向越明显；而反直觉的是，在城市市区，借助互联网消费的倾向反而相对于城郊地区有所弱化，呈现消费手段多元化的趋势。

上述现象的出现可能归因于以下几点。首先，城市市区丰富的线下购物和服务体验，使得城市市区的一些居民更倾向于通过线下购物来满足他们的消费需求，相对减少了借助互联网消费的倾向。其次，城市市区交通的便利性、设施的多样性有助于消费者培养线下消费习惯。最后，城市市区的居民和其他地区的居民间可能存在消费习惯和文化差异。城市市区的一些居民可能更倾向于线下消费，以满足他们的社交和娱乐需求，或者获得更为直接的消费体验。

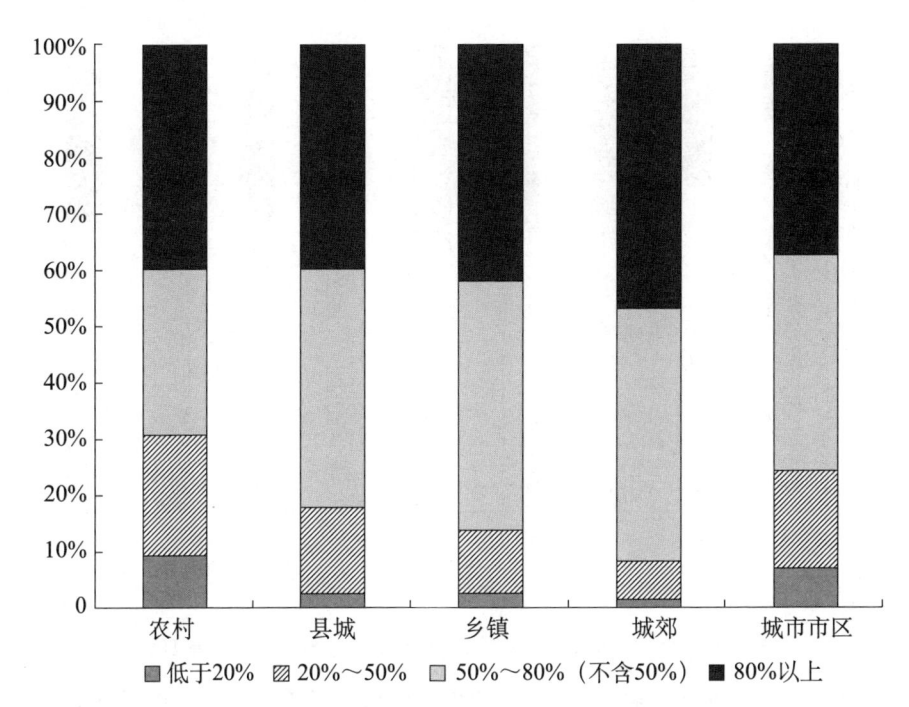

图 5-10　不同地区受访者借助互联网消费占个人全年总消费的比重分布

图 5-11 显示，在所有受访者中，有 6 名受访者从未上过学，其中有 4 人借助互联网消费占个人全年总消费的比重低于 20%。其他各学历人群中，高中毕业人群借助互联网消费占个人全年总消费的比重低于 20% 的群体占比最高，达到了 23.44%，远高于 5% 的总体水平。在学历为博士研究生的 42 名受访者中，借助互联网消费占个人全年总消费的比重均在 20% 以上。从整体上看，受访者借助互联网消费的倾向并未随着学历升高或降低有明显的变化趋势。

从图 5-12 可以看出，借助互联网消费占个人全年总消费的比重低于 20% 的群体占比随着年龄的增长而增加。在 18 岁以下的受访者中，借助互联网消费占个人全年总消费的比重低于 20% 的人群占比为 0，而在 69 岁以上的人群中，该类人群占比达到了 19.05%。在 69 岁以上的 21 位老

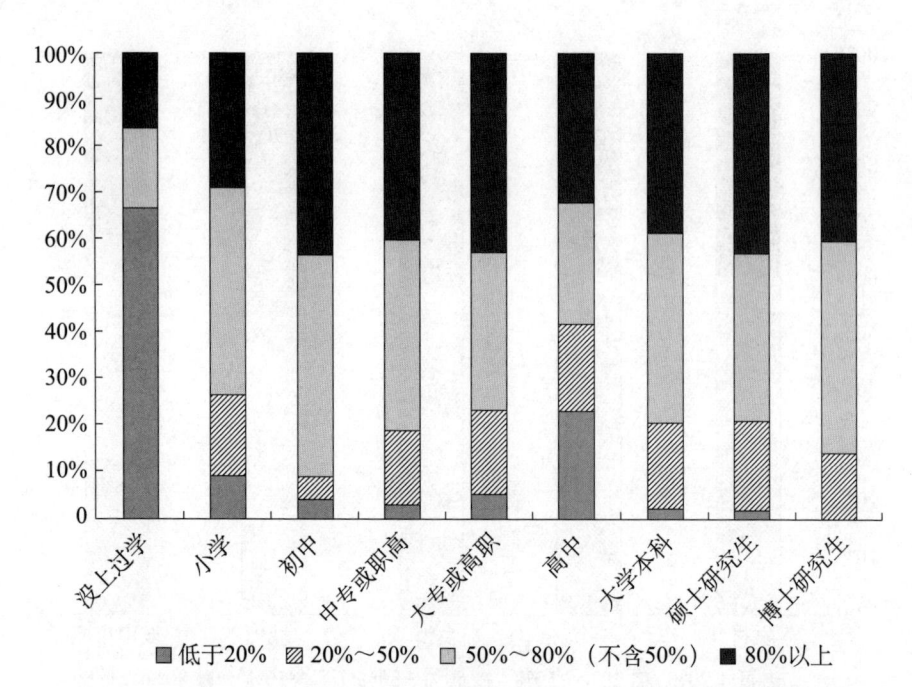

图 5-11　不同文化程度受访者借助互联网消费占个人全年总消费的比重分布

年受访者中，有超过半数的老人借助互联网消费占个人全年总消费的比重在50%以下，远高于20%的总体水平。从整体来看，年龄处于18~45岁和46~69岁的受访者借助互联网消费占个人全年总消费的比重较高，借助互联网完成日常消费的倾向明显高于18岁以下和69岁以上的群体。

除了"借助互联网（包括通过手机、电脑、平板等设备上网）进行消费"这一概念之外，我们在问卷中还引入了"借助手机等移动设备，如通过微信支付、支付宝等移动支付手段进行消费"这一更为具体的概念。

如图5-13所示，47%的受访者借助移动设备消费占2021年总消费的比重在80%以上，另有38%的受访者借助移动设备消费占2021年总消费的比重在50%~80%区间，仅有13%的受访者借助移动设备消费占2021年总消费的比重在20%~50%区间，比重低于20%的人群仅占总体的2%。

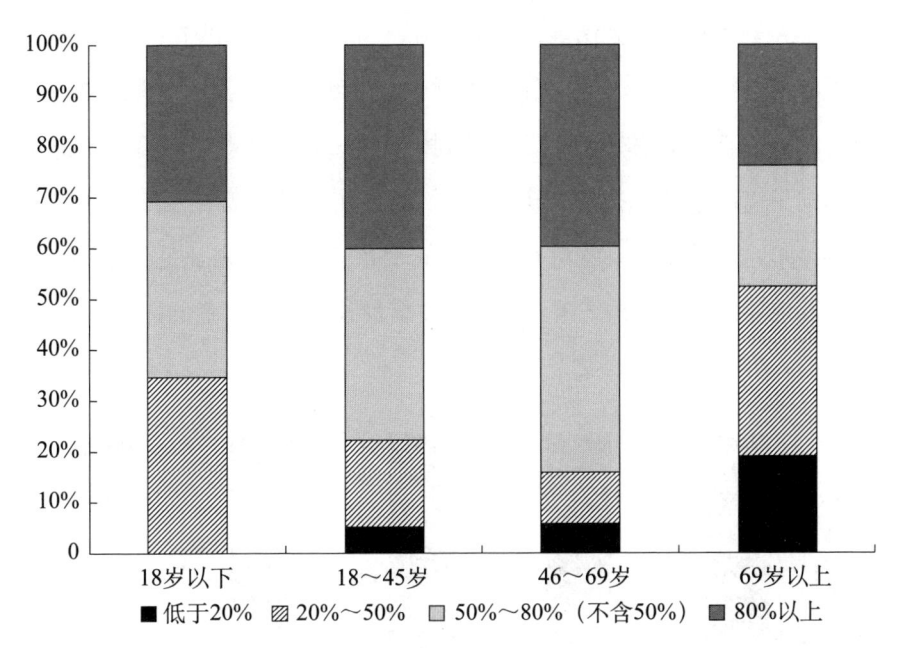

图 5-12　不同年龄段受访者借助互联网消费占个人全年总消费的比重分布

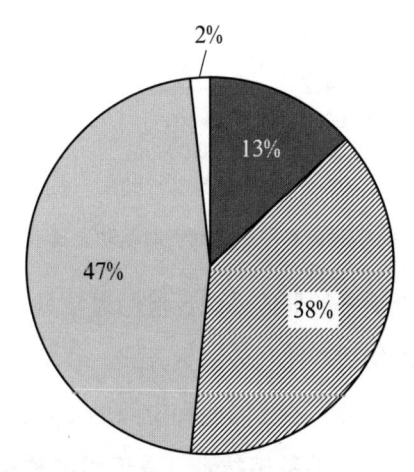

图 5-13　2021 年受访者借助移动设备消费占总消费支出的比重分布

相似地，为了分析不同年消费水平人群借助移动设备消费的情况，我们用百分比堆积图的形式反映了不同年消费水平人群借助移动设备消费占个人全年总消费的比例，结果如图 5-14 所示。从图 5-14 可看出，个人年消费额在 50 000 元以上的人群中，借助移动设备消费占总消费比重为 80% 以上的群体占比最高，达到了 56.12%，这意味着高消费群体更倾向于借助移动设备完成日常消费。而在个人年消费额在 500 元以下的群体中，借助移动设备消费的比例低于 20% 的人群占比达到了 20%，远超其他年消费水平的人群；该群体中借助移动设备消费的比重在 80% 以上的人群占比最低，仅为 20%。

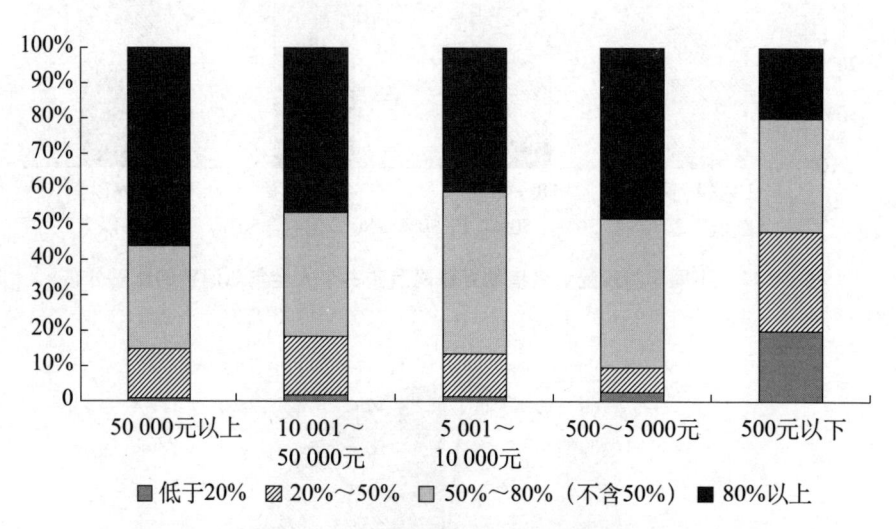

图 5-14　不同年消费水平受访者借助移动设备消费的比重分布

对于较高年消费水平的群体来说，他们通常具有较为繁忙的生活和工作节奏，需要更加快捷和便利的消费方式。移动设备的便利性使高消费群体能够随时随地消费，不受时间和空间的限制。同时，高消费群体通常更加了解和适应新兴的数字技术，乐于尝试和接受新的消费形式。借助移动设备完成日常消费符合他们对于数字化便利的追求，也展现了他们在社交媒体、在线购物、移动应用等领域的数字消费行为。此外，移动设备和移动应用提供了更多个性化和定制化的消费选择，例如个人推荐、精准广告、专属优惠等，使高消费群体能够更好地满足他们的消费偏好和需求。上述种种因素都可以解释高消费群体更倾向于借助移动设备完成日常消费的现象。

进一步地,我们用百分比堆积图的形式反映了不同居住地区、文化程度、年龄段人群借助移动设备消费的情况,结果如图 5-15、图 5-16、图 5-17 所示。

从图 5-15 中可以看出,农村、县城、乡镇、城郊以及城市市区的居民中,借助移动设备消费占个人全年总消费的比重在 80% 以上的群体占比均超过了 40%,其中城郊居民的占比最高,达到了 52.62%。而在农村地区,借助移动设备消费占个人全年总消费的比重低于 20% 的人群占比最高,不过也仅占该地区受访者的 5.97%。整体来看,居住地区越靠近城市,借助移动设备完成日常消费的倾向越明显;而与借助互联网消费的情况类似的是,在城市市区,借助移动设备消费的倾向反而相对于城郊地区有所弱化,呈现消费手段多元化的趋势。

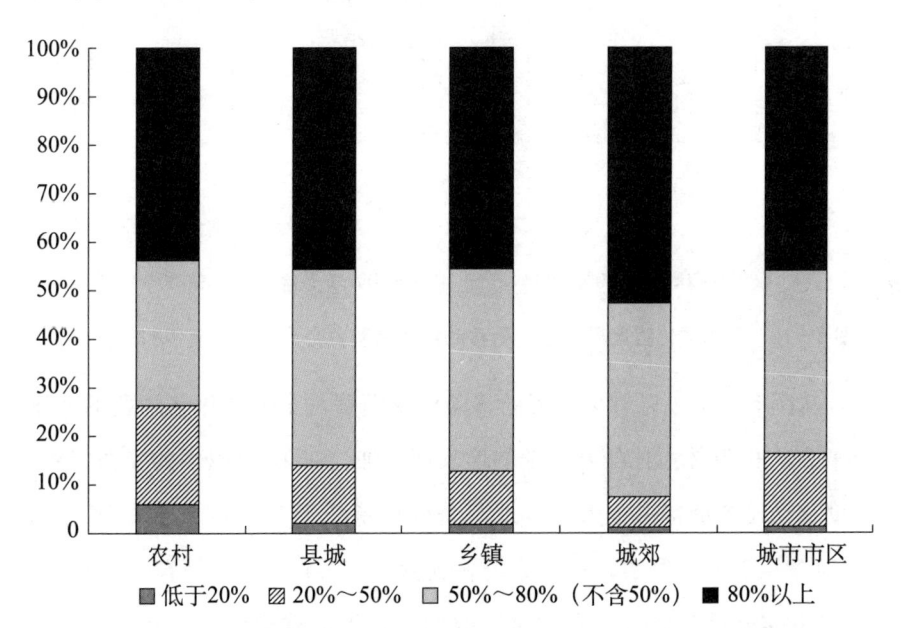

图 5-15 不同居住地区受访者借助移动设备消费占个人全年总消费的比重分布

图 5-16 显示，在所有受访者中，有 6 名受访者从未上过学，其中有 3 人借助移动设备消费占个人全年总消费的比重低于 20%。其他各学历人群中，小学毕业人群借助移动设备消费占个人全年总消费的比重低于 20% 的群体占比最高，达到了 8.49%，远高于 2% 的总体水平。从整体上看，与借助互联网消费的情况类似的是，受访者借助移动设备消费的倾向并未随着学历升高或降低有明显的变化趋势。

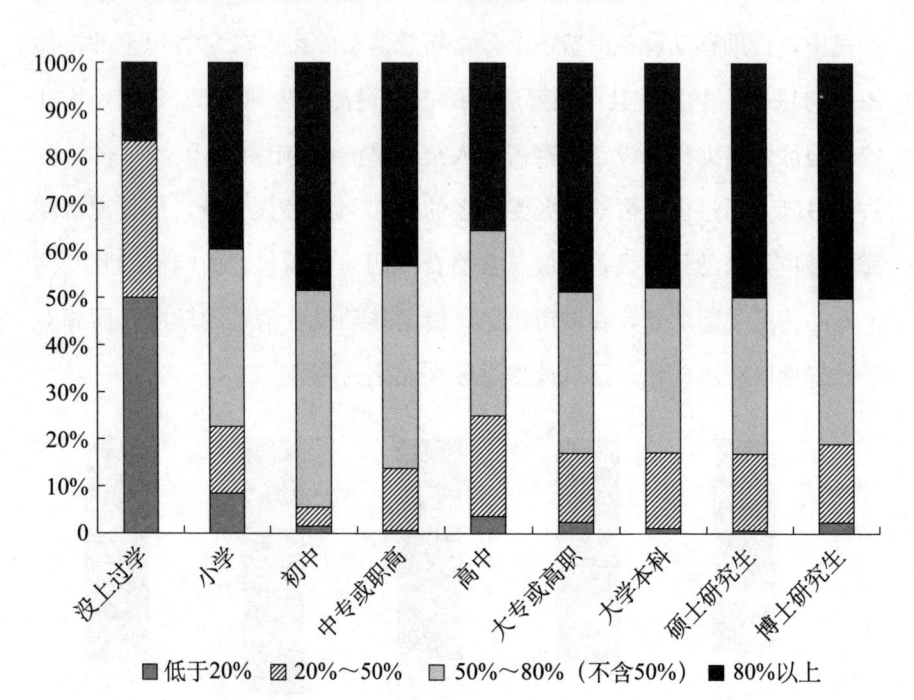

图 5-16　不同文化程度受访者借助移动设备消费占个人全年总消费的比重分布

从图 5-17 可以看出，借助移动设备消费占个人全年总消费的比重低于 20% 的群体占比随着年龄的增长而增加。在 18 岁以下的受访者中，借助移动设备消费占个人全年总消费的比重低于 20% 的人群占比为 0；在 69 岁以上的人群中，该类人群占比达到了 14.92%。而在 69 岁以上的 21 位老年受访者中，有超过半数的老人借助移动设备消费占个人全年总消费的比重在 50% 以下，远高于 20% 的总体水平。从整体来看，年龄处于 18~45 岁和 46~69 岁的受访者借助移动设备消费占个人全年总消费的比重较高，借助移动设备完成日常消费的倾向明显高于 18 岁以下和 69 岁以上的群体。

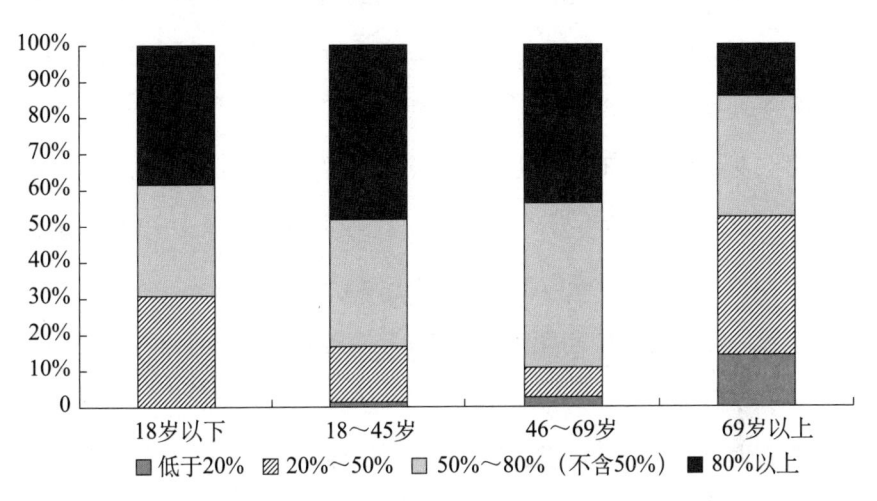

图 5-17　不同年龄段受访者借助移动设备消费占个人全年总消费的比重分布

比较问卷中"借助互联网消费占个人全年总消费的比重"和"借助移动设备消费占个人全年总消费的比重"这两个主要问题，在设计问卷之初，我们希望受访者能将"互联网"考虑为包括台式电脑、移动设备等手段的更大范畴的概念，将"手机等移动设备"考虑为"互联网"这一概念中的一个子集。而从问卷回收结果来看，"借助移动设备消费占个人全年总消费的比重"整体上高于"借助互联网消费占个人全年总消费的比重"。究其原因，可能受访者在作答时对"手机等移动支付手段，如微信支付、支付宝等"这样的描述更为熟悉，而对"互联网手段"理解不够清晰。不过，这也从侧面反映出，目前来看，通过手机等移动设备完成消费这一途径已深入各年龄段、学历、居住地区群众的具体生活，占据借助互联网消费的各种方式中的绝对主流。

5.1.4 居民网上购物情况分析

围绕问卷中关于居民进行"网上购物或网上缴费的频率"问题，我们做了如下分析。首先，我们对居民日常进行网上购物或网上缴费的频率进行了调查。为了图表的可读性，我们将问卷中的选项重新进行了归纳合并，频率为"从不"、"几个月1次"或"一个月1次"的回答统一归纳为"低频率"，频率为"一个月2～3次"或"一周1～2次"的回答统一归纳为"中低频率"，频率为"一周3～4次"或"一周3～4天"的回答统一归纳为"中高频率"，频率为"几乎每天"的回答统一归纳为"高频率"。

进行网上购物或网上缴费的频率为"低频率"的受访者占比为7.94%，"中低频率"的受访者占比为51.14%，"中高频率"的受访者占比为24.35%，"高频率"的受访者占比为16.57%。

接着，我们对2021年不同个人年消费水平的人群进行网上购物或网上缴费的频率做了分析。如图5-18所示，对于所有年消费水平的人群，网上购物或网上缴费的频率为"中低频率"的人群占比均为最高，分别占各自总体的49.58%、55.14%、45.99%、52.71%、36%。不同年消费水平人群之间横向比较，个人年消费总额在5 001～10 000元的受访者中，网上购物或网上缴费的频率为"高频率"和"中高频率"的人群合计占比最高，达到了45.17%；个人年消费总额在500元以下的人群中，频率为"高频率"和"低频率"的人群占比均为最高，分别为24%和24%。

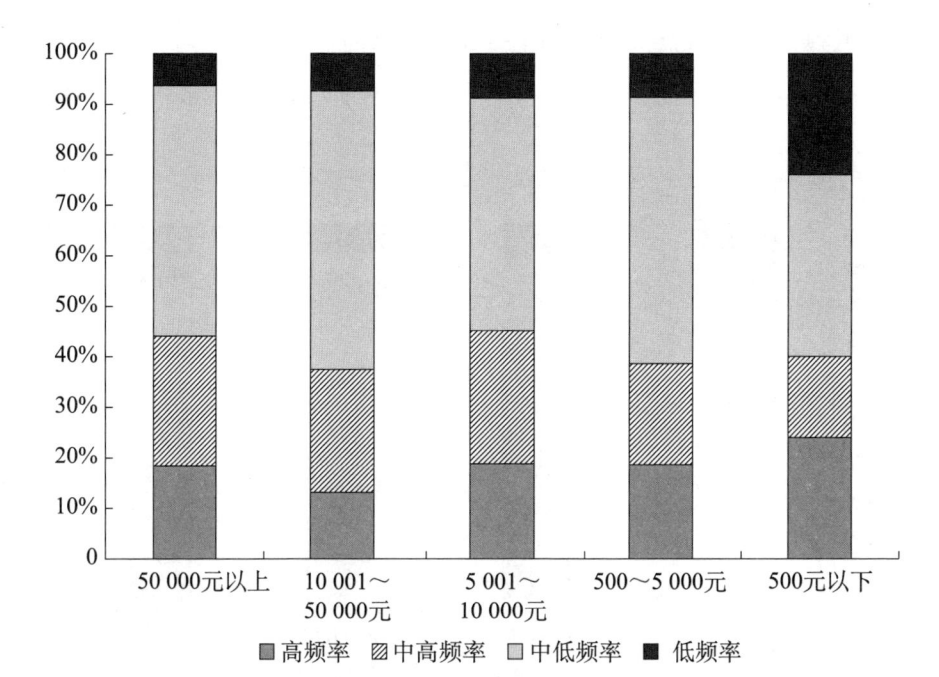

图 5-18 不同年消费水平受访者进行网上购物或网上缴费的频率分布

整体来看，居民进行网上购物或网上缴费的频率并未随着年消费水平的变化而存在明显的变化趋势。在我国，数字化普及水平相对较高，各消费水平人群都已经了解并习惯于网上购物或网上缴费。同时，我国的电子商务行业蓬勃发展，提供了丰富的在线购物平台和支付渠道，网上购物或网上缴费不存在门槛。此外，我国居民的消费观念和习惯在一定程度上与年消费水平无关。即使是年消费水平较低的居民，也可能拥有对便利性和时尚的追求，因此会选择在网上购物或缴费。一些高消费水平的居民可能更倾向于线下消费或更高端的消费方式，而不仅仅局限于网上购物或网上缴费。

对于不同年龄段的人群，进行网上购物或网上缴费的频率如图 5-19 所示。18 岁以下的人群中，进行网上购物或网上缴费的频率为"高频率"的人群占比在各年龄段中最低，占比为 0；频率为"低频率"和

"中低频率"的人群合计占比在各年龄段中最高，达到了 80.77%。46～69 岁的人群中，"高频率"进行网上购物或网上缴费的人群占比最高，达到了 19.65%。

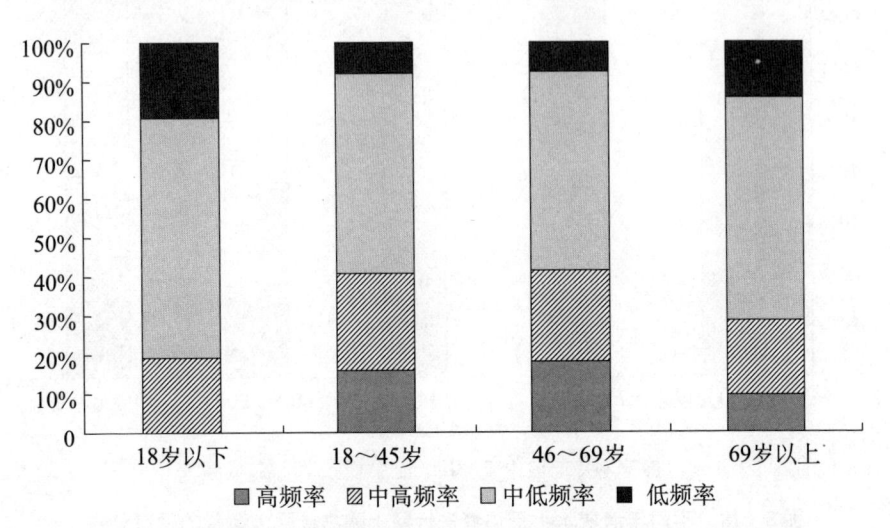

图 5-19　不同年龄段受访者进行网上购物或网上缴费的频率分布

相似地，我们对不同居住地区人群进行网上购物或网上缴费的频率进行了分析，结果如图 5-20 所示。在农村、县城、乡镇、城郊和城市市区中，城市市区"高频率"和"中高频率"人群合计占比最高，达到了 44.20%；农村地区"高频率"和"中高频率"人群占比最低，为 32.75%。五种地区中，城市市区进行网上购物或网上缴费的频率为"低频率"的人群占比最低，为 5.91%；农村地区进行网上购物或网上缴费的频率为"低频率"的人群占比最高，达到了 14.39%。整体来看，各地区居民中以"低频率"和"中低频率"进行网上购物或网上缴费的人群合计占比都超过了 50%，且整体水平随着农村到城市市区的地点变化并无明显的变化趋势。

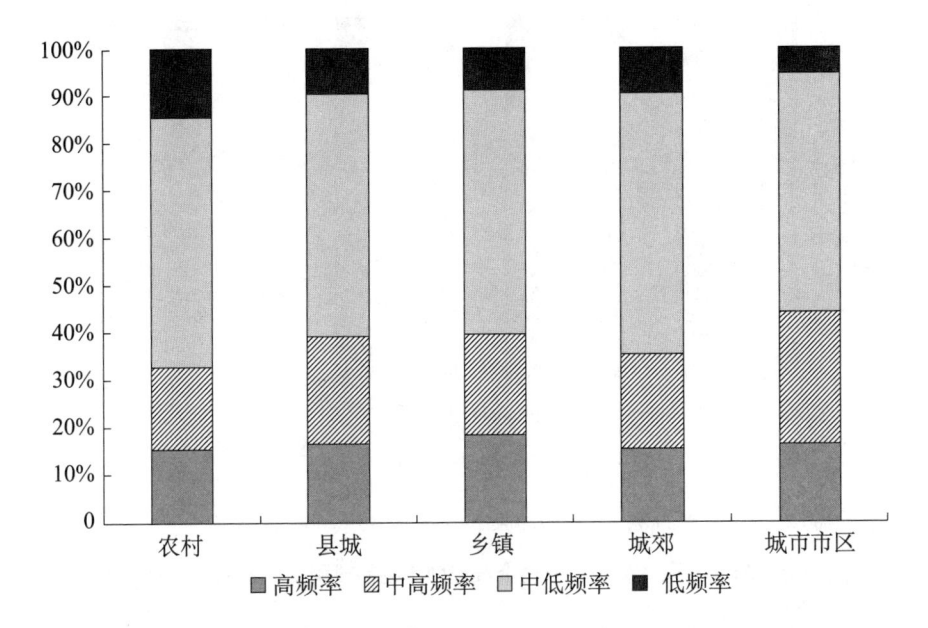

图 5-20　不同居住地区受访者进行网上购物或网上缴费的频率分布

对于不同文化程度的人群，进行网上购物或网上缴费的频率情况分析如图 5-21 所示。在各文化程度人群中，"硕士研究生"群体中"低频率"进行网上购物或网上缴费的群体占比最低，为 4.02%；"没上过学"的受访者群体中"低频率"进行网上购物或网上缴费的群体占比最高，达到了 33.33%。"中专或职高"群体中，"高频率"进行网上购物或网上缴费的人群占比最低，仅为 7.72%；而这项比重在"小学""初中""博士研究生"群体中都较高且十分接近，分别为 19.81%、21.72% 和 19.51%。从整体上看，各文化程度受访者中"低频率"和"中低频率"进行网上购物和网上缴费的人群合计占比都超过了 50%，且整体水平并未随着人群文化程度的提升而存在明显的变化趋势。

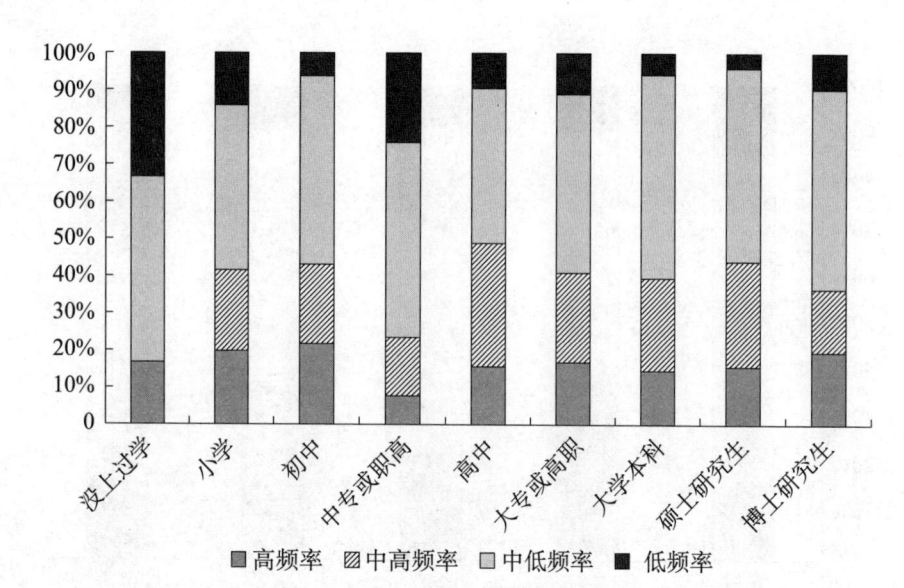

图 5-21 不同文化程度受访者进行网上购物或网上缴费的频率分布

在问卷中，我们以受访者自评的形式调查了在进行网上购物或网上缴费时互联网对于居民的重要性。50.35%的受访者认为在进行网上购物或网上缴费时，互联网对自己"非常重要"；32.78%的受访者选择了"比较重要"；15.49%的受访者选择了"一般"；0.96%的受访者选择了"不太重要"；0.42%的受访者选择了"非常不重要"。

进一步地，我们分析了不同年消费水平群体对于在进行网上购物或网上缴费时互联网的重要性的自评。在不同年消费水平群体间比较，个人年消费额在 50 000 元以上的群体认为互联网对自己"非常重要"的占比最高，为 57.11%；这一占比随着年消费水平的降低而不断降低；个人年消费额在 500 元以下的群体认为互联网对自己"非常重要"的占比最低，为 28%。在五种年消费水平的人群中，认为在进行网上购物或网上缴费时互联网对自己"非常不重要"和"不太重要"的人群合计占比分别为 2.00%、1.27%、0.99%、1.40%和 12%，其中 500 元以下年消费群体的该项占比远高于其他年消费水平的人群。从整体来看，随着年消费水平的提升，在进行网上购物或网上缴费时，互联网对于人群的重要性在提升（见图5-22）。

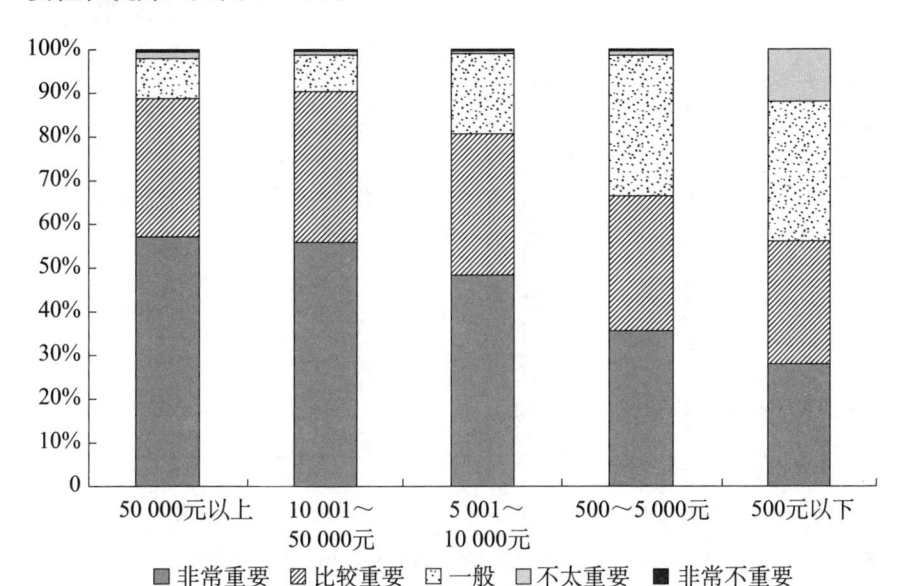

图 5-22 不同年消费水平受访者对进行网上购物或网上缴费时互联网的重要性的自评分布

围绕这一问题，我们还对不同年龄段群体对于在进行网上购物或网上缴费时互联网的重要性自评进行了分析。如图5-23所示，在18岁以下、18~45岁、46~69岁、69岁以上的人群中，认为在进行网上购物或网上缴费时互联网对自己"非常重要"的占比分别为26.92%、55.99%、39.07%、38.10%，18~45岁的占比最高；认为在进行网上购物或网上缴费时互联网对自己的重要性为"一般"及以上的占比分别为96.15%、98.67%、98.64%、90.48%，占据了绝大多数。在四个年龄段中，69岁以上的群体中，对在进行网上购物或网上缴费时互联网的重要性评价为"非常不重要"的占比最高，但也仅为4.76%。从整体上看，在进行网上购物或网上缴费时，互联网对于18~45岁的受访者的重要性最高，对于69岁以上和18岁以下的受访者的重要性相对较低。

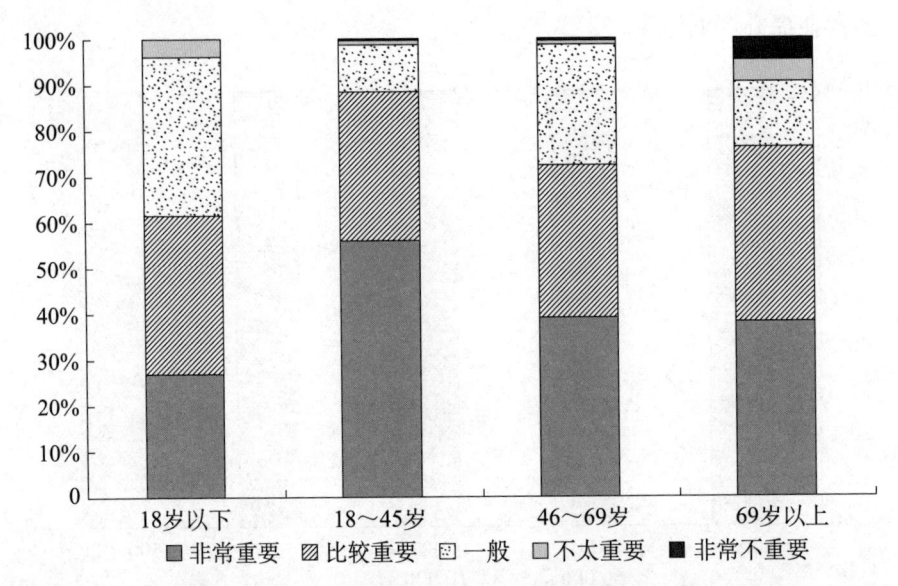

图 5-23 不同年龄段受访者对进行网上购物或网上缴费时互联网的重要性的自评分布

同样地，我们对不同居住地区群体对进行网上购物或缴费时互联网的重要性的自评进行了分析，结果如图 5-24 所示。对于农村、县城、乡镇、城郊、城市市区五种居住地区，认为在进行网上购物或网上缴费时互联网对自己"非常不重要"的人群占比分别为 1.49%、0.80%、0.14%、0.13% 和 0.28%，其中农村地区受访者的该项占比明显高于其他地区。五种地区认为在进行网上购物或网上缴费时互联网对自己"比较重要"和"非常重要"的人群占比分别为 81.86%、78.07%、76.50%、77.21%、87.68%，均超过了 75%，其中城市市区的受访者中该项占比最高，居住于乡镇的受访者中该项占比最低。对于城市市区的受访者，在进行网上购物或网上缴费时，互联网的重要性相对最高；但整体而言，该项指标在不同居住地区的受访者之间差距不大，且随着居住地区靠近城市市区并无明显变化趋势。

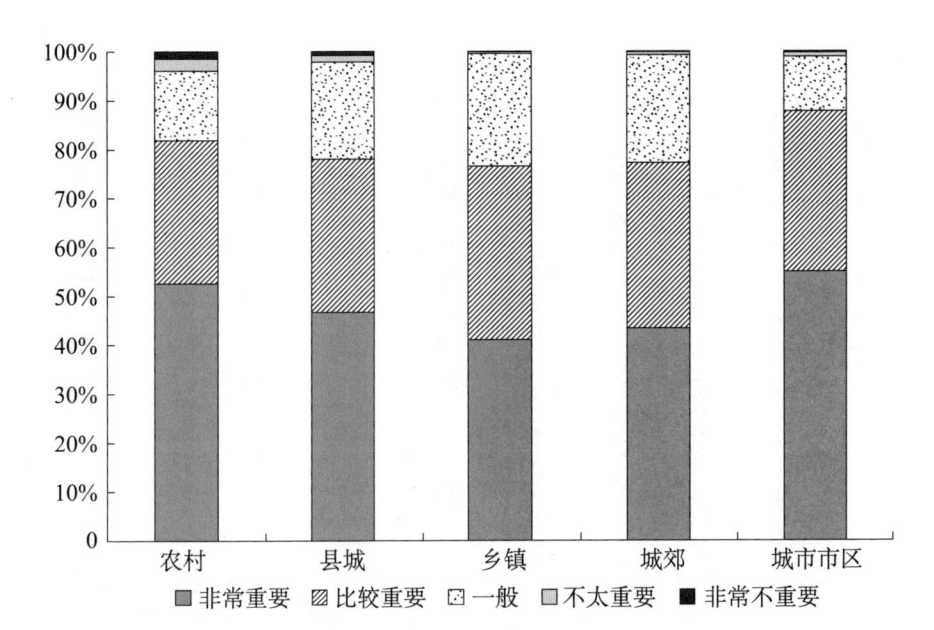

图 5-24　不同居住地区受访者对进行网上购物或网上缴费时
互联网的重要性的自评分布

与其他问题类似，我们区分不同文化程度，对于受访者对进行网上购物或网上缴费时互联网的重要性的自评进行了进一步分析。从图 5-25 中可以直观地看出，随着受访者文化程度的提高，在进行网上购物或网上缴费时，互联网对受访者的重要程度在上升。对于从"没上过学"至"博士研究生"的 9 种不同学历水平的受访者，对进行网上购物或网上缴费时互联网的重要性自评为"一般"及以下的群体占比逐渐从 50% 下降到 4.88%。对于选择"非常重要"的受访者，在"没上过学"的受访者中占比为 16.67%，为各文化程度群体中最低；在"硕士研究生"的受访者中占比为 64.73%，为各文化程度群体中最高；"博士研究生"群体次之，该项占比为 63.42%。从整体来看，该项指标随着文化程度的提高存在明显的变化趋势：文化程度越高，越多的人倾向于认为在进行网上购物或网上缴费时，互联网对自己较为重要。

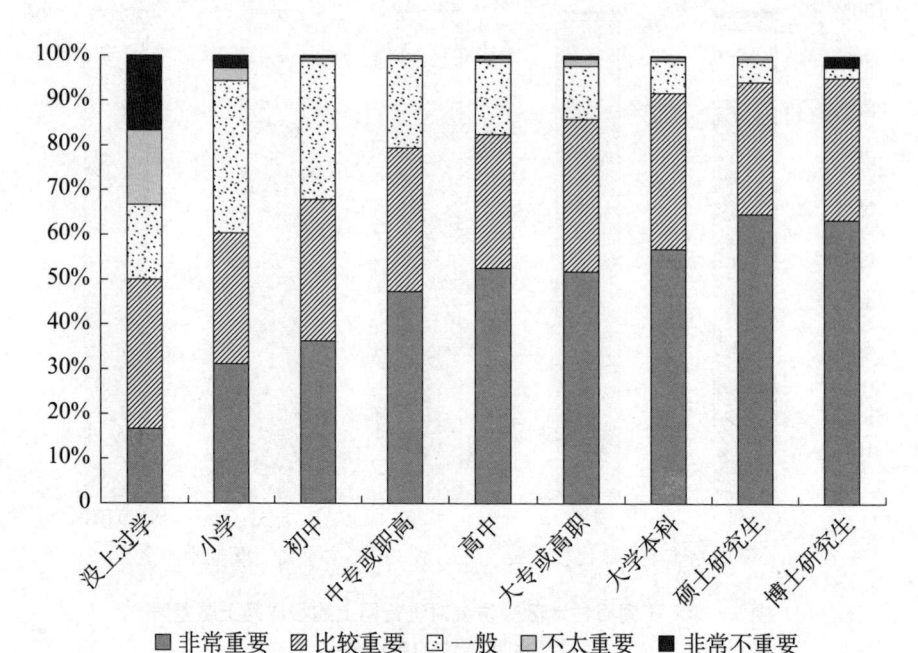

图 5–25 不同文化程度受访者对进行网上购物或
网上缴费时互联网的重要性的自评分布

对于互联网消费，我们围绕"网上购物或网上缴费的频率""对网上购物或网上缴费时互联网的重要性的自评"这两个问题，从不同个人年消费水平、不同年龄段、不同居住地区、不同文化程度等角度进行了分析。在分析时我们发现，对于"频率"问题，随着消费水平、居住地区等群体特点变化，该项指标不存在明显的变化趋势；而对于"重要性"问题，随着消费水平提升、居住地区靠近城市市区、文化程度提高，该项指标都存在上升的变化趋势。

对这两个问题进行交叉分析，结果如图 5–26 所示。对于重要性自评选择"非常重要"的人群，日常进行网上购物或网上缴费的频率为"高频率"的占比为 20.63%，为不同重要性群体中最高；频率为"低频率"的占比为4.8%，为不同重要性群体中最低。对于重要性自评选择"非常不重要"的人群，日常进行网上购物或网上缴费的频率为"高频率"的占比为4%，为不同重要性群体中最低；频率为"低频率"的占比为64%，为不同重要性群体中最高。整体上看，进行网上购物或网上缴费的频率与互联网的重要性自评之间存在明显的相关关系。

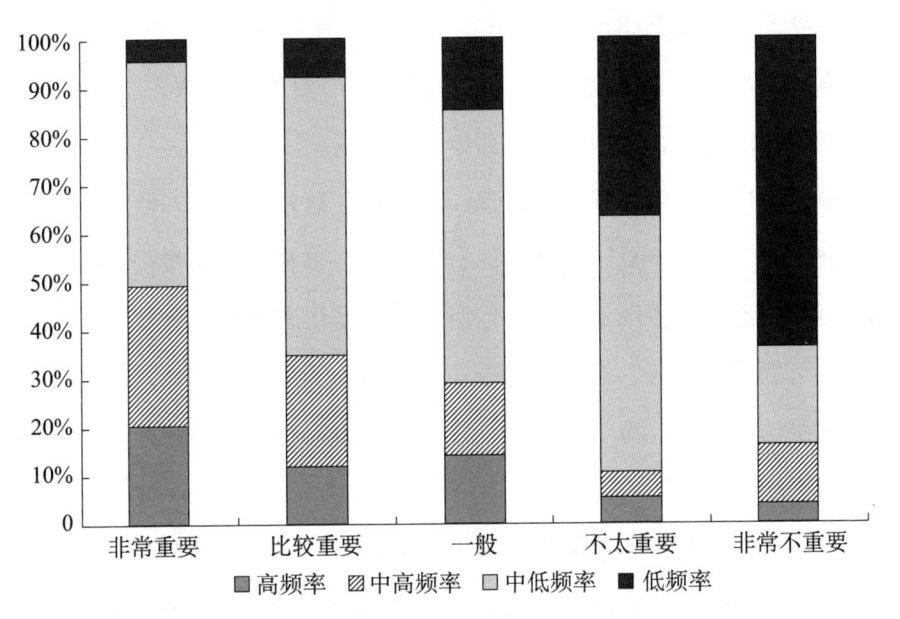

图 5-26 网上购物或缴费不同频率的受访者对互联网重要性的评价分布

5.2 分地区比较

在本节中，我们将分地区对居民数字消费情况进行分析。为此，我们展示了受访者所居住的省级行政区分布情况，如图 5-27 所示。由图 5-27 可知，本次调查覆盖了除台湾地区、香港特别行政区、澳门特别行政区之外的其他 31 个省级行政区。为了方便进一步分析，根据《中共中央 国务院关于促进中部地区崛起的若干意见》、国务院西部开发办《关于西部大开发若干政策措施的实施意见》以及党的十六大报告的精神，将受访者的居住地区划分为东部、中部、西部和东北四大经济区域。其中，东北地区包括辽宁省、吉林省、黑龙江省；东部地区包括北京市、天津市、河北省、上海市、江苏省、浙江省、福建省、山东省、广东省、海南省；中部地区包括山西省、安徽省、江西省、河南省、湖北省、湖南省；西部地区包括内蒙古自治区、广西壮族自治区、重庆市、四川省、贵州省、云南省、西藏自治区、陕西省、甘肃省、青海省、宁夏回族自治区、新疆维吾尔自治区。按受访者居住地区，我们进一步展示了四大经济区域的受访者分布，如图 5-28 所示，可以看到来自东部地区的受访者最多，为 2 335 人；来自东北地区的受访者最少，为 510 人。总体来看，四大经济区域的受访者分布较为平均。

　　首先，按我国经济区域划分，我们分析了 2021 年不同地区受访人群全年个人消费总支出情况。如图 5-29 所示，对于东北地区和东部地区，全年个人消费总支出在 10 000 元以上的群体分别占受访人群的 66.04% 和 64.76%。而对于西部地区和中部地区，全年个人消费总支出在 10 000 元以上的群体占受访人群的比重分别为 42.23% 和 47.46%，低于东北地区和东部地区。从整体来看，不同年总消费额水平的人群在我国东部地区和东北地区占比大致相同，且东部地区和东北地区的个人年总消费额水平明显高于我国西部地区和中部地区。我国西部地区 2021 年个人年总消费额水平最低，东北地区 2021 年个人年总消费额水平最高。

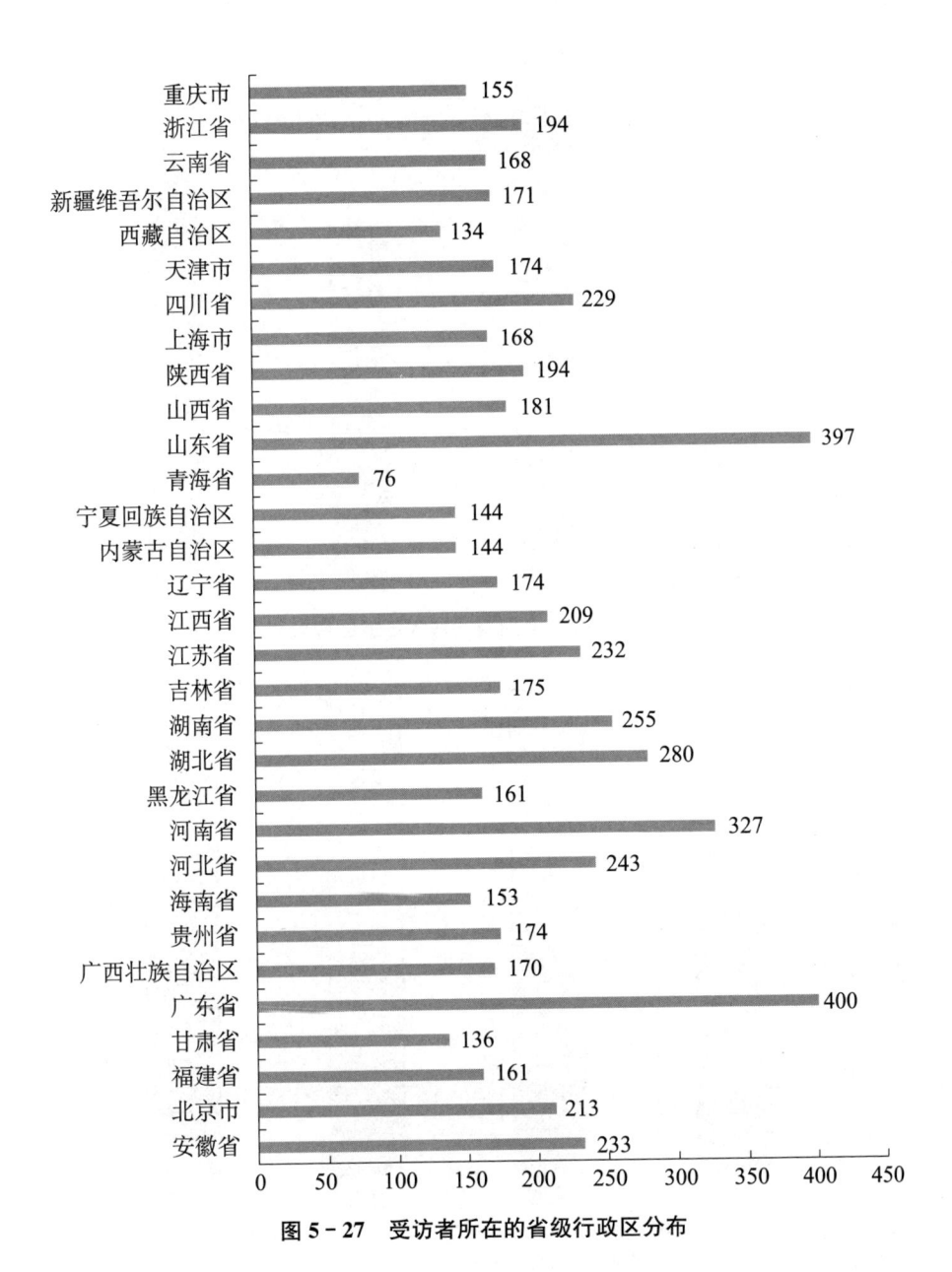

图 5-27 受访者所在的省级行政区分布

省级行政区	人数
重庆市	155
浙江省	194
云南省	168
新疆维吾尔自治区	171
西藏自治区	134
天津市	174
四川省	229
上海市	168
陕西省	194
山西省	181
山东省	397
青海省	76
宁夏回族自治区	144
内蒙古自治区	144
辽宁省	174
江西省	209
江苏省	232
吉林省	175
湖南省	255
湖北省	280
黑龙江省	161
河南省	327
河北省	243
海南省	153
贵州省	174
广西壮族自治区	170
广东省	400
甘肃省	136
福建省	161
北京市	213
安徽省	233

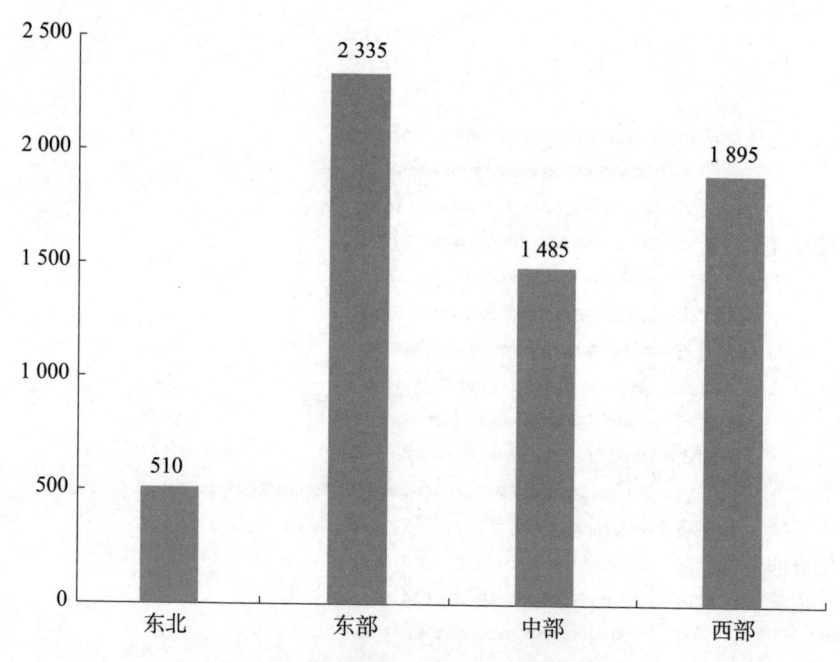

图 5-28　受访者所属的四大经济区域分布

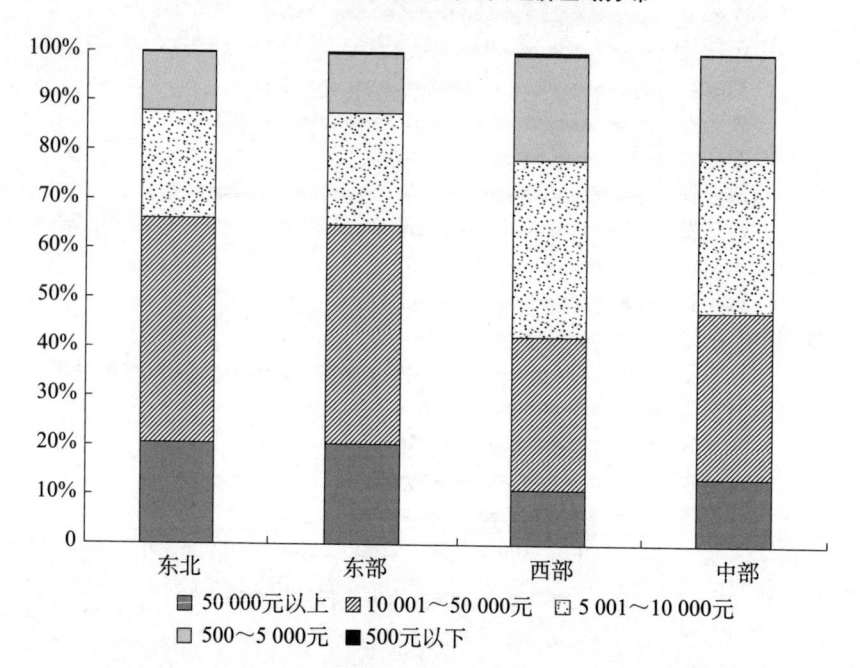

图 5-29　2021 年不同地区受访者全年个人消费总支出分布

其次，我们分析了不同地区受访人群日常使用移动支付手段的频率。如图 5-30 所示，东北地区和东部地区使用移动支付手段的频率为"几乎每天"（高频率）的群体占比分别为 76.96% 和 77.13%，而西部地区和中部地区使用移动支付手段的频率为"几乎每天"（高频率）的群体占比均低于 70%。整体来看，对于东北、东部、西部、中部这四个地区，使用移动支付手段的频率为"中高频率"和"高频率"的群体合计占比分别为 92.32%、90.74%、85.34%、85.98%，均高于 85%；使用移动支付手段的频率为"低频率"的群体占比分别为 0.83%、0.58%、0.61%、0.42%，均低于 1%。在四个地区之间横向比较，东北和东部地区受访者使用移动支付手段的频率相近，且明显高于西部和中部地区的受访者。

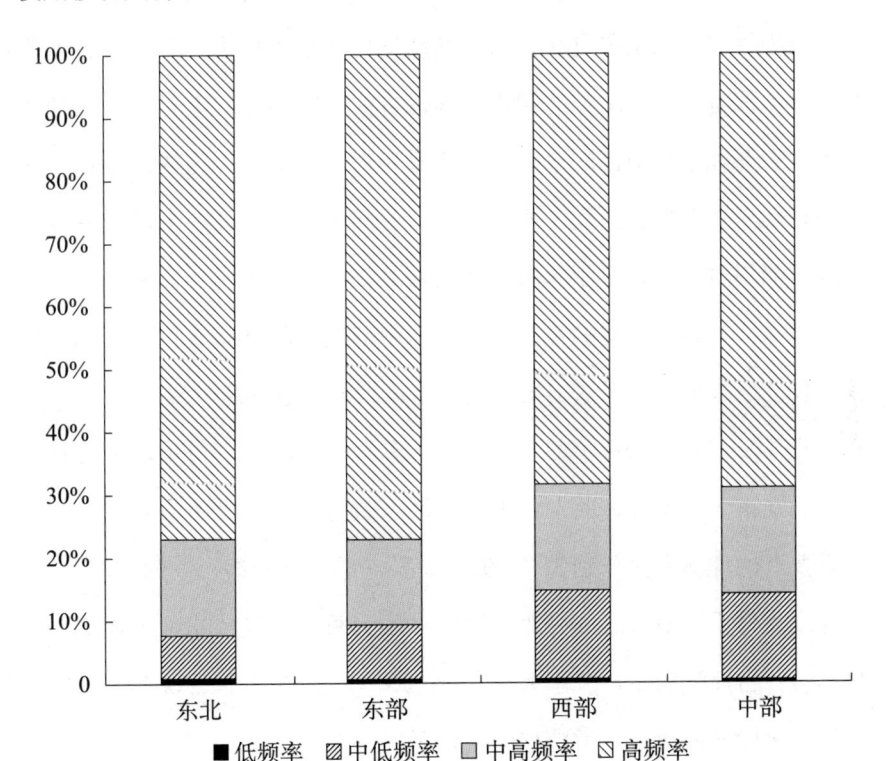

图 5-30 不同地区受访者使用移动支付手段的频率分布

东部和东北地区受访者使用移动支付手段的频率相近且略高于西部和中部地区的受访者，可能与经济发展水平、互联网普及程度、支付习惯和文化，以及金融服务覆盖范围等因素有关。东部地区是我国经济最为发达的地区，包括一线城市和部分二线城市，这一地区的经济活动相对较为发达。东北地区虽然经济发展相对滞后，但仍然相对较为发达。相比之下，西部和中部地区的经济发展水平可能相对较低。经济发展水平的差异可能导致东部和东北地区的居民更多接触和使用移动支付手段，因为经济发达地区通常有更多的商业机会和便利的支付环境。

此外，东部和东北地区在互联网普及方面可能相对较强，这可能与其发达的经济基础和较高的城市化水平有关。互联网的普及程度对于移动支付手段的使用至关重要，因为移动支付通常依赖于互联网和智能手机等移动设备。金融服务的覆盖范围也可能影响到移动支付手段的使用频率。东部和东北地区的金融服务体系相对较为完善，为居民提供了更多的移动支付选择和便利。相比之下，西部和中部地区的金融服务覆盖范围可能相对较小，限制了居民使用移动支付手段的机会和便利性。随着数字经济和移动支付的普及，西部和中部地区的移动支付手段使用频率可能会逐步提升，但这需要经济和基础设施的进一步发展。

进一步，我们分析了四个地区受访者群体的移动支付手段重要性的自评。在东北、东部、西部、中部地区，认为移动支付手段对自己"非常重要"的群体占比分别为 70.95%、72.96%、63.69%、64.90%；认为移动支付手段对自己"一般重要"、"不太重要"和"非常不重要"的群体合计占比均极少，分别为 3.11%、3.01%、3.28%、3.45%。在四个地区之间横向比较，考虑移动支付手段重要性自评为"非常重要"的人群占比，与移动支付手段使用频率相似的是，东部和东北地区在整体

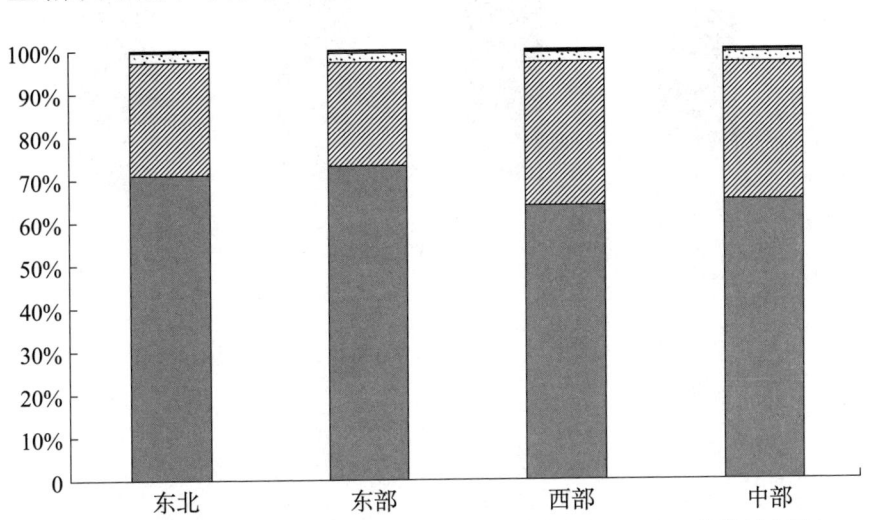

上略高于西部和中部地区（见图 5-31）。

图 5-31　不同地区受访者对于移动支付手段的重要性自评分布

最后，针对 2021 年受访者借助互联网消费占全年个人总消费比重这一问题，我们同样分地区进行了分析。在东北、东部、西部和中部四个地区，借助互联网消费占全年个人总消费比重高于 50% 的人群占比分别为 73.58%、78.44%、80.93%、82.13%，借助互联网消费占全年个人总消费比重低于 20% 的人群占比分别为 4.19%、5.24%、5.03%、6.36%。整体来看，四个地区的受访者借助互联网消费的倾向无明显差异，东北地区的受访者借助互联网消费的倾向略低于其他三个地区（见图 5-32）。

相似地，我们分地区分析了 2021 年受访者借助手机等移动设备消费占全年个人总消费比重这一问题。如图 5-33 所示，在东北、东部、西部和中部四个地区，借助移动设备消费占全年个人总消费比重高于 50% 的人群占比分别为 77.15%、83.86%、86.07%、87.71%，借助移动设备消费占全年个人总消费比重低于 20% 的人群占比分别为 2.10%、

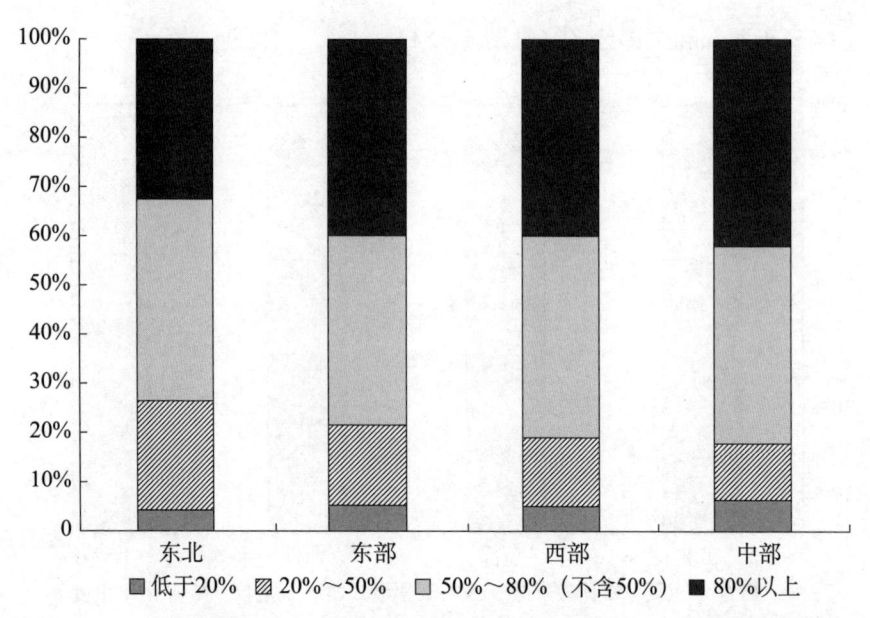

图 5-32 不同地区受访者 2021 年借助互联网消费占全年个人总消费比重分布

2.22%、1.51%、1.20%。从整体来看，四个地区之间借助手机等移动设备完成消费的倾向无明显差异；与上一问题相似的是，东北地区的受访者借助移动设备消费的倾向略低于其他三个地区。

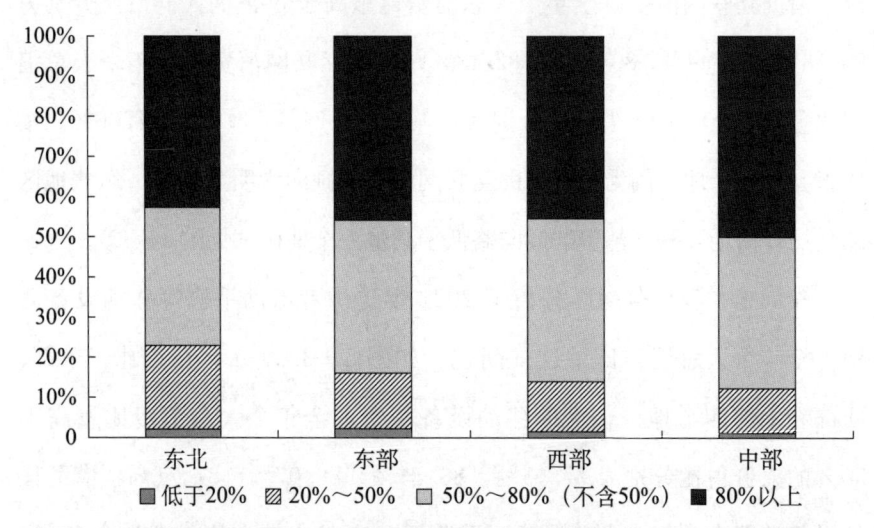

图 5-33 不同地区受访者 2021 年借助移动设备消费占全年个人总消费比重分布

我们还对受访者的互联网消费情况分地区进行了分析。如图5-34所示，在东北、东部、西部、中部四个地区，进行网上购物或网上缴费的频率为"中低频率"的群体占比均为最高，分别为52.49%、49.56%、53.36%、50.39%。"高频率"进行网上购物或网上缴费的群体在中部地区占比最高，达到了18.75%；在东北地区占比最低，为13.49%。"低频率"进行网上购物或网上缴费的群体在西部地区占比最高，为10.22%；在东北地区占比最低，为5.60%。在四个地区之间横向比较，受访者进行网上购物或网上缴费的频率并无明显差异。

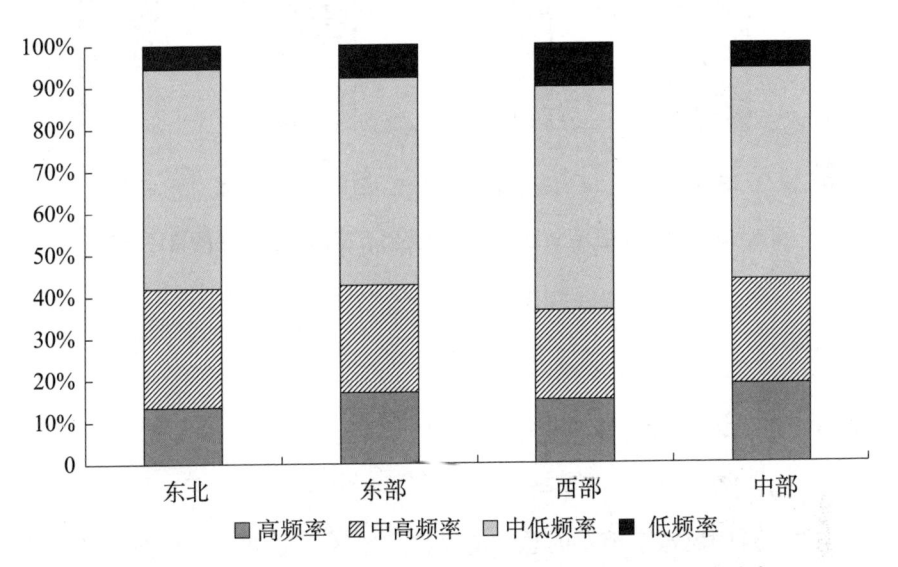

图5-34 不同地区受访者进行网上购物或网上缴费的频率分布

相似地，我们对于不同地区的人群对网上消费时互联网的重要性的自评进行了分析。如图5-35所示，在东北、东部、西部、中部四个地区，认为互联网对自己的重要程度为"一般"及以上的人群占比分别为98.96%、98.58%、98.39%、98.87%，均超过了98%；认为互联网对自己的重要程度为"非常重要"的人群占比分别为54.98%、52.75%、

46.86%、49.40%。与上一问题类似的是，不同地区受访者对进行网上购物或网上缴费时互联网重要性的评价差异不大。

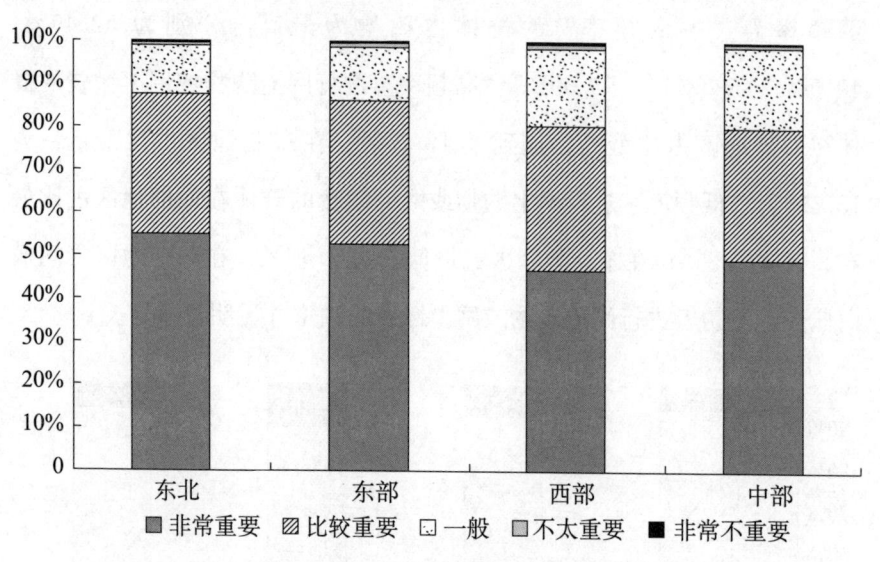

图 5-35　不同地区受访者对网上消费时互联网的重要性的自评分布

5.3　本章小结

本章对国民数字消费的总体情况和分地区情况进行了全面且细致的分析，其中的数字消费是指受访者将微信支付、支付宝等移动支付手段用于日常消费。

我们调查了受访者使用微信支付、支付宝等移动支付手段的频率。在 5 961 个有效回答中，有 72.55% 的受访者表示几乎每天都要使用微信支付、支付宝等移动支付手段，从不使用移动支付手段的仅占 0.25%。围绕这一问题，我们对不同年龄段、不同居住地区、不同文化程度的受访者分别进行了分析。从年龄段来看，18～45岁的群体使用移动支付手段的频率明显高于其他年龄段；从居住地区来看，农村地区和城市市区等较发达地区之间并无明显差距；从文化程度角度看，随着受访者文化程度提高，人群使用移动支付手段的整体频率不断提升。

为了更好地反映出移动支付手段深入居民生活的程度，我们还调查了移动支付手段对于受访者的重要性，并同样从不同年龄段、不同居住地区、不同文化程度等角度展开了分析。整体来看，有96.83%的受访者认为移动支付对自己非常重要或者重要；从年龄段来看，移动支付手段对于18～45岁和46～69岁的受访者的重要性高于其他年龄段；从文化程度角度分析，随着文化程度从"没上过学"上升到"硕士研究生"，移动支付手段重要性自评整体不断上升。

除了从移动支付手段角度了解居民的数字消费情况之外，我们还从互联网消费行为角度进行了分析。

我们首先分析了2021年受访人群全年个人消费总支出的分布，将受访者归入不同的年消费水平。我们在问卷中调查了2021年居民借助互联网消费占个人全年总消费的比重，并从不同年消费水平、不同年龄段、不同居住地区、不同文化程度等角度分别进行了分析。从年消费水平角度看，高消费群体的年消费中，互联网消费的占比更高。从居住地区角度看，居住地区越靠近城市，借助互联网完成日常消费的倾向越明显，但在城市市区反而相对于城郊地区有所弱化。从文化程度角度分析，受访者借助互联网消费的倾向并未随着学历升高或降低有明显的变化趋势。

类似地，我们对2021年居民借助移动设备消费占个人全年总消费的比重进行了分析。分析结果显示，较高年消费水平的群体更倾向于借助移动设备消费；18～45岁、46～69岁的群体更倾向于借助移动设备消费；而对于不同居住地区、不同文化程度的受访者，借助移动设备消费的占比差异不大且无明显变化趋势。

此外，围绕问卷中关于居民"网上购物或网上缴费的频率"问题，我们同样进行了多角度分析。从整体上看，进行网上购物或网上缴费的频率为"中低频率"的占比最高，为51.14%，"中高频率"的受访者占比为24.35%，"高频率"的受访者占比为16.57%，"低频率"的受访者占比为7.94%。通过进一步分析，我们发现受访者进行网上购物或网上缴费的频率与年消费水平、居住地区、文化程度等变量均不存在明显的相关关系。

我们同时还调查了受访者对进行网上购物或网上缴费时互联网的重要性的评价，并进行了多角度分析。从整体上看，随着年消费水平的提升，在网上购物或网上缴费方面，互联网对于人群的重要性在提升；随着受访者文化程度的提高，在网上购物或网上缴费方面，互联网对于人群也变得越来越重要。与之前的分析结果类似，不同年龄段间，18～45岁和46～69岁的群体对于互联网的重要性的评价更高，而不同的居住地区和受访者对互联网重要性的评价并无明显关系。

为了分析宏观区域下我国国民数字消费情况，我们将除台湾地区、香港特别行政区、澳门特别行政区之外的其他31个省级行政区划分为东部、中部、西部和东北四大经济区域，并对一系列相关问题进行了分地区分析。分析表明，不同经济区域之间受访者的数字消费情况存在差异。

综上所述，本章的研究结果揭示了国民数字消费情况的总体特征和地区差异，为我们更好地理解数字消费行为提供了有价值的信息。我国居民的数字消费情况呈现普及程度较高的趋势，移动支付工具得到广泛应用，互联网消费在居民的日常消费中扮演着重要角色。虽然年龄、居住地区和文化程度对数字消费行为有一定的影响，但整体来看，移动支付和互联网消费在我国居民中已经得到广泛认可和使用。

第 6 章
国民数字就业情况分析

在当今全球数字化浪潮的推动下，数字技术正深刻地改变着人们的生活方式、工作方式和经济结构。这种数字化转型不仅仅是技术上的革新，更是社会、经济和文化领域的重大变革。我国不但积极响应这一趋势，而且在全球数字化进程中扮演了重要角色。在这一大背景下，"数字就业"成为一个备受关注的话题。数字就业是指数字技术和数字经济创造的各类就业机会，涵盖从业者、创业者、自由职业者、创新者、教育者等人群，以及他们在数字化环境中的职业发展和经济贡献。2021年，中国宏观经济研究院在《数字经济促进就业的挑战和建议》中指出：数字经济通过生产、消费、流通、分配等环节逐步渗透至生产生活中的诸多领域，加强了经济发展的就业导向。当前，产业数字化贡献的就业数量占全社会就业总量的比重已近1/3，传统领域就业岗位活跃度提高，新产业、新业态、新职业不断涌现，就业韧性增强，重点群体就业稳定。因此，对数字就业的研究成为我国数字生活研究不可或缺的一环。

6.1 总体情况

本节将对全职工作者、全职工作者的就业情况及数字就业在其中发挥的作用进行分析。在对数字就业板块的数据进行删除异常值处理后，剩余5 921份回答样本。样本总体包含3 443名男性和2 478名女性，样本男女比为 1.39；在将年龄按照小于等于 20 岁、20～30 岁、30～40 岁、40～50 岁、50～60 岁、60 岁以上划分后①，6 个年龄段的被调查者分别占被调查者总数的 2.5%、29.2%、28.1%、15.8%、19.9%、4.5%，可以看出 20～60 岁的被调查者构成了样本的主要部分，其中又以 20～30 岁的被调查者最多。就业情况方面，共有 4 724 名被调查者表示自己有全职工作，1 197 名被调查者没有全职工作。图 6-1 展示了不同性别有无全职工作的频数统计结果，图 6-2 则展示了有无全职工作在不同年龄段的分布结果。从图 6-1 中可以看出，大部分男性被调查者有全职工作，全职工作者约占全体男性的 87.1%，而女性被调查者中全职工作者的占比较低，约为 69.7%。从年龄来看，30～60 岁的被调查者普遍有全职工作，其中又以 30～40 岁的被调查者最多，全职工作者的占比达到 95.2%；32.2% 的 60 岁以上的被调查者有全职工作，65% 的 20～30 岁的被调查者有全职工作，20 岁及以下的人群则基本没有全职工作。

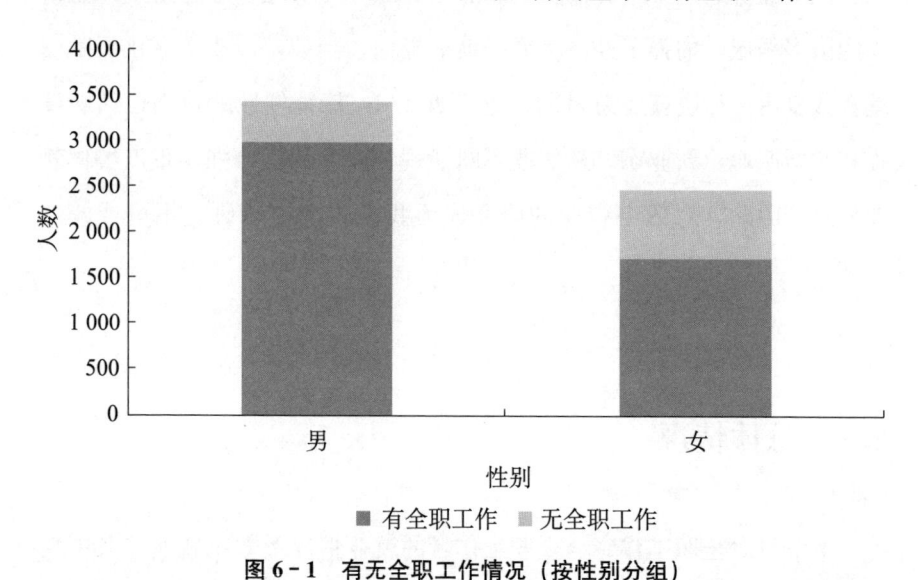

图 6-1 有无全职工作情况（按性别分组）

---

① 20～30 岁、30～40 岁、40～50 岁、50～60 岁均为左开右闭区间，后同。

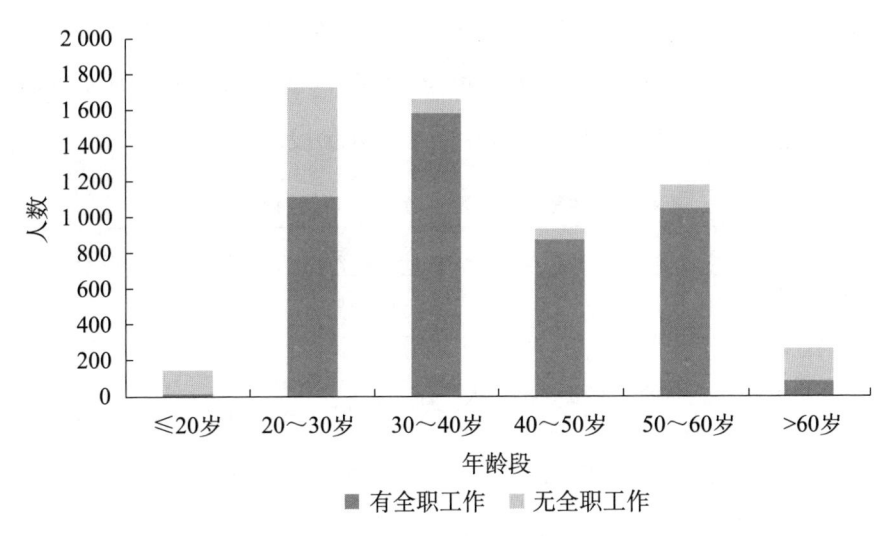

图 6-2　有无全职工作情况（按年龄分组）

6.1.1　全职工作者的情况

全职工作是指相对长期、稳定的工作模式，通常用正常上下班时间来划分工作日和休息日，工作有受一定限制的特性。在有全职工作的被调查者中，对其工作状况进行分类可以发现，多数有全职工作的被调查者属于有固定雇主的雇员，其占比在所有有全职工作的被调查者中达到 89.12%；其次则为个体工商户，拥有全职工作的被调查者的比例为 2.93%；目前全职务农的被调查者最少，在全部 4 724 名有全职工作的被调查者中只有 15 名。表 6-1 和表 6-2 展示了工作状况在性别、年龄上的分布。可以发现，"有固定雇主的雇员"中女性比例较低，而"自由职业者""为自己家庭或家族企业打工，但不是老板"者中女性占比较高，这表明样本中的女性被调查者更倾向于从事有自主经营权的工作，男性则更倾向于作为雇员为雇主工作。从年龄分组来看，"有固定雇主的雇员"在各个年龄段中的占比大体上相同，"个体工商户"和

"雇主或老板即企业的所有者、出资人、合伙人"则主要集中于30~40岁的年龄段,"自由职业者"相对更为年轻化,"无固定雇主的雇员,如零工、散工等"则集中出现在40~50岁的年龄段。

表6-1 主要工作状况人数汇总(按性别分组)

	男	女	总计
个体工商户	78	60	138
目前务农	13	2	15
雇主或老板即企业的所有者、出资人、合伙人	40	32	72
无固定雇主的雇员,如零工、散工等	60	37	97
有固定雇主的雇员	2 701	1 510	4 211
自由职业者	39	41	80
为自己家庭或家族企业打工,但不是老板	21	22	43
其他	45	23	68

表6-2 主要工作状况人数汇总(按年龄分组)

	≤20岁	20~30岁	30~40岁	40~50岁	50~60岁	>60岁	总计
个体工商户	1	43	46	20	24	4	138
目前务农	0	2	3	4	4	2	15
雇主或老板即企业的所有者、出资人、合伙人	1	10	33	16	10	2	72
无固定雇主的雇员,如零工、散工等	1	19	23	38	15	1	97
有固定雇主的雇员	6	971	1 427	768	973	66	4 211
自由职业者	2	36	25	7	8	2	80
为自己家庭或家族企业打工,但不是老板	2	11	13	7	4	6	43
其他	2	24	12	15	12	3	68
总计	15	1 116	1 582	875	1 050	86	

对有全职工作的被调查者从事主要工作的时间进行统计可以发现，大部分被调查者的从事时间在 1~10 年[①]。图 6-3 展示了主要工作从事时间依据被调查者性别分类后的统计结果，从中可以看出，除了工作时长为 1 年以下的是女性占多数之外，其余工作时长区间均为男性占多数，这表明整体上女性更早参加工作；图 6-4 展示了主要工作从事时间在被调查者年龄段上的分组统计结果，从中可以看出，在占主要部分的 20~40 岁的被调查者中，20~30 岁年龄段的被调查者的主要工作从事时间多集中于 1~3 年，而 30~40 岁年龄段的被调查者则多集中于 5~10 年。年龄越大，参与工作的时间越长，这一结果符合普遍的就业规律。

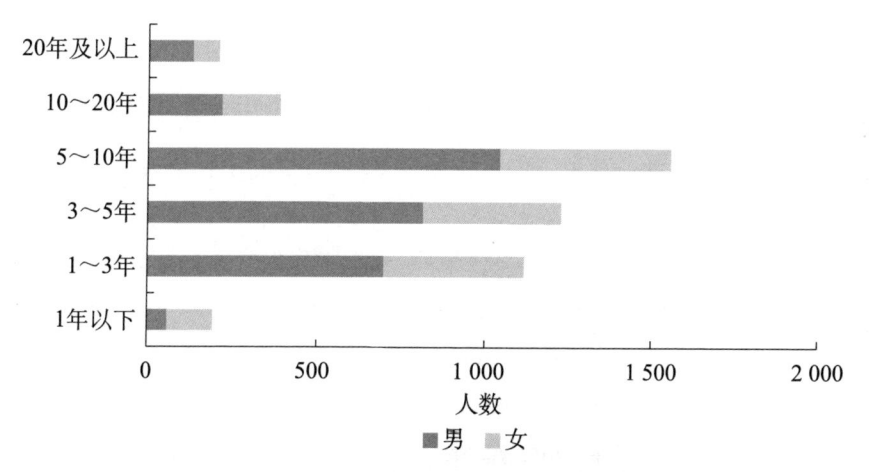

图 6-3 主要工作从事时间分布（按性别分组）

对有全职工作的被调查者进行单位性质分类，其结果如图 6-5、图 6-6 所示。从工作性质来看，在各类企业中，私营及股份企业占主要部分，其占所有全职工作者的 43.51%。从性别比例来看，除机关事业单位、社会组织外，男性在大多数工作单位中占多数。从年龄分布来

---

① 本章各图中的"1~3 年""3~5 年""5~10 年""10~20 年"均为左闭右开区间，后同。此处的"1~10 年"也同此理。

图 6-4 主要工作从事时间分布（按年龄分组）

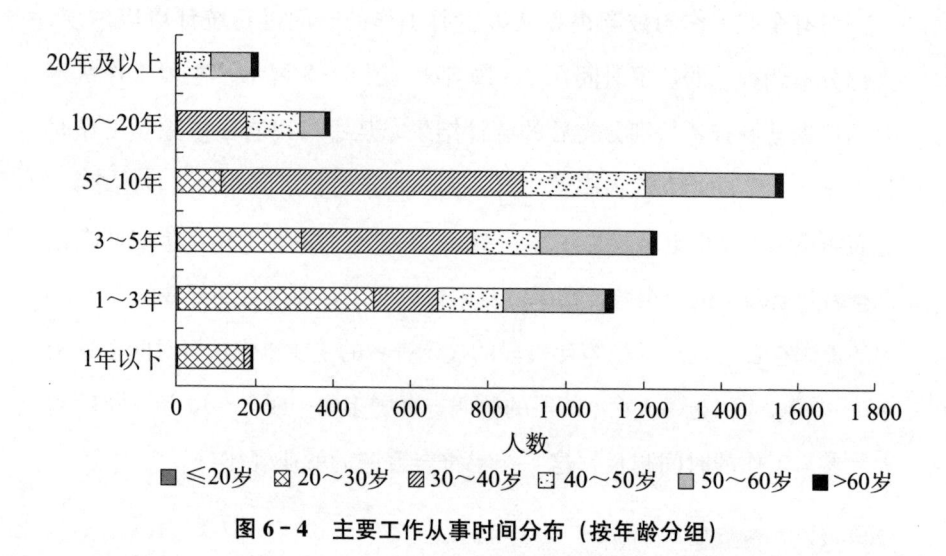

看，外资及中外合资企业、集体企业、个体工商户中含有较高比例的 50 岁以上的被调查者，其余工作单位则以 20~50 岁的中青年为主。

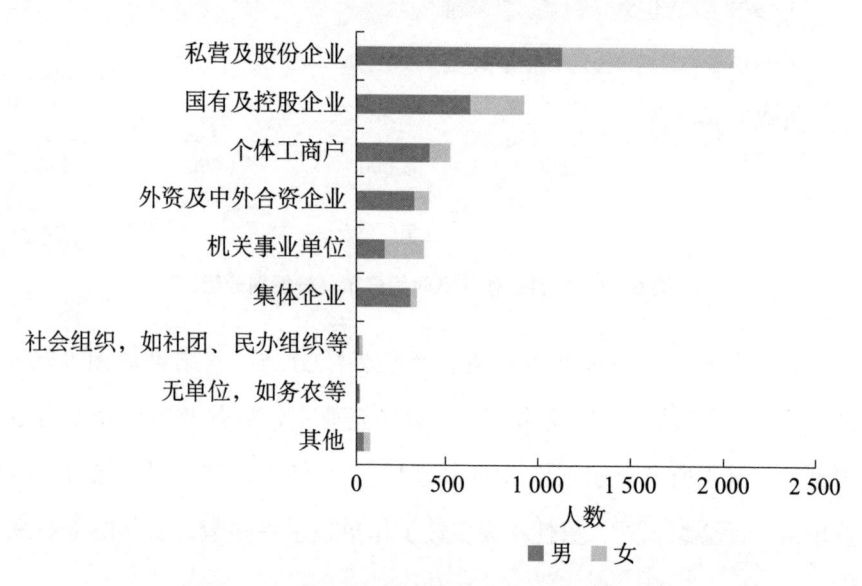

图 6-5 主要工作单位性质分布（按性别分组）

图 6-6 主要工作单位性质分布（按年龄分组）

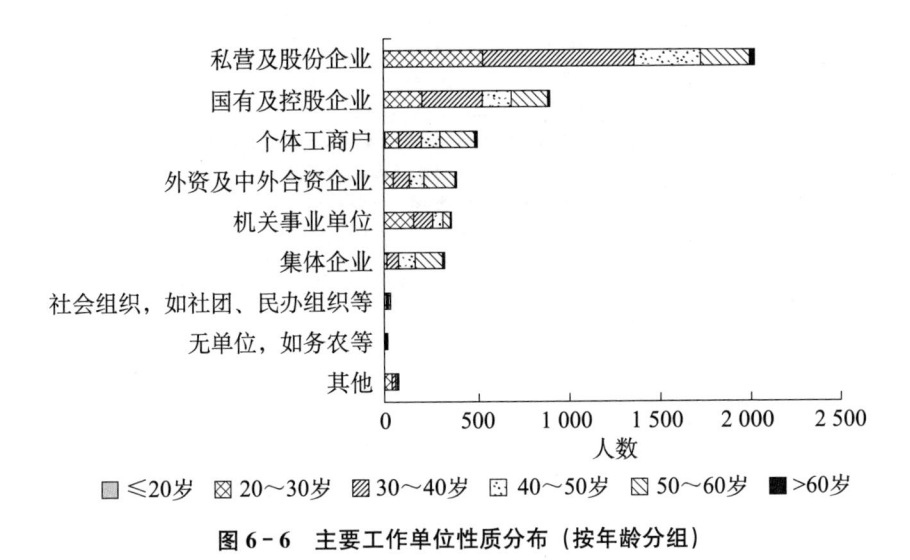

图 6-7 和图 6-8 展示了全职工作者的行业分布。其中，供职于采矿和制造业，信息传输、软件和信息技术服务业，批发和零售业等的被调查者最多。从性别分组来看，交通运输、仓储和邮政业，建筑业，电力、热力、煤气及水生产和供应业等的从业者以男性居多，科教文卫及公共管理、社会保障和社会组织行业则有较多的女性参与就业。从年龄分组来看，20～30 岁的群体集中分布于信息传输、软件和信息技术服务业，科教文卫，以及采矿和制造业等；30～40 岁的群体除了分布于以上行业外，同样集中于批发和零售业，住宿与餐饮业，交通运输、仓储和邮政业；其余年龄段在各个行业的样本量较少，分布也更为平均。

在所有全职工作的被调查者中，有 41.8% 的被调查者表示当前的工作是利用互联网求职获得的。图 6-9 展示了各种工作获取途径中的人数分布。除了利用互联网求职外，有 22.1% 的全职工作者表示自己通过参加招聘会找到了这份工作，其余全职工作者则通过诸如在职业介绍机构登记求职、委托亲友找工作、自己直接上门询问等方式获得职务。这说明互联网已经成为找工作的一种主要途径。

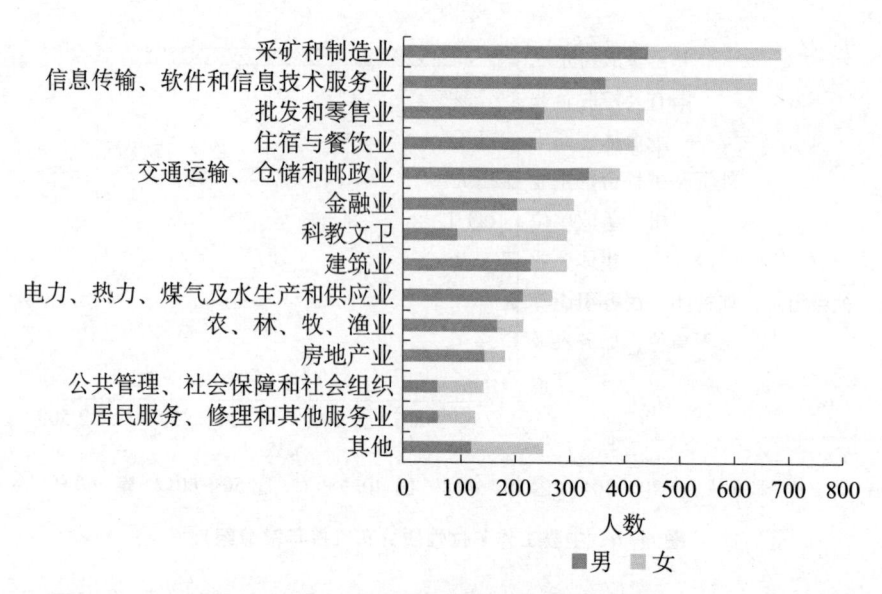

194 / 中国国民数字生活研究报告

图 6-7　主要工作所在行业分布（按性别分组）

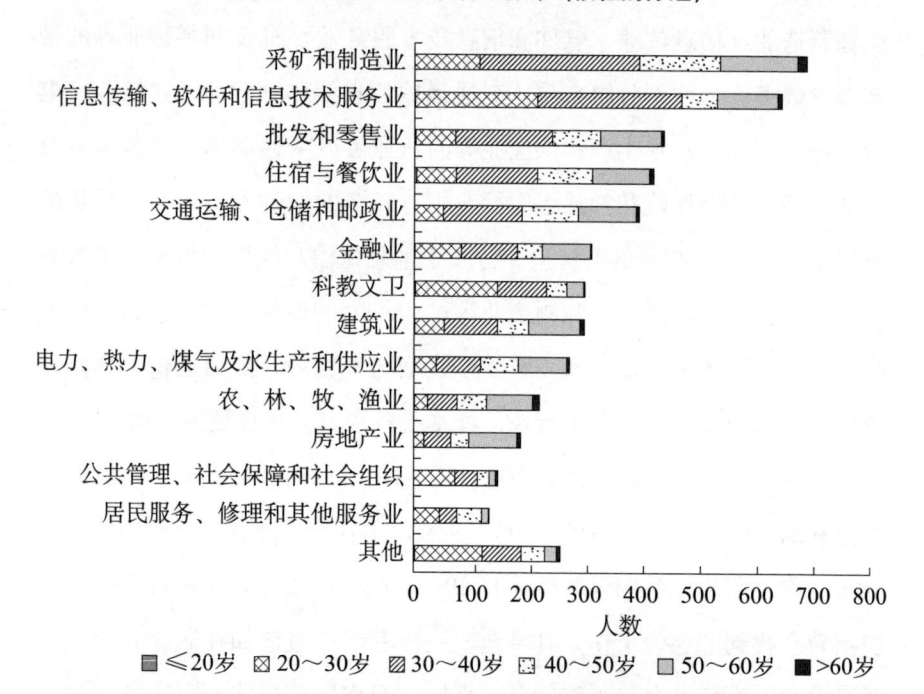

图 6-8　主要工作所在行业分布（按年龄分组）

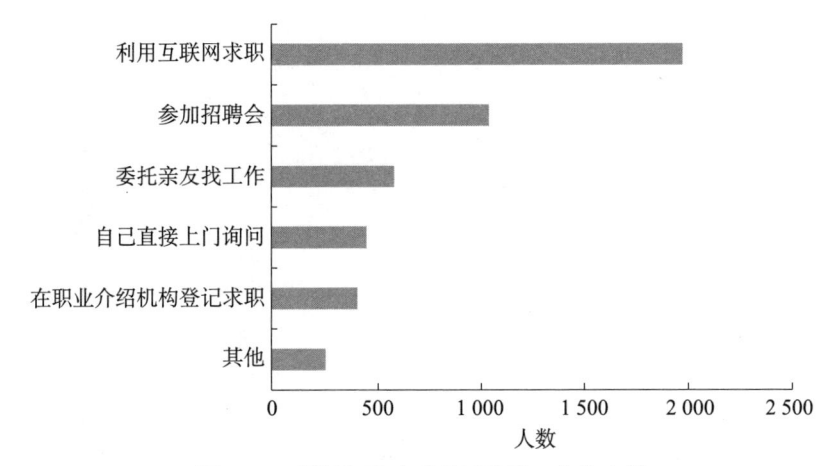

图 6-9 通过何种方式找到这份工作的人数

图 6-10、图 6-11 展示了有全职工作的被调查者对于"互联网在找工作中发挥的作用"和"从事主要工作时互联网的重要性"的评分。在所有全职工作者中，共有 86.35% 的被调查者对"互联网在找工作中发挥的作用"打出了 4 分及以上的高分（满分为 5 分，表示有很大作用），共有 94.39% 的被调查者表示互联网在从事主要工作的过程中重要或非常重要。这一结果表明，不论是在找工作的过程中还是在从事工作的过程中，互联网都起到了非常重要的作用。

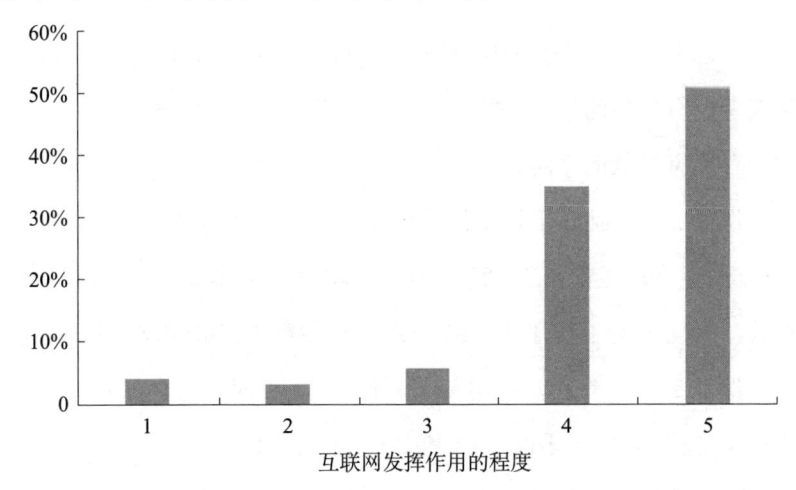

图 6-10 互联网在找工作中发挥的作用（5 表示有很大作用）

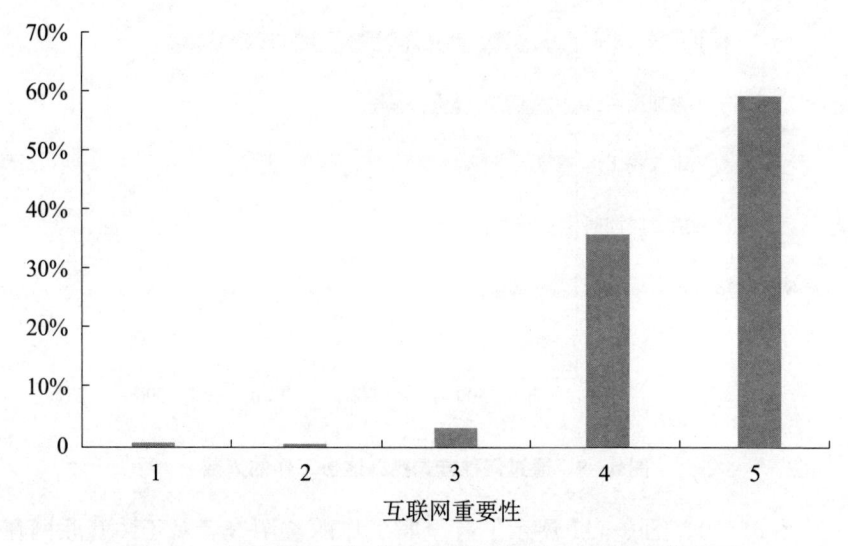

图 6 - 11　从事主要工作时互联网的重要性（5 表示非常重要）

对全职工作者进行进一步的调查可以得到其收入、工作强度信息。图 6 - 12 为这些全职工作者所从事的主要工作在 2021 年扣除五险一金、个人所得税后实际到手的平均月收入的分布直方图，从中可以发现，大部分被调查者的月收入在 2 500～10 000 元区间。进一步计算可知，全部全职工作者的平均月收入为 20 762.54 元，其中，男性的平均月收入为 22 146.43 元，女性的平均月收入为 18 360 元；年龄在 30～40 岁的被调查者拥有最高的平均月收入，为 28 275.48 元；年龄在 50～60 岁的被调查者拥有最低的平均月收入，为 9 281.14 元。

工作情况还包括年平均工作月数和日平均工作时数。这些全职工作者在 2021 年平均工作了 11.25 个月，平均每天工作 8.67 小时。从性别分组看，男性平均工作了 11.48 个月，平均每天工作 8.87 小时；女性平均工作了 10.84 个月，平均每天工作 8.30 小时。总体来说，男性的工作时长略长于女性。图 6 - 13 和图 6 - 14 展示了年平均工作月数和日平均工作时数按年龄分组的统计结果。由图可知，随着年龄增大，年平

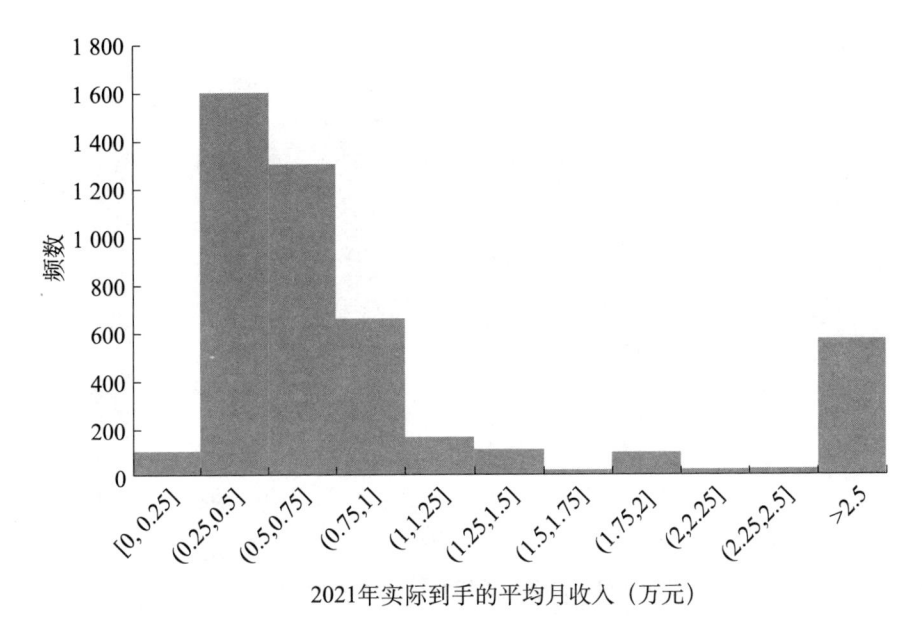

图 6-12 主要工作实际到手的平均月收入

均工作月数逐渐增加,并在 30 岁后稳定在 11.5 个月附近;日平均工作时数也在增加,50～60 岁增加到近 9 小时。

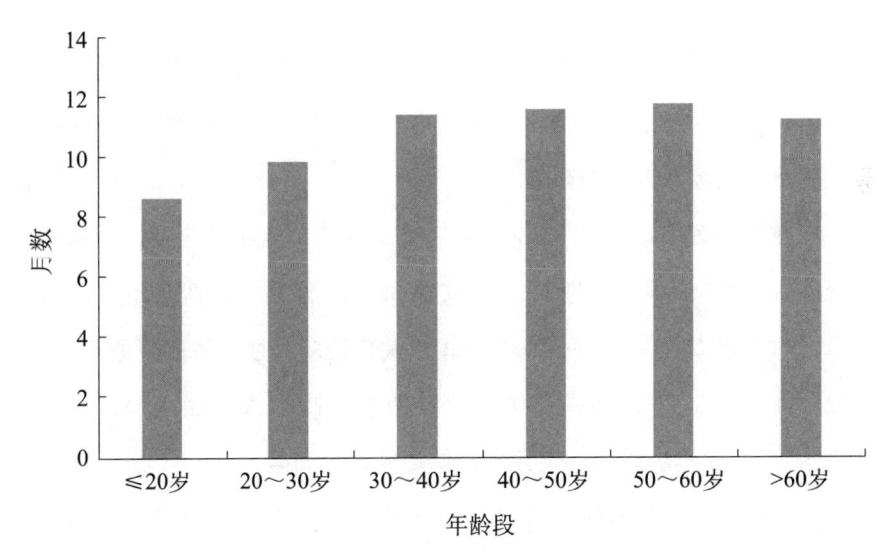

图 6-13 年平均工作月数(按年龄分组)

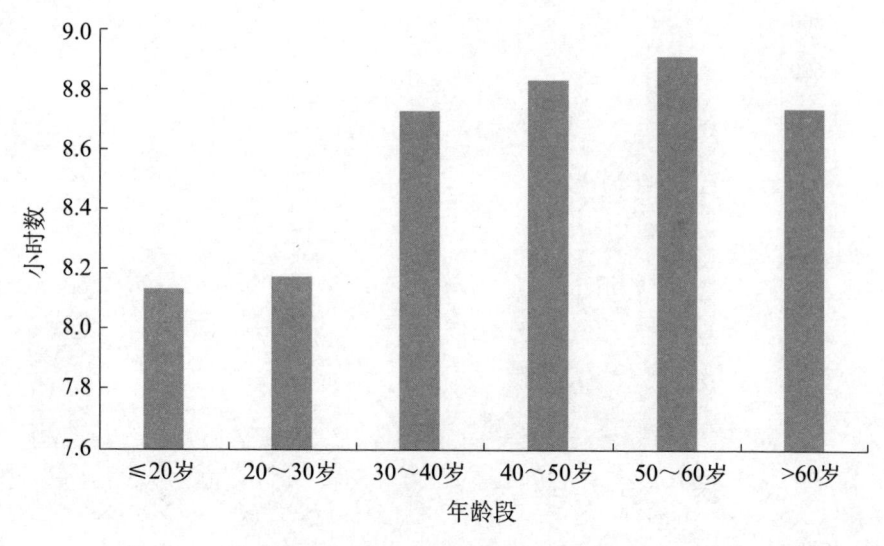

图 6-14　日平均工作时数（按年龄分组）

6.1.2　对经营有自主决定权的职业的情况

1. 基本情况

在全职工作者中，雇主、个体工商户和自由职业者是对经营具有自主决定权的职业角色。在此，我们只讨论这三种职业角色的基本情况与数字就业对其经营方式的影响。

在被调查者中，共有 72 位全职工作为雇主或老板即企业的所有者、出资人、合伙人，其中男性 40 人，女性 32 人。雇主年龄情况如图 6-15 所示。由图可以看出，30～40 岁的雇主人数最多，且远超过其他 5 个年龄段。在低于 30 岁的年龄段中，人数随着年龄的减小而减少；同时，在高于 40 岁的年龄段中，人数随着年龄的增大而减少。

从雇主或老板的雇佣人数直方图（见图 6-16）中可以看出，雇佣人数呈现明显的右偏分布，绝大多数雇主的雇佣人数少于 100 人，少部

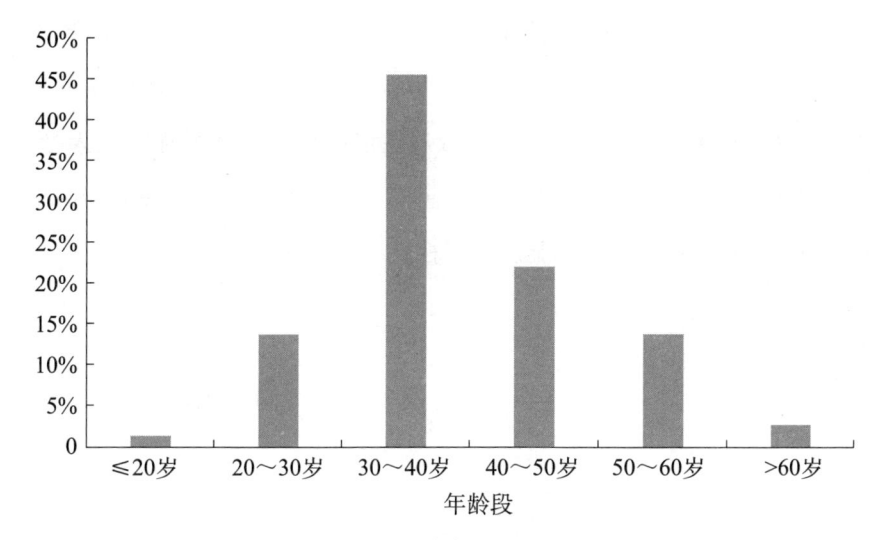

图 6 – 15　雇主年龄情况

分雇佣人数在 100~400 人区间，极少数雇佣人数超过 400 人。雇佣人数的校准加权估计值为 149 人。

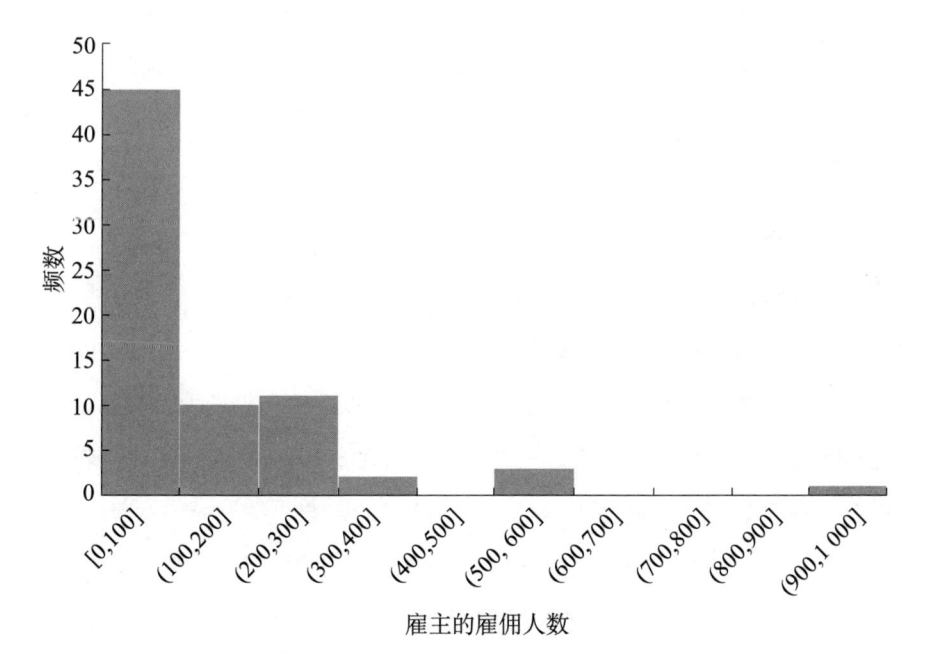

图 6 – 16　雇主或老板的雇佣人数频数分布

2021年雇佣人数的变化情况如图6-17所示。由图可知，在2021年，雇佣人数增加与减少的雇主均接近30%，而大约40%的雇主的雇佣人数基本持平，由此可见，大多数雇主能够维持甚至增加雇佣人数。在雇佣人数出现较大变动的雇主中，男女比例基本相同；而在雇佣人数基本持平的雇主中，男性明显多于女性。

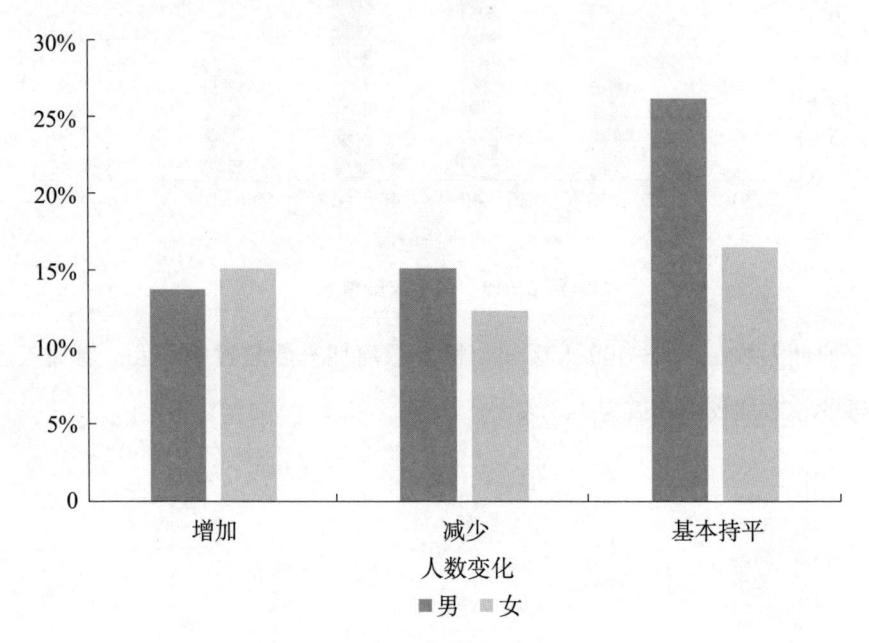

图6-17 2021年雇佣人数变化情况

在被调查者中，共有138位全职工作为"个体工商户"，其中男性78人，女性60人。个体工商户年龄情况如图6-18所示。由图可以看出，30～40岁的个体工商户人数最多，20岁以下的人数最少。与雇主情况不同的是，个体工商户在20～30岁区间与在30～40岁区间的比例较为接近，且50～60岁的人数略多于40～50岁的人数。

在被调查者中，共有80位全职工作为"自由职业者"，其中男性39人，女性41人。自由职业者年龄情况如图6-19所示。由图可以看出，20～30岁的自由职业者人数最多，20岁以下与60岁以上的人数最少。

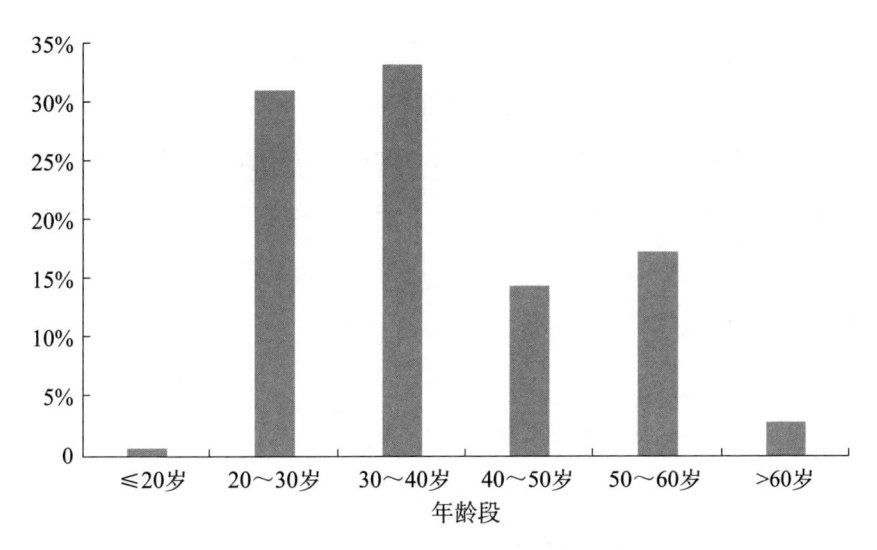

图 6-18　个体工商户年龄情况

与雇主和个体工商户情况不同的是，自由职业者在 20~30 岁区间的比例最高，接近 45%；其次是 30~40 岁区间；而且 50~60 岁的人数略多于 40~50 岁的人数。

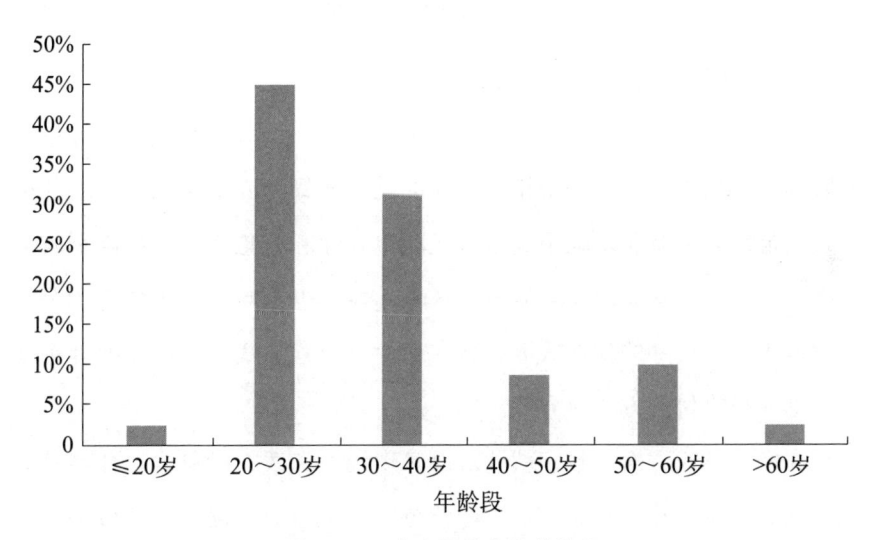

图 6-19　自由职业者年龄情况

关于自由职业者的职业类别，由图 6-20 可以看出，在已显示的类别中，绝大多数的自由职业者都在互联网平台就业，如网约车司机、外卖配送员、自媒体人、网络主播、微商等，仅有约 10% 选择了作家或编剧及自由摄影师这些非互联网平台就业的职业。还有近一半的自由职业者的职业类别在未列出的部分，观察其所填写的文本可知，大多数职业均属服务业，包括律师、图书管理员、推销员等线下工作的职业，也包括技术员、博主等互联网平台的职业。

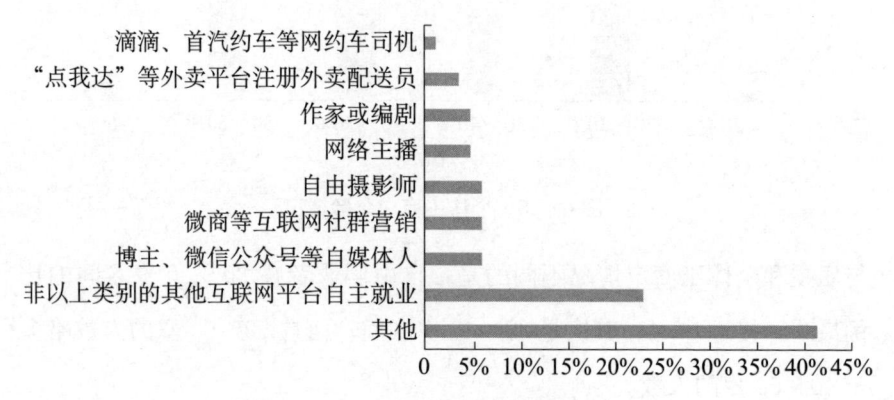

图 6-20 自由职业者的职业类别占比

2. 数字就业对全职工作经营方式的影响

数字就业促进了经营方式的多样化和灵活化，可以突破时间和空间的限制，实现灵活的工作安排和多样的就业选择，满足不同劳动者的个性化需求。数字就业增强了经营方式的包容性和普惠性，可以降低就业门槛，扩大就业覆盖面，为城乡、区域、性别等不同群体提供更加公平的就业机会和更好的就业服务。数字就业对经营方式的影响主要体现在经营形式与收付款方式两方面。

在经营形式方面，数字就业可以实现线上和线下的结合，让经营者同时拥有实体店和网络店，扩大经营范围和覆盖面，提高经营效率和收益。对于雇主、个体工商户以及自由职业者这三种职业而言，在经营形式上还是存在一定的差别。

首先，针对雇主而言，根据图 6-21，约 65% 的雇主同时经营线上店和线下实体店，约 25% 的雇主仍坚持传统实体店经营方式，而超过 5% 的雇主选择专注于网络经营。这表明越来越多的雇主愿意采用多样化的经营方式以追求更高的收益。此外，可以观察到，绝大多数女性雇主倾向于同时经营线上店和线下实体店，只有极少数选择单一经营模式，无论是仅在线上还是仅在线下。而在男性雇主中，同时发展两种经营方式和仅经营实体店的比例相差不大。关于网络经营的业务占比，由图 6-22 可见，互联网业务占比高于 50% 和低于 50% 的雇主人数基本相当，其中占比在 50%～80%（不含 50%）的雇主人数最多。

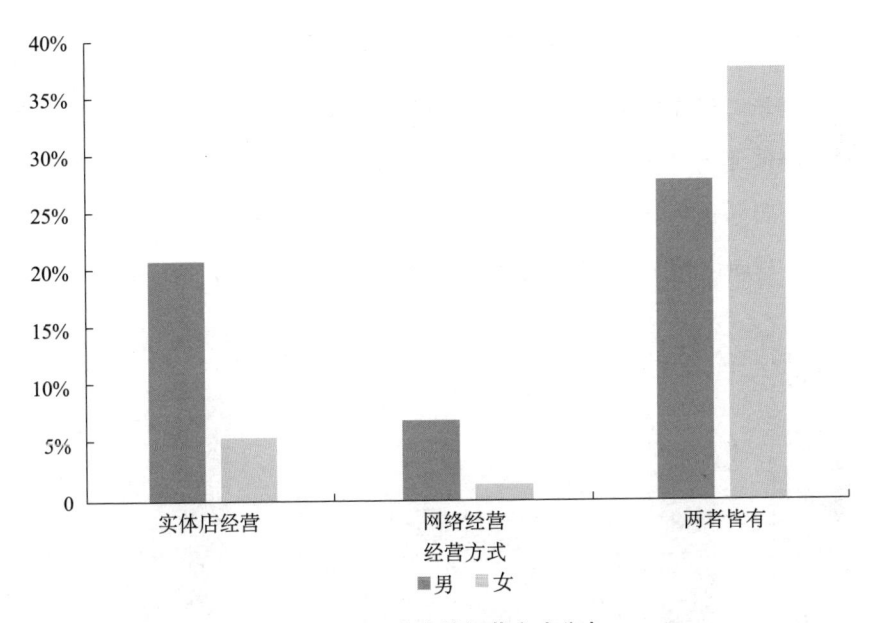

图 6-21 雇主的经营方式分布

其次，针对个体工商户而言，由图 6-23 可见，只有极少数个体工商户仅进行网络经营，而选择同时发展实体店和网络经营的人数稍多一些。个体工商户中，仅进行实体店经营的女性比例相对于仅进行网络经营的女性比例高，达到大约 15%；而同时采取两种经营方式的女性比例

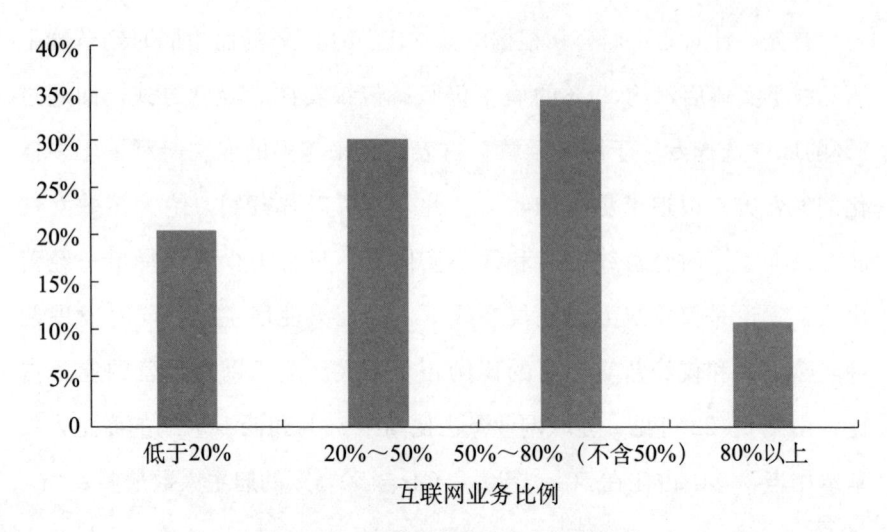

图 6-22 互联网在雇主业务中的占比

低于 25%。关于网络经营的业务占比情况，由图 6-24 可知，互联网业务比例低于 50% 的人数多于高于 50% 的人数；在互联网业务占比为 20%~50% 这一区间范围内，个体工商户最为集中，占比达到了约 50%。与雇主相比，个体工商户在网络经营方面的业务比例较低。

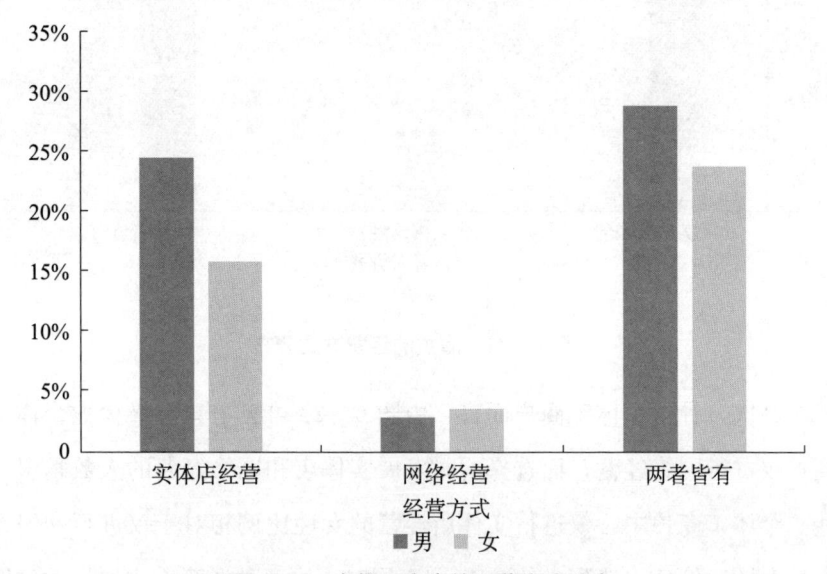

图 6-23 个体工商户的经营方式分布

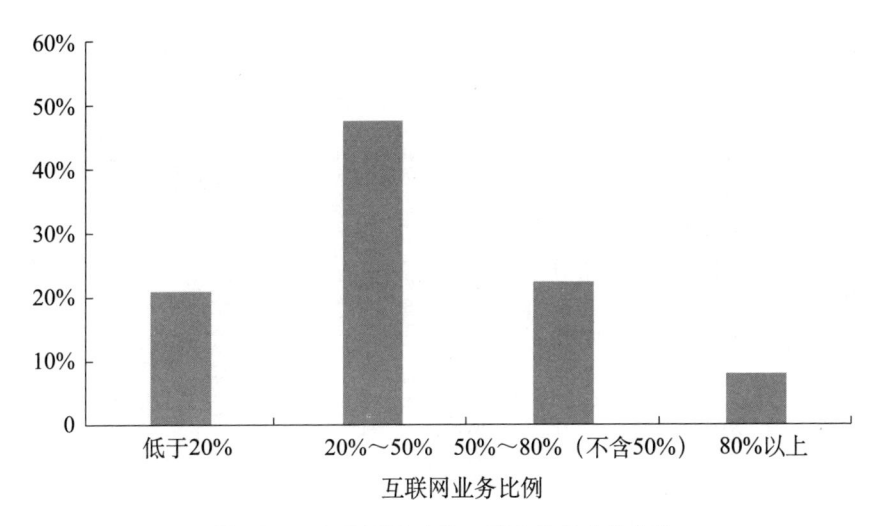

图 6-24　互联网在个体工商户业务中的占比

最后，对自由职业者而言，由图 6-25 可以看出，较少数自由职业者坚持仅网络经营这一方式，发展实体店经营和采取网络、实体店经营并行的经营方式的人数较多，而后者人数更多一些，且后者和仅采取网络经营方式的人群中均为女性多于男性。与雇主和个体工商户的经营方式略有不同的是，自由职业者中，仅发展网络经营的总体比例略高一些，达到了 15% 以上。关于互联网业务的占比情况，由图 6-26 可知，互联网低于 50% 的人数多于高于 50% 的人数，且业务占比在 20%～50% 这一区间范围内的自由职业者最多，占比将近 40%，与个体工商户互联网业务的比例极为相似。

在收付款方式方面，数字就业促进了收付款方式的便捷化和智能化，可以突破时间和空间的限制，实现远程的工作安排和交易完成，满足不同经营者的个性化需求。数字就业也提高了收付款方式的安全性和信任度，可以利用数字技术和数据分析提高收付款的监督度和透明度。然而，对于雇主、个体工商户以及自由职业者这三种职业而言，在收付款方式上同样存在一定的差别。

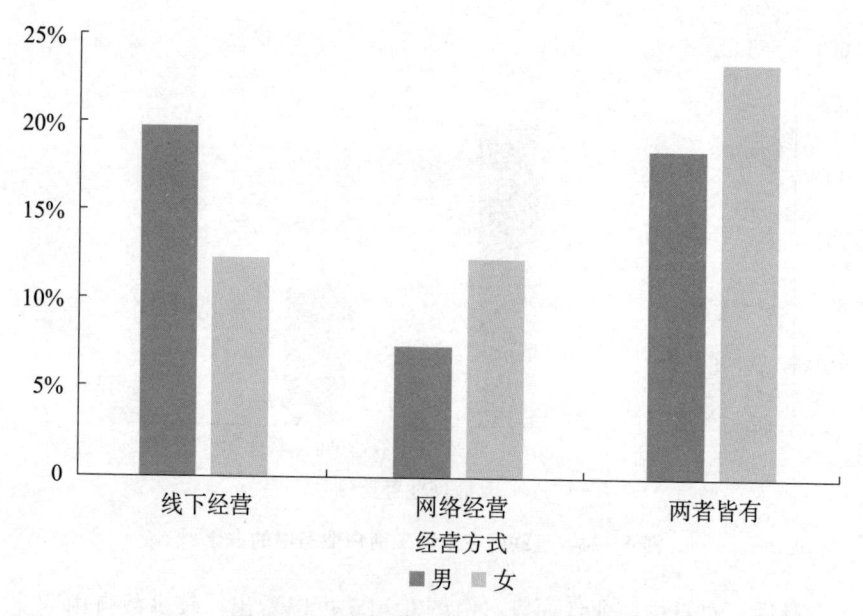

图 6-25 自由职业者的经营方式分布

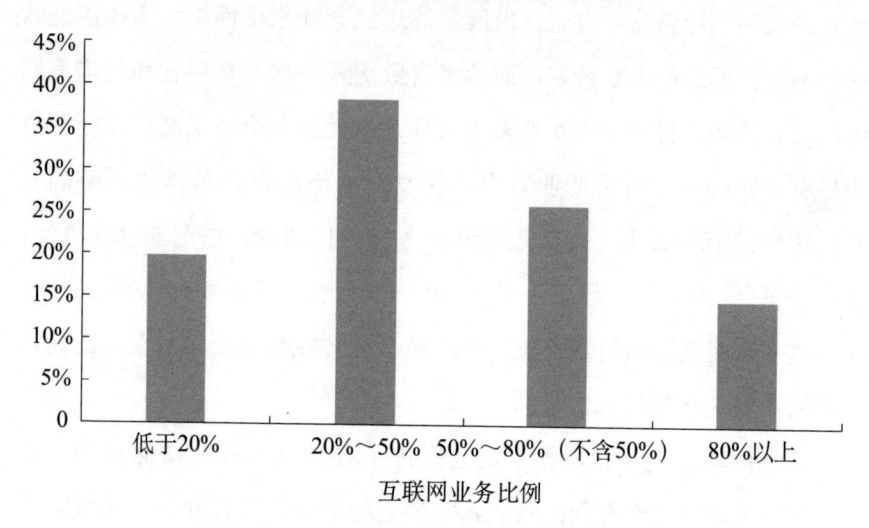

图 6-26 互联网在自由职业者业务中的占比

首先，对于雇主的收付款方式，根据图 6-27，所有电子支付方式的使用人次均多于传统支付方式（比如现金、银行卡、POS 机等），然而仍有一部分人坚持使用传统支付方式。在电子支付方式中，微信转账与消费者扫描商家二维码的使用人次最多。至于通过互联网完成的收付款占比，由图 6-28 可知，约有 70% 的雇主通过互联网完成的收付款占比超过 50%，而只有大约 5% 的雇主通过互联网完成的收付款占比低于 20%。

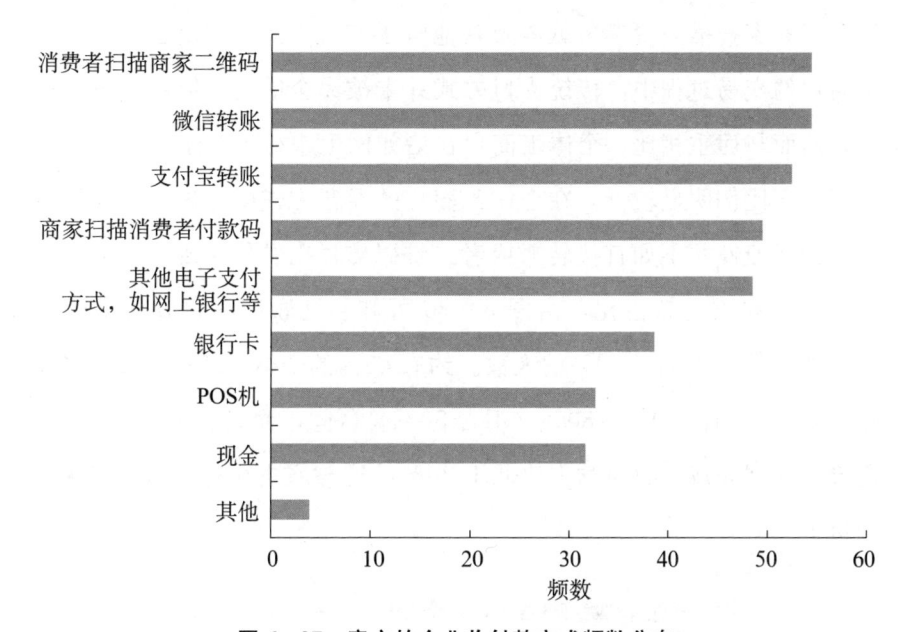

图 6-27　雇主的企业收付款方式频数分布

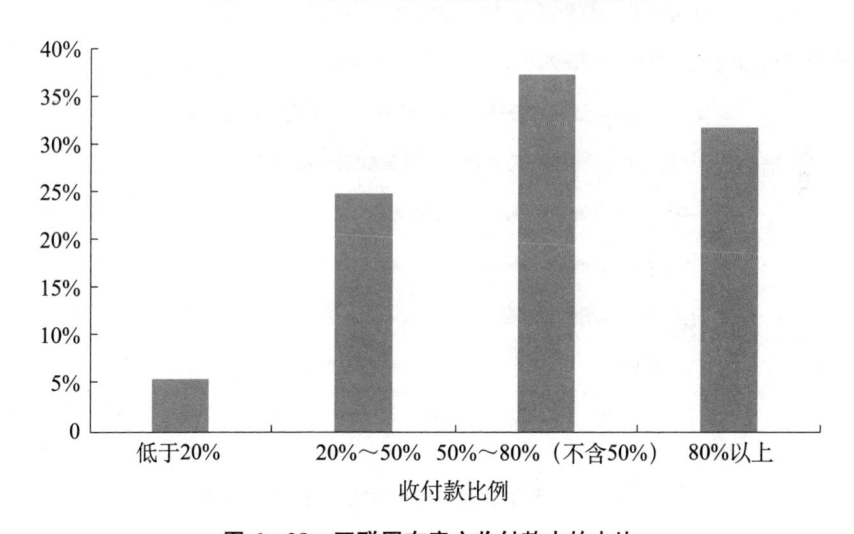

图 6-28　互联网在雇主收付款中的占比

其次，对于个体工商户的收付款方式，根据图6-29，电子支付方式中，微信转账、支付宝转账以及消费者扫描商家二维码的使用人次仍然较多；而在传统支付方式中，现金的使用人次也超过了100次，且多于商家扫描消费者付款码及其他电子支付方式。这显示了在个体工商户的交易过程中，传统支付方式并未被完全取代，使用者依然较多。然而与雇主相比，个体工商户在诸如网上银行等电子支付方式的使用方面比例明显较低。在个体工商户的经营方式中，这些电子支付方式的便捷性并不如直接转账或者二维码支付以及使用现金。关于互联网完成的收付款占比，由图6-30可知，互联网收付款比例超过50%的人数多于低于50%的人数。约有45%的个体工商户通过互联网收付款的比例在50%~80%（不含50%）区间，而只有不到5%的人通过互联网完成的收付款占比低于20%。这与雇主在这方面的情况相当接近。

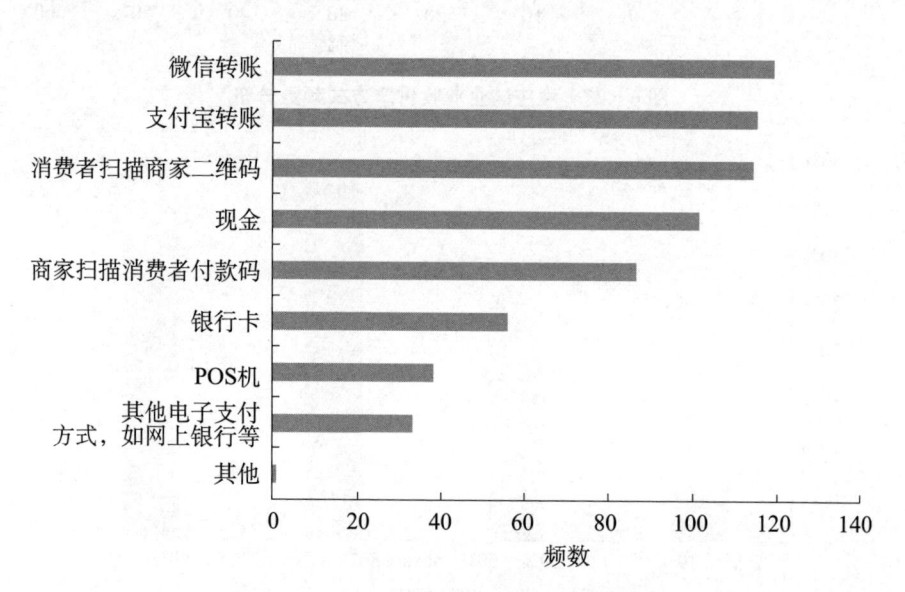

图6-29 个体工商户的收付款方式频数分布

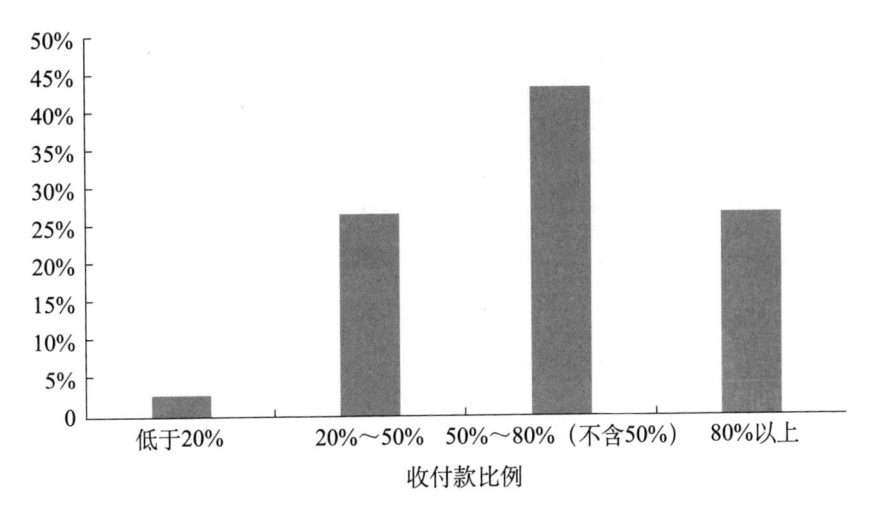

图 6-30 互联网在个体工商户收付款中的占比

最后，就自由职业者的收付款方式而言，根据图 6-31，电子支付方式中，微信转账、支付宝转账以及消费者扫描商家二维码的使用人次依然很多。在传统支付方式中，现金和银行卡的使用人次也相当可观，且银行卡使用人次多于商家扫描消费者付款码及其他电子支付方式。这表明，在自由职业者的交易过程中，传统支付方式依然被广泛采用，与个体工商户的情况相当类似。自由职业者在传统支付方式中更偏爱使用银行卡，显示了银行卡在自由职业者的交易中具有更高的使用频率。至于互联网完成的收付款占比，根据图 6-32，互联网收付款比例超过 50% 的人数多于低于 50% 的人数。大约有 35% 的自由职业者通过互联网收付款的比例在 50%～80%（不含 50%）区间，仅有约 5% 的人通过互联网完成的收付款占比低于 20%。这与雇主、个体工商户在这方面的情况相当接近。

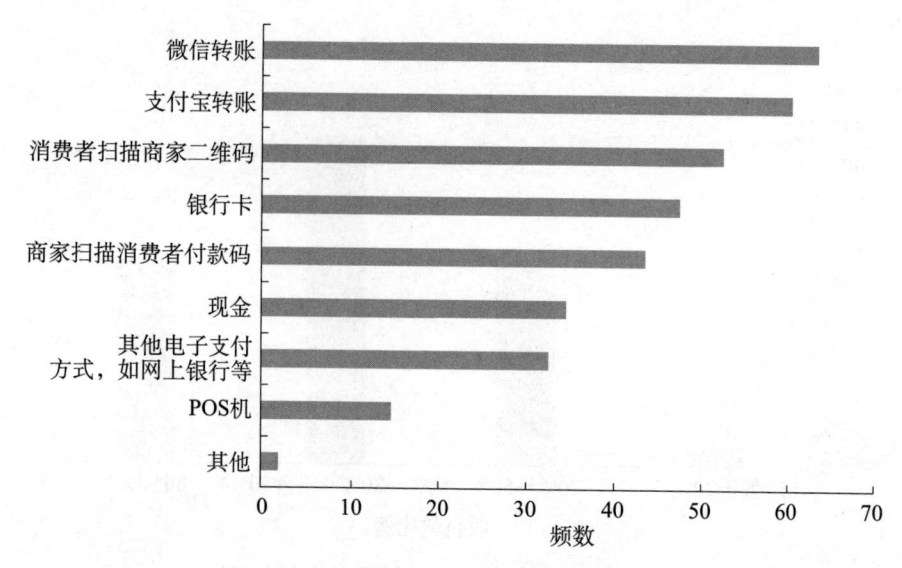

图 6-31 自由职业者的收付款方式频数分布

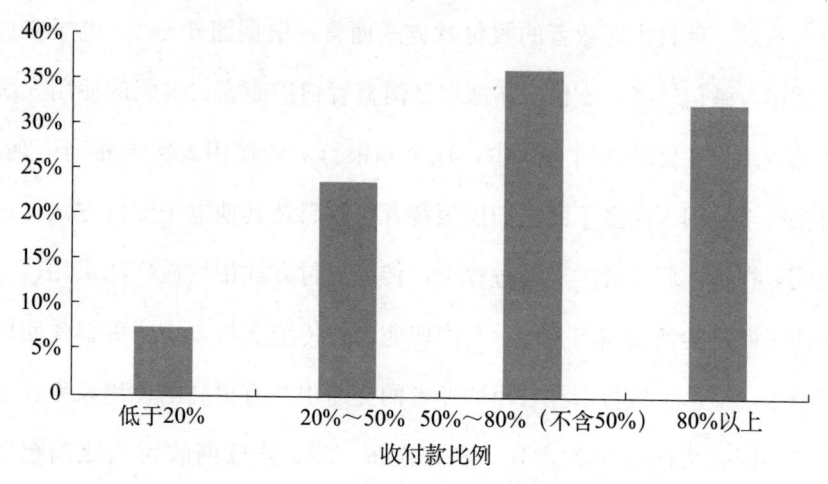

图 6-32 互联网在自由职业者收付款中的占比

6.1.3 兼职工作者的情况

1. 基本情况

兼职是指在正常工作时间之外从事其他有报酬的工作活动。兼职是一种灵活的就业方式,可以增加收入、提升技能、拓展人脉等。在删除异常值后的样本中,共有5 921个样本。其中有1 057人回答有兼职工作,因此估计有兼职工作的比例为17.85%。在具有兼职工作的样本中,男性399人,占比37.75%;女性658人,占比62.25%。兼职工作者的年龄情况如图6-33所示,20~30岁的人数最多,占比将近50%;30~40岁其次,60岁以上的人数最少。

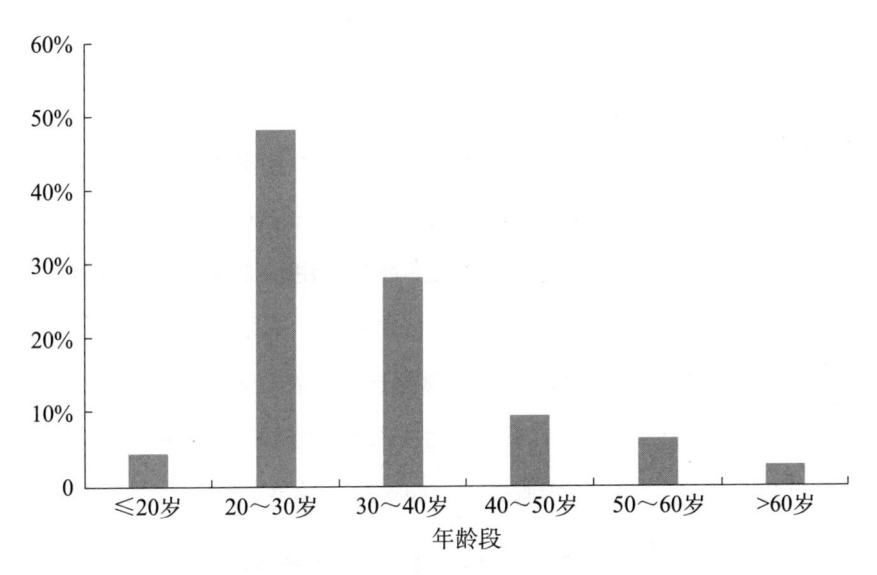

图6-33 兼职工作者的年龄情况

2. 数字就业对兼职的影响

数字就业对兼职也产生了多方面的影响。数字就业扩大了兼职的需求和供给。数字就业可以为不同行业、不同领域、不同层次的劳动者提供更多的兼职机会和选择。劳动者可以通过互联网,或者是在线下通过亲朋好友或者招聘会、职业机构的帮助来寻找兼职。从图6-34中可以看出,在已经找到兼职工作的人中,有超过70%是利用互联网找到兼职工作的。由此可见,互联网在寻找兼职工作中发挥了不可替代的作用,绝大多数人愿意通过更高效、便捷的方式寻找兼职工作。

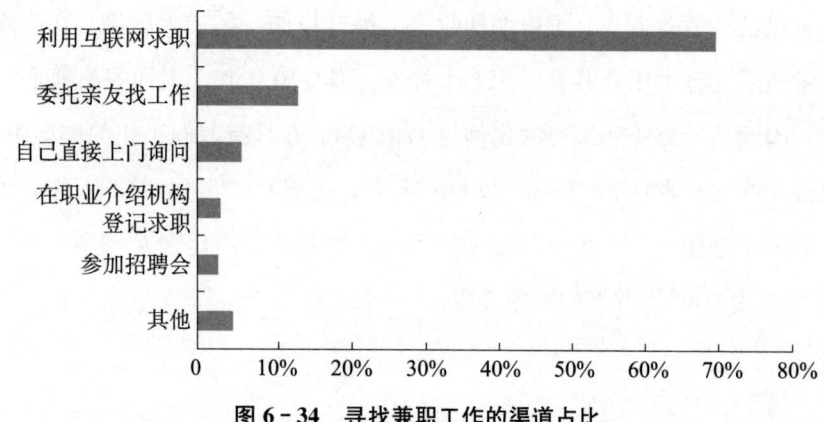

图 6-34 寻找兼职工作的渠道占比

数字就业可以促进兼职的跨界，让兼职者和兼职雇主突破行业的限制，实现更广泛和更深入的协作和交流。关于兼职的职业类别，由图 6-35 可以看出，在已显示的类别中，绝大多数的自由职业者都在互联网平台就业，如网约车司机、外卖配送员、自媒体人、网络主播、微商等，仅有约 10% 选择作家或编剧及自由摄影师这些非互联网平台就业的职业。还有近 25% 的自由职业者的职业类别在未列出的部分，观察其所填写的文本可知，大多数职业均为服务业，如家教、导游等线下工作的职业。

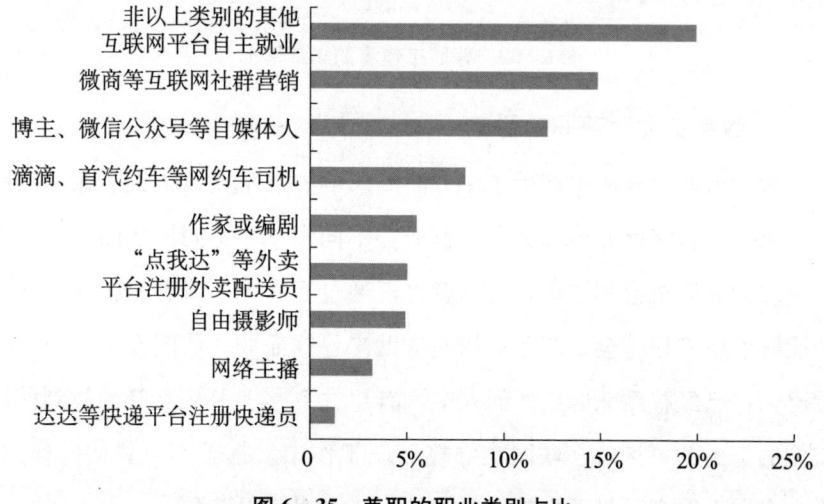

图 6-35 兼职的职业类别占比

与全职工作相同，数字就业增强了经营方式的包容性和普惠性。数字就业也可以降低就业门槛，扩大就业覆盖面。在经营方式方面，从图 6-36 可以看出，较少数兼职工作坚持仅线下经营这一方式，发展网络经营和采取网络经营、线下经营并行的经营方式的人数较多，而发展网络经营的人数更多一些，且在所有经营方式中均为女性多于男性。与全职工作的经营方式略有不同的是，兼职工作中，仅发展网络经营的总体比例最高，达到了将近 50%。关于互联网业务在兼职工作所有业务中的占比情况，由图 6-37 可知，互联网业务比例高于 50% 的人数远远多于低于 50% 的人数，且互联网业务占比在 80% 以上这一区间范围内的兼职工作者最多，占比达到了大约 45%，与全职工作中互联网业务的占比相比差异很大。一般来说，兼职工作相较于全职工作所花费的精力较少，通过网络经营更方便，因此线下经营的比例较低，而通过互联网经营的业务更多。

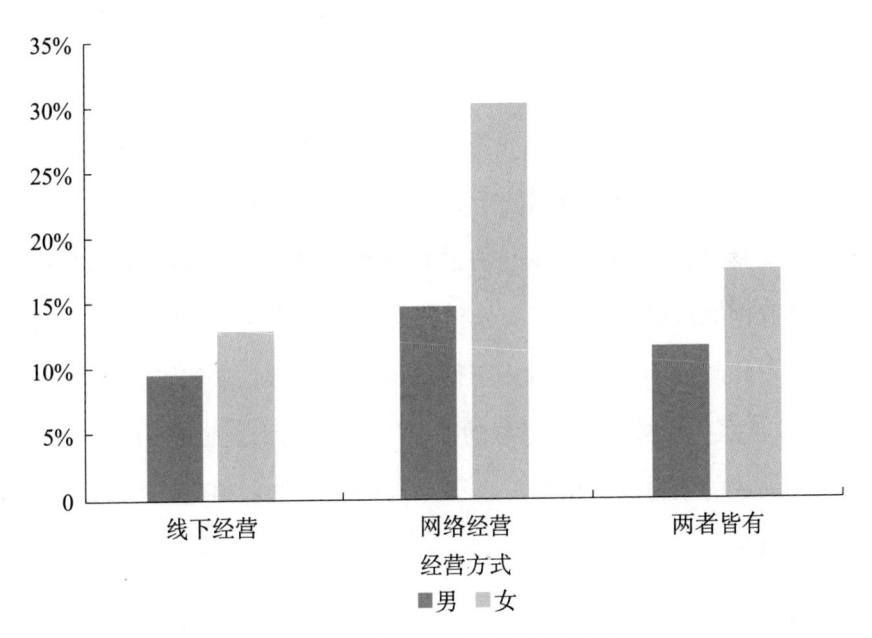

图 6-36 兼职工作的经营方式分布

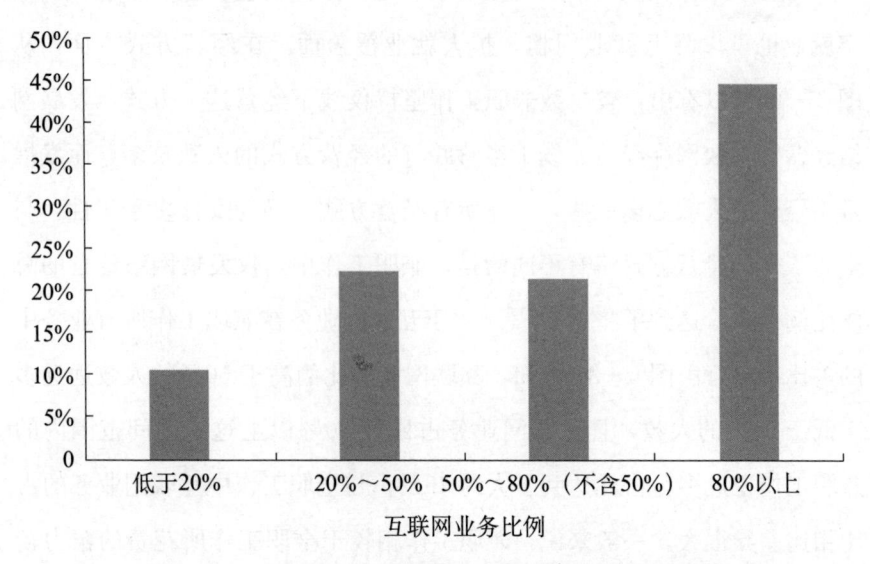

图 6-37 互联网业务在兼职工作所有业务中的占比情况

在收付款方式方面，从图 6-38 可以看出，兼职工作的收付款方式与雇主的收付款方式的情况更为相近，几乎所有的电子支付方式的使用人数均多于传统支付方式如现金、银行卡、POS 机等的人数，坚持使用传统支付方式的人数约为 1/3。在电子支付方式中，微信转账和支付宝转账的使用人数相较于其他方式更多。由此可见，在兼职工作者的交易过程中，电子支付方式更常见，且转账的方式更为方便。关于互联网完成的兼职工作者收付款占比，由图 6-39 可知，互联网收付款占比超过 50% 的人数多于低于 50% 的人数。兼职工作者中有大约 35% 通过互联网完成收付款的比例在 80% 以上；也有约 15% 通过互联网完成的收付款占比低于 20%，与全职工作者相比，这部分的比例有所增加。

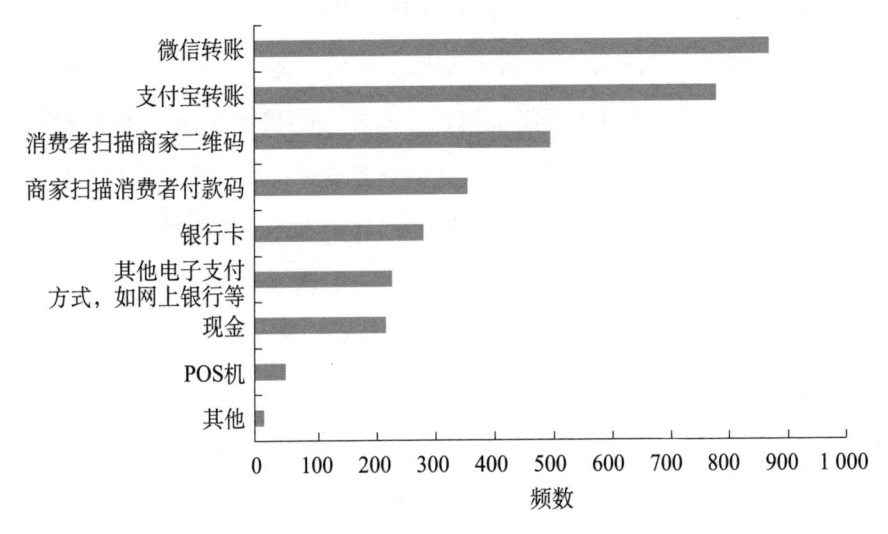

图 6-38 兼职工作的收付款方式分布

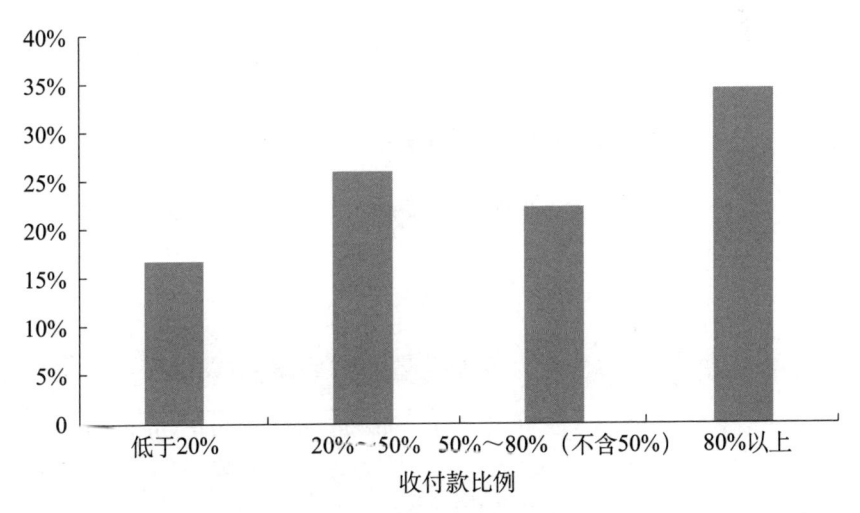

图 6-39 互联网完成的收付款在兼职工作者收付款中的占比情况

6.1.4 没有全职工作者的情况

本研究同样对没有全职工作的被调查者进行了具体情况的探究。在所有被调查者中，共有 1 197 名被调查者没有全职工作。其中，男性 446 人，女性 751 人。在所有没有全职工作的群体中，原因为"正在上学"的被调查者的占比达到 54.72%。图 6-40 展示了除"正在上学"以外的没有全职工作的原因分布，被调查者没有全职工作的主要原因为"已离休或退休"。在选项为"其他"的回答文本中，多数被调查者表示自己"一直在家务农"（主要为男性）或"照顾家庭"（主要为全职妈妈），少数被调查者表示自己"一直没有找到工作"或"由于健康原因一直无法工作"。

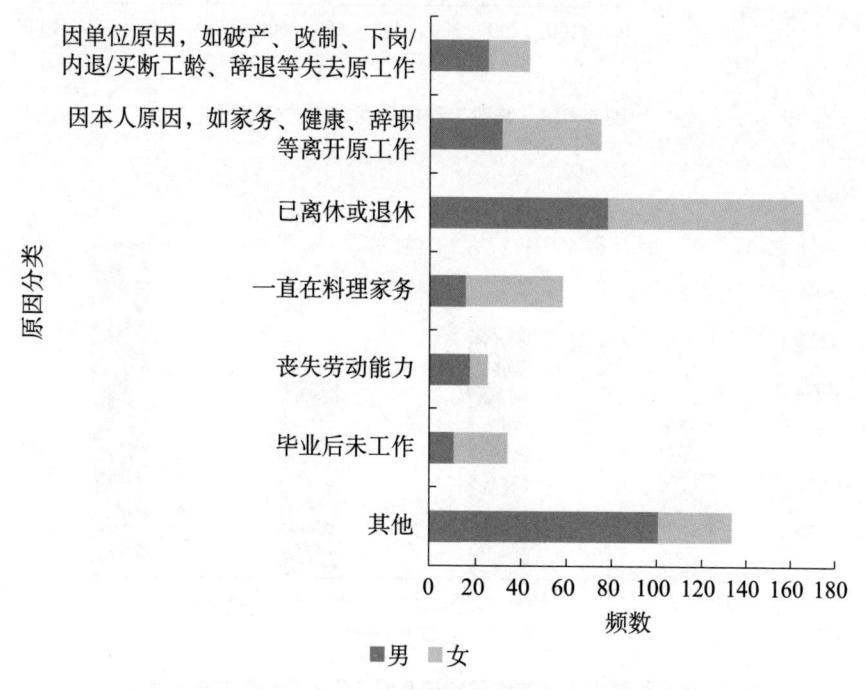

图 6-40 没有全职工作的主要原因频数分布（按性别分组）

图 6-41 为没有全职工作的被调查者的连续未工作月数的直方图，可以发现，大部分被调查者的连续未工作月数在 0～12 个月，而所有无全职工作被调查者的平均未工作月数为 39.78 个月，这是由于有 70 名

被调查者的未工作月数在 240 个月以上。

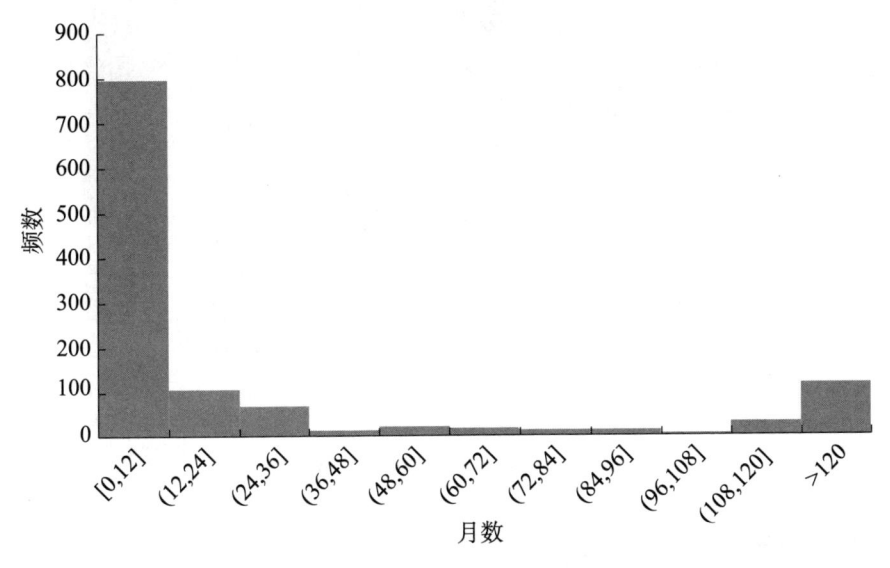

图 6-41 连续未工作月数频数分布

通过对没有全职工作的被调查者找工作的具体情况进行调查可以发现：有 60.4% 的被调查者表示自己没有找工作，也不打算自己创业；32.83% 的被调查者表示自己正在找工作。图 6-42 展示了各个年龄段被调查者目前找工作状态的比例，从中可以发现，随着年龄增大，没有找工作也不打算自己创业的比例先下降后上升，而在找工作或准备自己创业的比例先上升后下降，这一转折点均在 30～40 岁年龄区间，这可能是由于 30～40 岁的被调查者对工作的需求更为迫切。而在 1 197 名没有全职工作的被调查者中，共有 725 名被调查者表示自己仍有找工作的意向。图 6-43 展示了各年龄段被调查者的找工作意向比例，可以发现总体上"打算找工作"的被调查者比例随着年龄增大而下降。

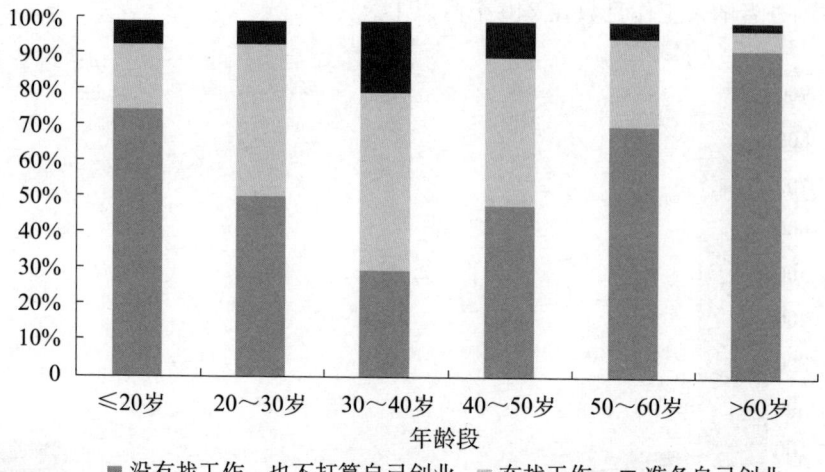

图 6-42　各年龄段找工作状态占比

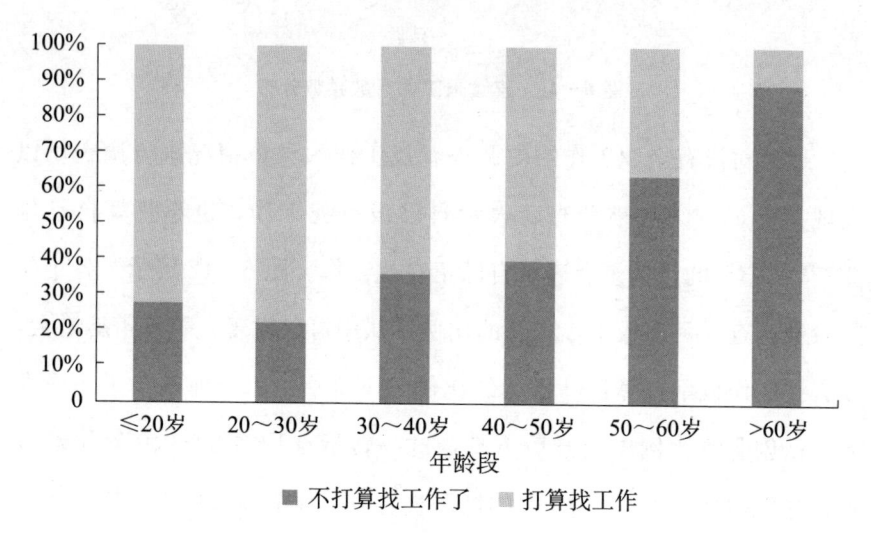

图 6-43　各年龄段找工作意向占比

在打算找工作的 725 名被调查者中，共有 332 人表示自己打算通过互联网求职，占比 45.79%。图 6-44 展示了各年龄段各种找工作意向途径的比例，可以发现，20～30 岁的青年被调查者更倾向于利用互联网求职，年纪较大的被调查者则更倾向于委托亲友找工作。

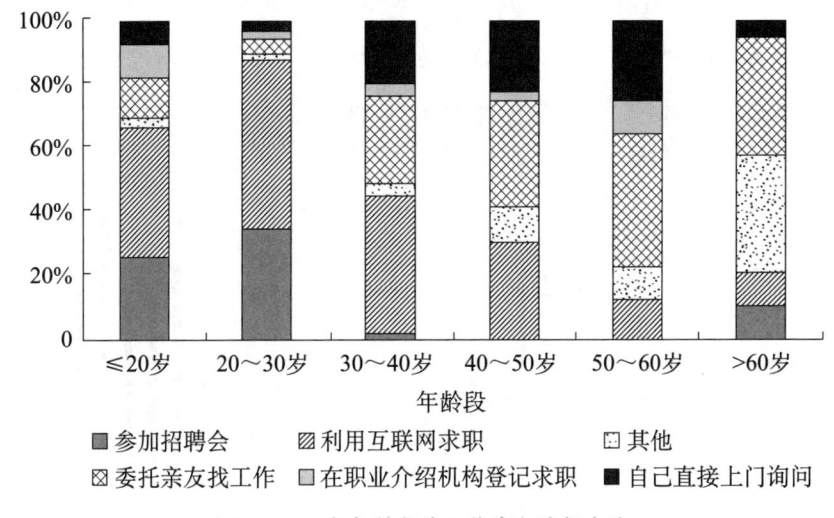

图 6-44　各年龄段找工作意向途径占比

6.2　分地区比较

就业情况可能与被调查者所在地区的经济环境、地理位置、政策等因素息息相关，以下将对数字就业在各个地区和省份的情况作比较。

6.2.1　全职工作者的情况

在删除异常值后的 5 981 份样本中，有 5 份问卷拒绝提供当前居住地信息，在下面的分地区比较中将其删除，剩余 5 976 份样本。

图 6-45 展示了各省份有全职工作的被调查者占比。从地区来看，东部地区均值为 75.94%，中部地区均值为 83.92%，西部地区均值为 79.16%。这说明在全国范围内，中部地区的全职工作者最多。其中，东

部地区全职工作者占比最高为广东（88.08%），最低为吉林（54.35%）；中部地区最高为湖南（91.02%），最低为江西（78.38%）；西部地区最高为西藏（95.49%），最低为甘肃（60.33%）。

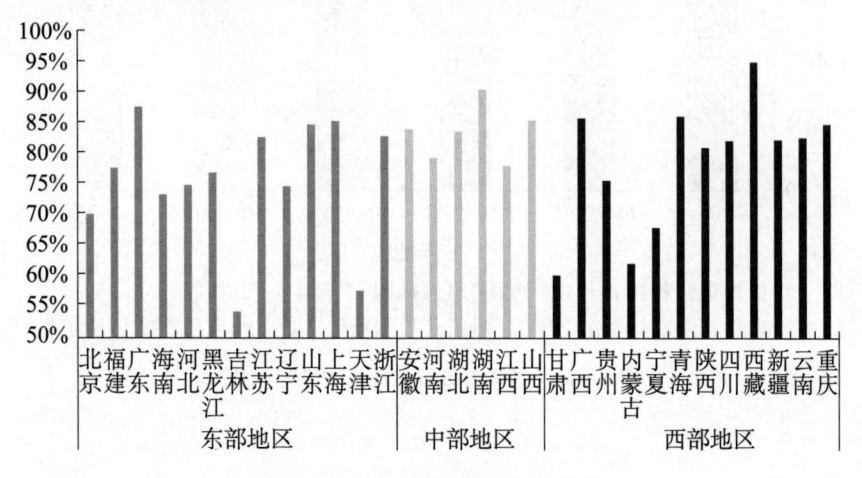

图 6-45　各省份全职工作者占比

图 6-46 则展示了各省份全职工作者中"有固定雇主的雇员"的占比。从地区看，东部、中部、西部地区的平均占比近乎一致，其中，西部地区除内蒙古外，宁夏、青海、陕西、西藏、新疆的平均占比显著高于全国平均水平。从省份来看，内蒙古的占比最低，为 76.54%。总的来说，在各地区有全职工作的被调查者中，"有固定雇主的雇员"占绝大多数，一般比例不低于 80%。

图 6-47 展示了各省份被调查者在找工作的过程中"利用互联网求职"的人数占比，其中东部地区平均占比为 43.47%，中部地区平均占比为 38.42%，西部地区平均占比为 41.65%。中部地区居民利用互联网求职的占比较低，这说明中部地区居民仍较多地依靠传统方式求职。

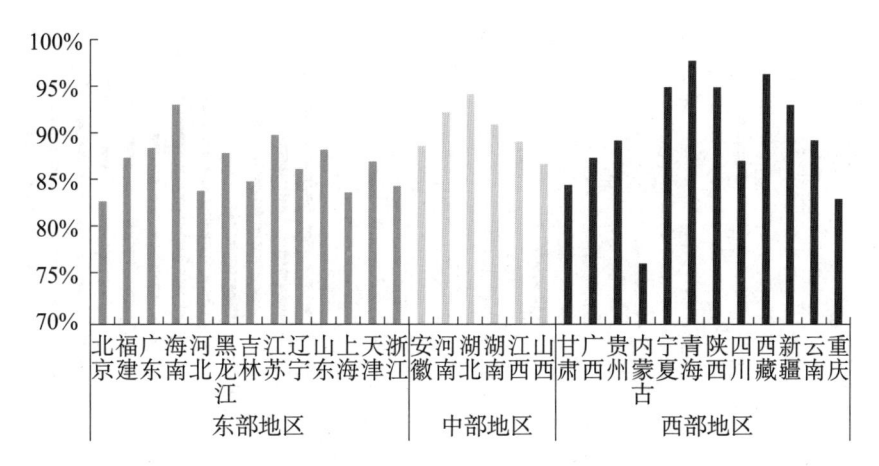

图 6-46　各省份全职工作者中"有固定雇主的雇员"占比

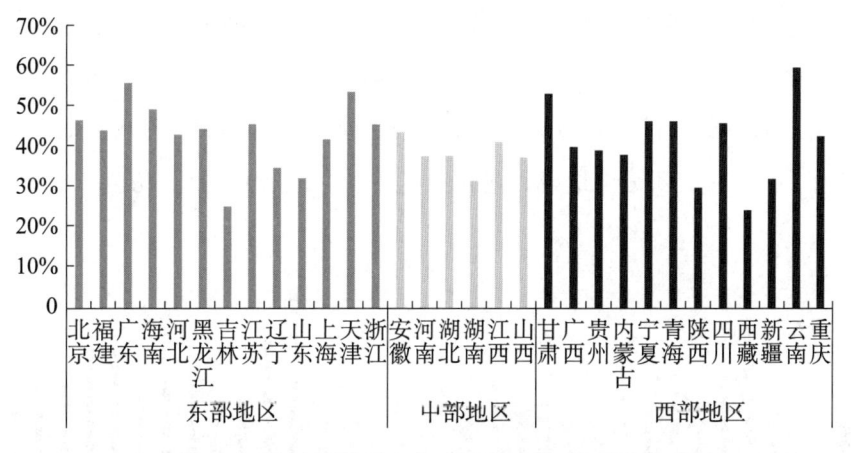

图 6-47　各省份被调查者"利用互联网求职"占比

图 6-48 所示是各省份被调查者对互联网在求职过程中所起作用的平均打分。东部地区均分为 4.16，中部地区均分为 4.32，西部地区均分为 4.31。其中，河南、青海、重庆的平均打分较高，均达到 4.5 以上；内蒙古的平均打分最低，为 3.88，这表明当地居民可能仍相对较多依靠传统方式求职。

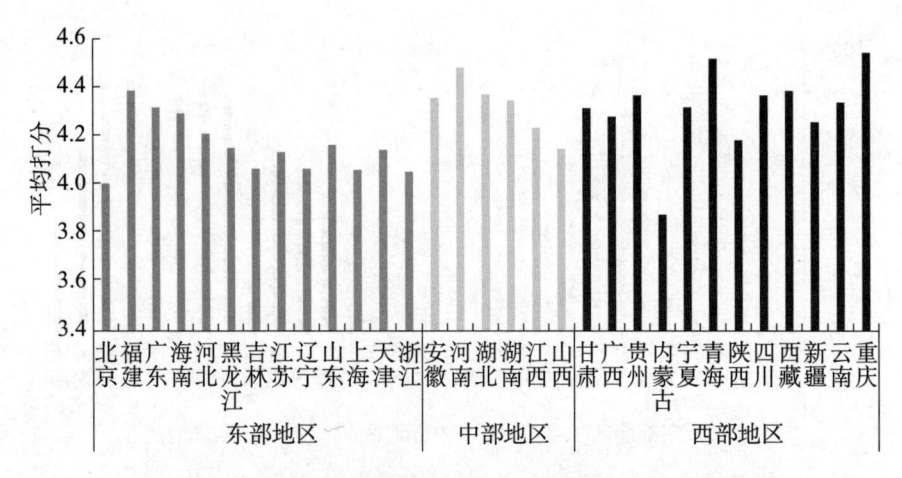

图 6-48　各省份被调查者找工作过程中互联网起作用程度打分

图 6-49 则是各省份被调查者对工作中互联网的重要程度的平均打分。从地区来看，东部、中部、西部地区的平均打分较为一致，均为 4.5 左右。所有省份被调查者的平均打分都在 4.3 以上（5 表示起到很大作用），这表明无论地域，互联网在工作中都扮演了重要角色。

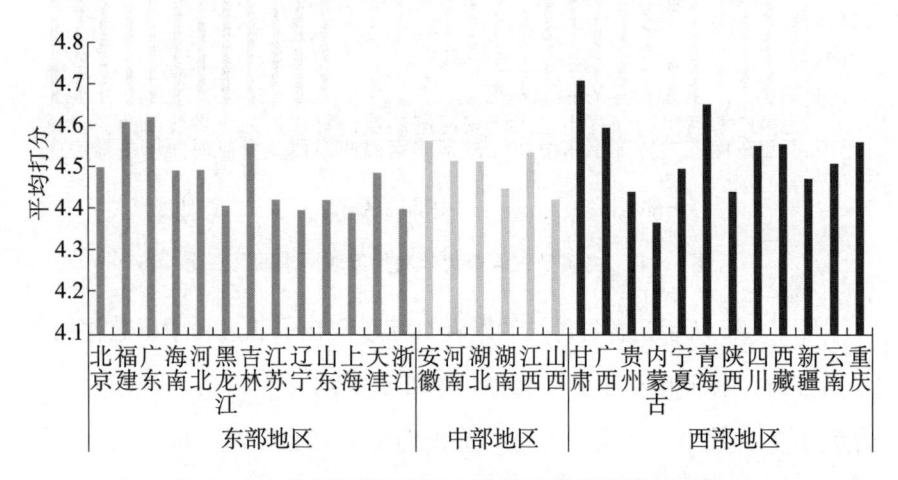

图 6-49　各省份被调查者工作中互联网重要程度打分

从图 6-50 展示的平均到手月收入来看，东部地区平均月收入为 24 126.8 元，中部地区平均月收入为 19 926.0 元，西部地区平均月收入为 15 439.9 元。月收入呈现东部高于中部高于西部的特点。从具体省份来看，北京、上海、浙江、河南、云南的平均月收入较高，海南、宁夏、青海、西藏的平均月收入较低。总体来说，平均月收入与地区经济水平呈现正相关关系。

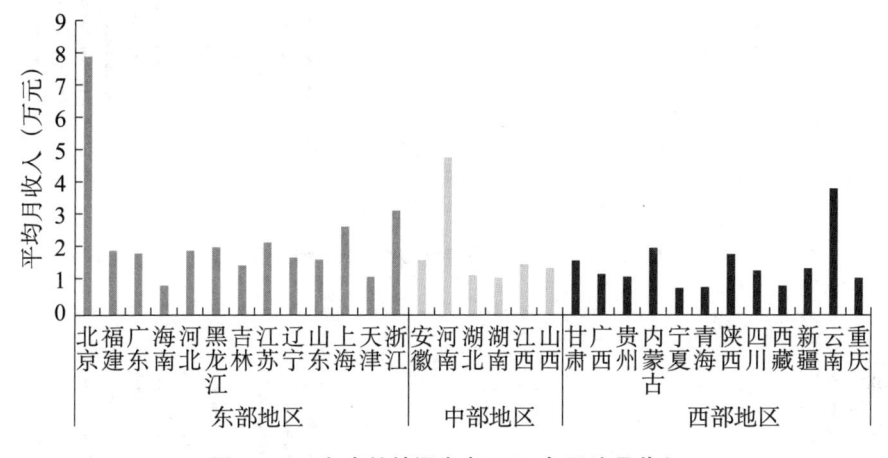

图 6-50　各省份被调查者 2021 年平均月收入

在年平均工作月数上，东部地区最低（10.99 个月），西部地区次之（11.26 个月），中部地区最高（11.35 个月）。西藏、广西、湖南、青海、山东较高，均为 11.5 个月以上，其中西藏的平均工作月数最高，为 11.88 个月；北京、内蒙古、天津则较低，均低于 10.5 个月，其中内蒙古的平均工作月数最低，为 10.1 个月（见图 6-51）。

在日平均工作时数上，东部地区为 8.54 小时，中部地区为 8.76 小时，西部地区为 8.70 小时。结合年平均工作月数可知，东部地区的工作强度最低，中部地区的工作强度最高。从省份看，西藏、新疆的日平均工作时数较高，均达到每日 9 小时以上，其中西藏达到 9.04 小时；内蒙古的日平均工作时数最低，为 7.97 小时（见图 6-52）。

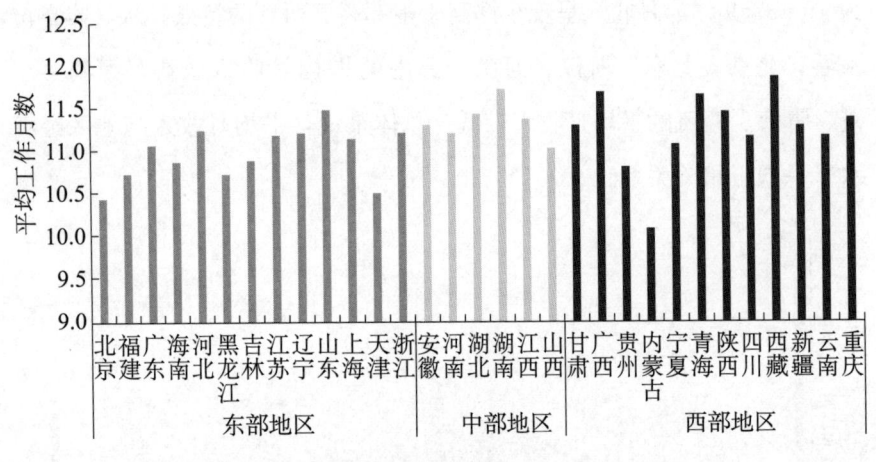

图 6-51　各省份被调查者 2021 年平均工作月数

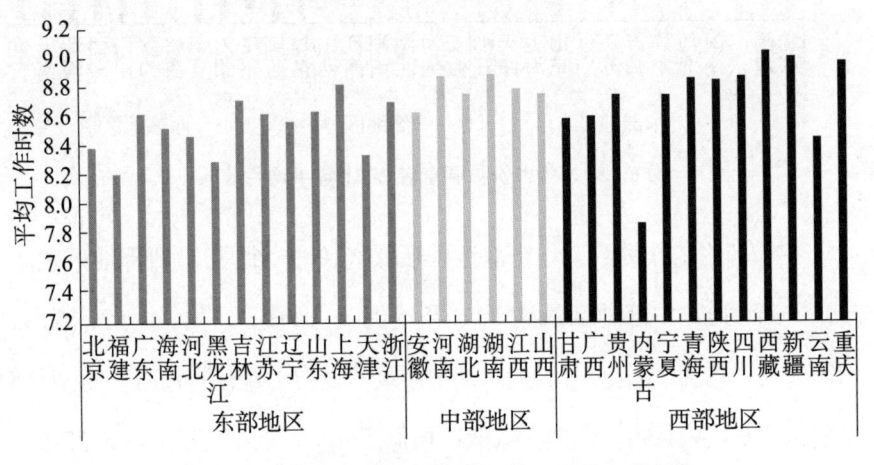

图 6-52　各省份被调查者 2021 年日平均工作时数

6.2.2　兼职工作者的情况

数字就业可以促进兼职的跨域，让兼职者和兼职雇主突破地域的限制，实现更广泛和更深入的协作和交流。我们定义每个省份的被调查者中有兼职工作的人数与该省份被调查者总人数之比为兼职率。如图 6-53 所示，可以观察到大部分地区的兼职率均位于 10%～25% 区间，总体来说，东部地区的兼职率高于中部地区和西部地区。福建、黑龙江和天津的兼职率较高，均在30%左右；而西藏的兼职率最低，约为2%；新疆的兼职率也较低，不到10%。兼职率可能会受到地区经济发展水平的影响，如果经济发展水平较高，则兼职的需求和供给较多，也会有较多的机会和渠道寻找合适的兼职；相反，若经济发展水平较低，则兼职的需求和供给较少，寻找兼职的机会和渠道也较少。

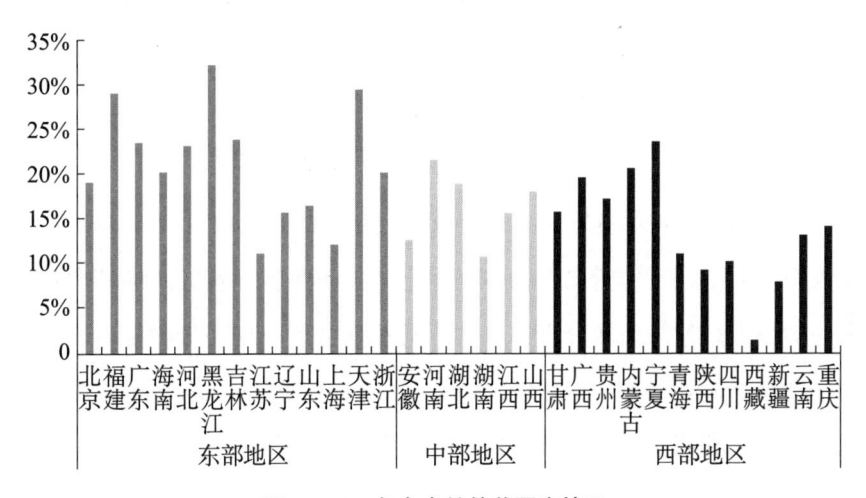

图 6-53 各个省份的兼职率情况

由总体情况可知，利用互联网寻找兼职工作的比例最高，有大约70%，因此在此观察各个省份利用互联网寻找兼职工作的情况。如图6-54所示，东部地区利用互联网寻找兼职的人次多于中部地区，而中部地区略多于西部地区。广东利用互联网寻找兼职的人次最多且远多于其他省份，超过了70人次；其次是山东，有接近50人次。而在一些较为偏远的地区如青海、西藏和新疆，利用互联网寻找兼职的人数极少。结合各省份的兼职率情况来看，也可以为西部地区兼职率较低做解释，即由于经济发展水平较低，兼职的需求和供给较少，寻找兼职的机会和渠道也较少，因此这些地区的兼职率也较低。

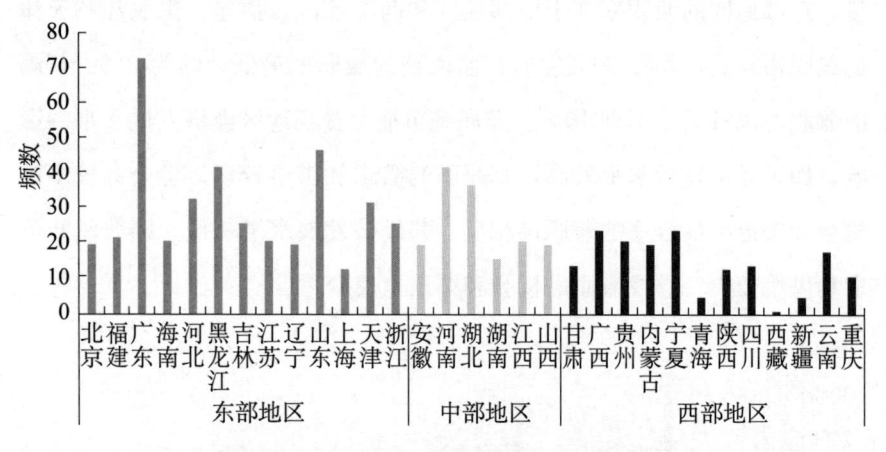

图6-54　各个省份利用互联网寻找兼职情况

关于各个省份中互联网对于经营方式的影响，由图6-55可以看出，在大多数省份线下经营比例较小，线上经营和两者皆有的比例较大且前者一般更大。这与前面分析的总体情况相符合。而在部分省份中出现了一些特殊情况，如在海南和吉林线下经营的比例高于另外两种经营方式，在河北和湖南两者皆有的比例高于另外两种经营方式。

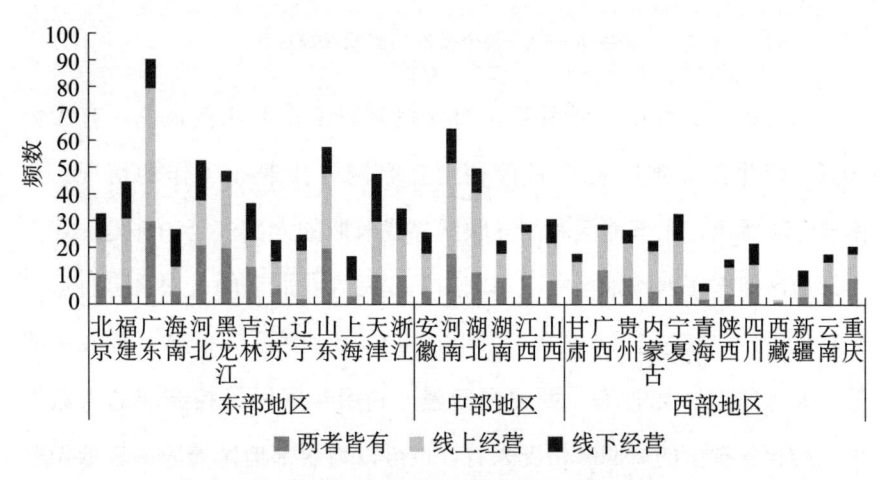

图6-55　各个省份兼职经营方式的频数分布

关于各个省份中互联网对于收付款的影响，由总体情况可知，支付宝和微信转账以及商家扫描消费者付款码与消费者扫描商家二维码的情况最多，因此将转账与扫描二维码的方式分别合并观察情况。由图6-56可知，在所有省份，兼职工作者收付款的过程中，转账的比例均高于扫描二维码。同时，从图6-57和图6-58中可以看出，在所有省份，互联网业务在兼职业务中的占比高于50%的比例比低于50%的比例高，互联网完成的收付款在兼职工作收付款中的占比情况也是如此。这与前面总体情况的描述相符合。

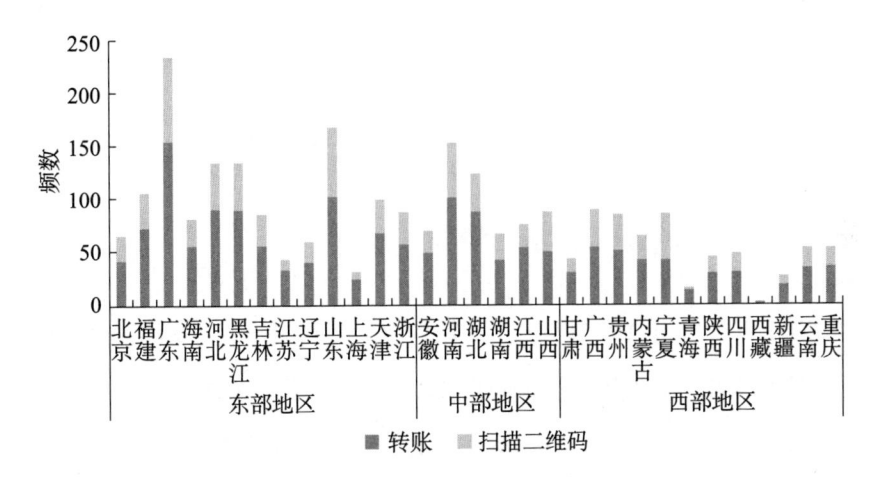

图6-56 各个省份兼职工作收付款情况

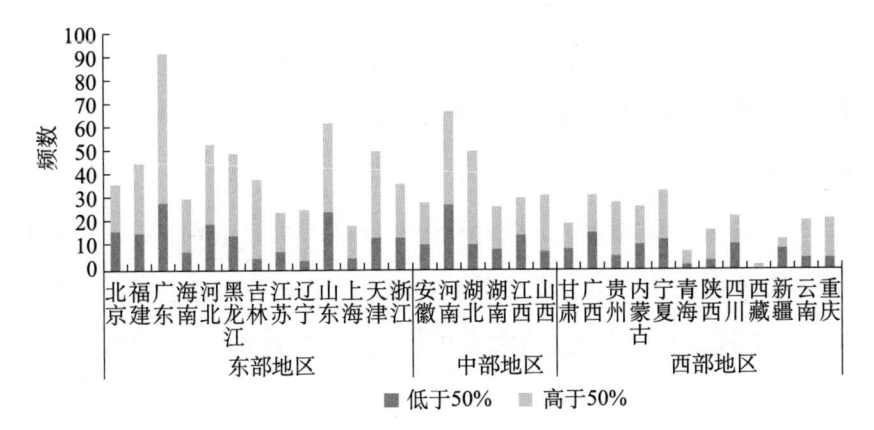

图6-57 各个省份互联网业务在兼职业务中的占比情况

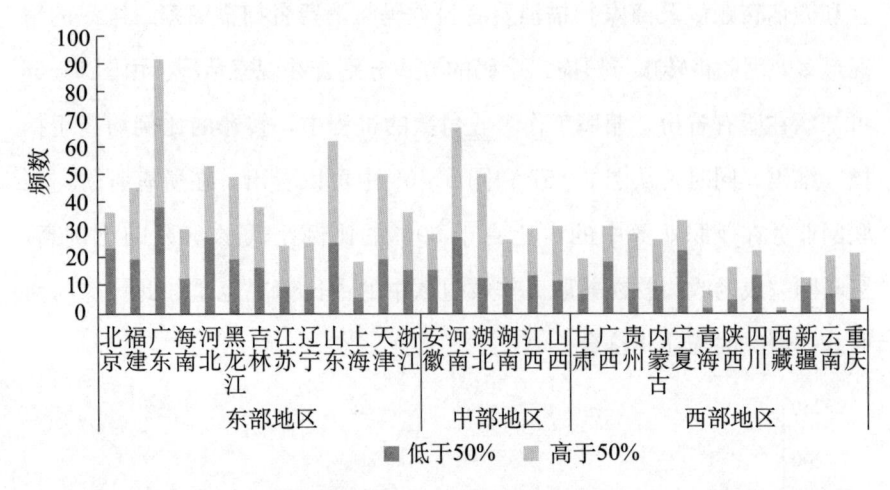

图 6-58　各个省份互联网完成的收付款在兼职工作收付款中的占比情况

6.2.3　无全职工作者的情况

对于各个省份没有全职工作的被调查者，图 6-59 展示了各个省份无全职工作者中准备找工作者的占比。从地区看，西部地区意愿最高，平均占比达到 65.9%；中部地区最低，平均占比为 54.88%；东部地区则为 60.19%。其中，安徽、北京比例较低，不足 40%；海南、青海、天津、重庆的比例较高，基本达到了 80% 以上。图 6-60 展示了准备找工作者中准备利用互联网找工作的人数占比，东部地区平均占比为 48.8%，中部地区平均占比为 37.4%，西部地区平均占比为 43.2%。结合各地区全职工作者利用互联网求职的比例来看，中部地区的被调查者无论有无工作，利用互联网求职的占比都最低，这说明"利用互联网求职"在中部地区普及率不高，人们更乐于通过传统方式求职。

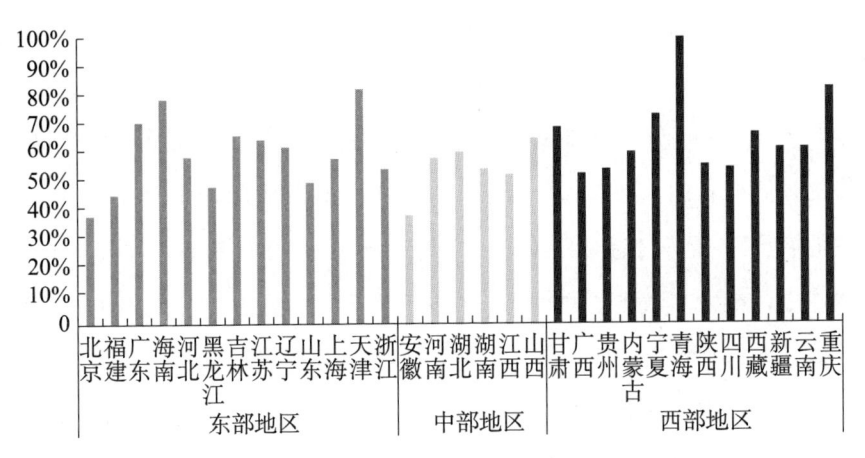

图 6-59 各个省份无全职工作者准备找工作占比

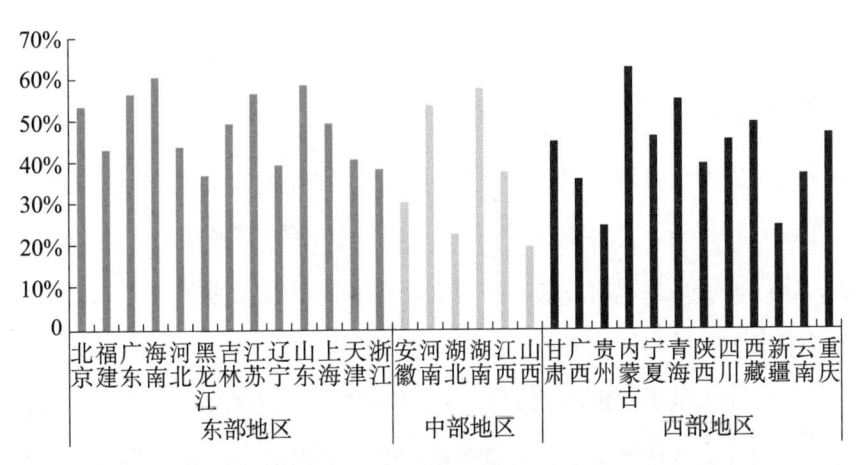

图 6-60 各个省份无全职工作者准备利用互联网找工作占比

6.3 本章小结

6.3.1 就业整体情况

本章对我国数字就业情况进行了研究，并从就业的不同性质出发研究了不同就业的特点以及互联网在其中扮演的角色，得出了许多有意义的结论。依据性别、年龄将被调查者进行分类可以发现，男性较多从事全职工作，30～60岁的群体构成了全职工作的主体。而在所有有全职工作的被调查者中，绝大部分的工作性质为私营及股份企业中"有固定雇主的雇员"，且从事主要工作的时间在1～10年。在具有自主经营权的职业中，绝大多数雇主的雇佣人数少于100人，且约40%的雇主的雇佣人数基本持平；自由职业者的职业绝大多数与互联网有关；雇主、个体工商户和自由职业者的年龄大多在20～40岁。就全职工作者的行业分布而言，采矿和制造业，信息传输、软件和信息技术服务业，批发和零售业，住宿与餐饮业，交通运输、仓储和邮政业吸纳了最多的就业人员；从性别分组来看，交通运输、仓储和邮政业，建筑业，电力、热力、煤气及水生产和供应业等体力劳动为主的行业从业者以男性居多，女性则较集中于科教文卫，公共管理、社会保障和社会组织等体力劳动强度较低的行业；从年龄分组来看，较年轻的群体多倾向于在信息传输、软件和信息技术服务业，科教文卫等第三产业就业，中年人群体则较多集中于采矿和制造业、建筑业等第二产业。

工作收入呈现两极分化的趋势。大多数被调查者在2021年的实际到手平均月收入在2 500～10 000元区间，同时有一小部分群体（比例为12.4%）的平均月收入高于25 000元。月收入在性别上呈现男多女少的特点，在年龄上呈现随年龄增大先增加、在40岁后减少的趋势。而在地域上，收入与地区的经济发展水平正相关，发达地区的平均月收入往往高于欠发达地区。

工作强度则与年龄呈现一种正相关趋势。随着年龄增大，年平均工作月数从9个月增加到11.5个月后趋于稳定，日平均工作时数则从20～30岁的8.2小时增加到50～60岁的近9小时。

6.3.2 数字就业的影响

对于全职工作者而言，无论年龄、性别、地域，互联网都在工作中发挥了较大的作用；而在对找工作的助力上，互联网在求职方面的作用则受到地域和年龄的影响，中老年及经济欠发达地区的被调查者往往倾向于采取更为传统的求职方法。这表明：一方面，数字就业已渗透到经济生活的绝大多数方面；另一方面，数字就业仍是一种对传统就业的补充，尚未占据主要地位。

对其中的雇主、个体工商户和自由职业者三种职业及兼职工作者，我们主要从经营形式与收付款方式两个角度来考虑数字就业的影响。

在经营形式方面，数字就业促进了经营形式的多样化和灵活化。数字就业可以突破时间和空间的限制，实现灵活的工作安排和多样的就业选择，满足不同劳动者的个性化需求。数字就业也可以实现跨地域和跨行业的协作，经营者可以利用数字平台和数字工具，与不同地区和不同领域的合作伙伴进行沟通和交易，拓展经营资源和市场。数字就业增强了经营方式的包容性和普惠性，可以降低就业门槛，扩大就业覆盖面，为城乡、区域、性别等不同群体提供更加公平的就业机会和更好的就业服务。在雇主、个体工商户和自由职业者中，多数经营者倾向于同时经营线上店和线下实体店；但不同于雇主，个体工商户互联网业务占比相对较低，更注重实体店（线下）经营；自由职业者的互联网业务占比相对于雇主和个体工商户更低。相比全职工作者，兼职工作者中更多人选择专注于线上经营。综合而言，数字就业对经营形式产生了深远影响，只是不同职业群体在经营形式和互联网依赖度上存在差异。

在收付款方式方面，数字就业促进了收付款方式的便捷化和智能化，可以突破时间和空间的限制，实现远程的工作安排和交易完成，满足不同经营者的个性化需求；数字就业提高了安全性和信任度，可以利用数字技术和数据分析，提高收付款的监督度和透明度；数字就业也增强了收付款方式的多样性和创新性，促进收付款的跨界和跨域，让经营者突破地域和行业的限制，实现更广泛和更深入的协作和交易。在雇主、个体工商户和自由职业者中，电子支付方式明显占据主导地位，尤以微信转账、支付宝转账和消费者扫描商家二维码为主要选择；然而对于个体工商户而言，现金支付在个体工商户的交易中依然占据一定的比例，显示了传统支付方式的持续重要性。兼职工作者更倾向于采用电子支付方式，特别是通过互联网转账，而相对较少使用传统支付方式。整体而言，互联网完成的收付款在三种职业及兼职工作者中的占比均较高，发挥了不可替代的作用。

第 7 章
国民数字社会参与情况分析

国民数字社会参与是指个体和群体在数字时代积极参与同数字化相关的社会活动及其参与程度（陈梦根，周元任，2022）。随着互联网的广泛普及和数字技术的飞速发展，国民数字社会参与已成为重点研究领域之一。由于数字技术的应用在加强社交互动、优化政府治理与促进社会发展等各个方面均发挥了重要作用，因此加强国民数字社会参与在社会以及个人等多个层面均有重大意义。为全面直观了解国民数字社会的参与现状，本章将基于居民数字化调查问卷所获取的数据，对国民数字社会参与情况进行分析。

7.1 国民数字社会参与维度

厘清国民数字社会参与情况的评价维度是准确分析国民数字社会参与情况的基础。本章从三个维度对国民数字社会参与情况加以评价：国民数字社会资源、国民数字社会参与意愿以及国民数字社会工具使用。具体而言，社会资源是个体融入社会的必要资源与渠道（伍麟，张莉琴，2022）；类似地，国民数字社会资源是国民参与数字社会并进行相关数字活动的基础。根据计划行为理论，行为意愿是行动者对特定行为方式持有的基本态度；只有在对特定行为持接受态度时，行动者才有做出该行为的可能（郝龙，2020）。因此，国民数字社会参与意愿充当了国民参与数字社会的前提。然而，仅仅依靠参与意愿和数字资源，而参与数字社会的条件与能力有限，依然会阻碍国民广泛深入地参与数字社会，从而致使该部分国民成为"数字遗民"（陆杰华，韦晓丹，2021）。因此，国民数字社会工具使用为想要参与数字社会的国民提供了技术保障。综上所述，客观评价国民数字社会参与情况需要统筹结合国民数字社会资源、国民数字社会参与意愿以及国民数字社会工具使用这三大维度。国民数字社会参与的相关维度以及维度下设的相关问题详见表7-1。

表7-1 数字社会参与维度以及相关问题设置

国民数字社会资源	A3：您微信里有多少好友？
国民数字社会参与意愿	B1：请问上网时，您会与陌生人聊天吗？
	B2_1：在网上认识新朋友后，您会通过电话进一步联系吗？（1~5）
	B2_2：您是否会和陌生网友见面？（1~5）
	B2_3：您是否会和陌生网友成为好朋友？（1~5）
国民数字社会工具使用	D15：您会使用健康码、行程码等小程序吗？

值得一提的是，当下我国存在比较明显的数字鸿沟问题（唐义，李江南，2021）。数字鸿沟是指数字技能和资源的不平等分布现象。如果只有一小部分国民能够参与数字社会，那么这种社会参与的不平等将会加剧（王也，2023）。目前，我国老龄化问题日渐突出。相比年轻人，大多数老年人数字素养和技能较差，这会使得越来越多的老年人陷入"信息贫困"的陷阱，导致数字社会、信息社会贫富差距拉大。因此，本章将专门针对老年人的数字社会参与状况进行分析，并在此基础上洞察老年人对参与数字社会的态度与真实状况，这有助于提出针对性的建议，促进老年人的数字社会参与。

需要注意的是，由于相对于年轻人而言，老年人掌握数字技能的能力普遍较低，有可能依靠身边年轻人的协助使用数字工具，所以，为准确识别老年人的数字工具使用状况，在国民数字社会工具使用维度基础上，本调查在老年人数字工具使用维度下添加了一系列问题，即通过询问老年人是否能够独立应对一些数字场景，考量其真实的数字社会工具使用状况。另外，老年人数字技能较为低下有可能引致其对数字社会产生不良情绪，并且相对于年轻人，这种不良情绪是较为普遍存在的，这也反映了老年人对数字社会参与的消极意愿。因此，在国民数字社会参与意愿维度基础上，本调查在老年人数字参与意愿维度下添加了一系列问题，意图通过询问老年人对数字社会参与的抱怨程度，更加准确地洞察其数字社会参与的真实意愿。老年人数字社会参与维度的具体界定详见表7-2。

表7-2 老年人数字社会参与维度以及相关问题设置

老年人数字社会资源	A3：您微信里有多少好友？
老年人数字社会工具使用	D15：您会使用健康码、行程码等小程序吗？
	D16：请问您家里有六十岁以上的老人同住吗？
	D17_1：与您同住的老人是否能独立完成以下活动：本人健康码自查
	D17_2：与您同住的老人是否能独立完成以下活动：进出公共场所扫码登记
	D17_3：与您同住的老人是否能独立完成以下活动：网上买菜
	D17_4：与您同住的老人是否能独立完成以下活动：网上购物
	D17_5：与您同住的老人是否能独立完成以下活动：手机扫码支付
	D17_6：与您同住的老人是否能独立完成以下活动：医院就诊预约

续表

老年人数字社会参与意愿	B1：请问上网时，您会与陌生人聊天吗？
	B2_1：在网上认识新朋友后，您会通过电话进一步联系吗？（1～5）
	B2_2：您是否会和陌生网友见面？（1～5）
	B2_3：您是否会和陌生网友成为好朋友？（1～5）
	D18_1：老人是否对以下情况有过抱怨：进出小区扫码登记
	D18_2：老人是否对以下情况有过抱怨：进超市扫码登记
	D18_3：老人是否对以下情况有过抱怨：进公园扫码登记
	D18_4：老人是否对以下情况有过抱怨：市场或超市员工不乐意收现金
	D18_5：老人是否对以下情况有过抱怨：乘公交并出示健康码
	D18_6：老人是否对以下情况有过抱怨：亲戚间走动减少
	D18_7：老人是否对以下情况有过抱怨：医院预约挂号难

7.2 国民数字社会参与总体情况

本节将从国民数字社会资源、国民数字社会参与意愿以及国民数字社会工具使用三大维度出发，对国民数字社会参与情况进行描述性统计分析。

7.2.1 国民数字社会资源分析

微信是目前国内最常用的社交软件之一，拥有巨大的用户基数。它不仅仅是参与数字社会的重要载体,更是国民数字社会资源的象征。微信好友数直接影响人们在数字社会中的社交圈子的大小。人们可以通过添加更多的微信好友扩大社交圈子,从而使自身数字社会资源增加。

本节将通过"您微信里有多少好友?"这一问题分析国民数字社会资源。分析结果如图7-1所示。2022—2023年我国国民微信好友数在101~500人的比例为54%,此外多集中在501~2 000人,微信好友数量处于一种较高的水平,50人以内的微信好友数仅占4%。根据2019年社交网络行业研究报告,2019年50人以内微信好友数所占比例约为30%,这说明相比2019年,我国国民拥有的数字社会资源普遍有所增加,以微信为媒介的社交渠道在不断拓展。

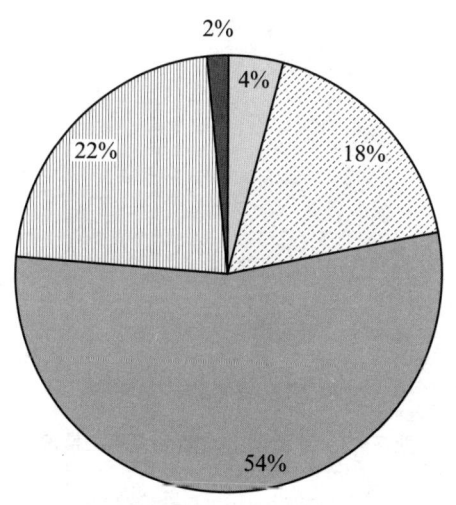

图 7-1 2022—2023 年不同微信好友数国民比例分布

7.2.2 国民数字社会参与意愿分析

社会参与是社会公众出于对自身利益和社会公共利益的关心,对社会发展活动的参与。在社会参与过程中，必然需要与陌生人互动，因此与陌生人的互动情况可以间接反映公众的社会参与意愿。类似地，人们对于互联网上陌生人的态度，以及对待网上新朋友的态度可以间接反映其与陌生人的互动状况，进而反映其数字社会参与意愿。因此，本小节将通过以上两个角度对国民数字社会参与意愿进行分析。

第一，关于人们对于互联网上的陌生人的态度，分析结果如图7-2所示。仅14%的被调查者在互联网上经常与陌生人社交，这说明人们在互联网上更倾向于熟人社交，这对于提升国民数字社会参与度具有一定的阻碍。想要打破熟人社交模式，需要国家加强互联网治理，提升人们的信任感，在保护好隐私的前提下提升国民数字社会参与度。

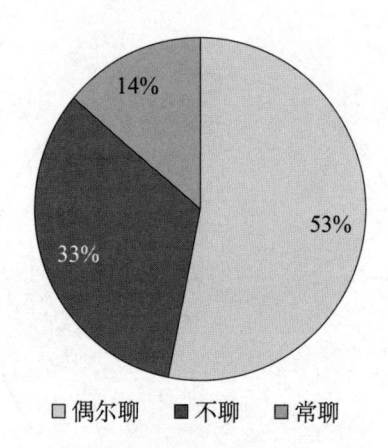

图7-2 互联网上与陌生人聊天情况

第二，由于人们对于网上新朋友的态度涉及多个问题，因此本小节在分析公众对待网上新朋友的态度时采用了矩阵量表方法。这是因为矩阵量表是一种常用的测量工具，主要用于评价多个维度或者变量之间的关系（洪铮，章成，2022）。关于被调查者对于网上新朋友的态度涉及的具体问题，详见表7-3。具体而言，首先，针对设置的相关问题，对于每个答案赋值1~5分；其次，对于每个问题赋予不相等的权重，权重比例为 2∶3∶5；最后，在此基础上计算加权得分，分值越高（越接近 5）说明被调查者对待网上新朋友的态度越好。计算结果如表 7-4 所示。由于数据非对称分布，因此采用中位数分析结果更为合适。中位数计算结果为 1.85，说明从该角度来看，我国国民的数字社会参与意愿还有待加强。

表 7-3　网上认识新朋友后行为表

	1	2	3	4	5
1. 在网上认识新朋友后，会通过电话进一步联系	○	○	○	○	○
2. 和陌生网友见面	○	○	○	○	○
3. 和陌生网友成为现实中的好朋友	○	○	○	○	○

说明：1 表示不可能，2 表示不太可能，3 表示不置可否，4 表示有可能，5 表示非常可能。

表 7-4　网上认识新朋友后行为得分

样本量	平均数	中位数
1 392	2.23	1.85

7.2.3　国民数字社会工具使用分析

除了资源和意愿，国民数字社会工具使用情况也是国民数字社会参与的重要参考。是否可以充分利用诸如小程序之类的工具解决问题，反映了国民数字社会参与程度的高低。由表 7-5 可知，99% 的被调查者都可以自主使用健康码、行程码等小程序，这说明如果给予较强的冲击（如新冠疫情期间使用健康码通行），会提升国民数字社会参与度以及适应度。

表7-5 对于健康码、行程码等小程序的使用情况

会使用	需要其他人帮助	完全不会使用
5 925人	25人	9人

7.2.4 小结

本节主要基于问卷的调研结果，从国民数字社会资源、国民数字社会参与意愿、国民数字社会工具使用三大维度分析国民数字社会参与情况。首先，从国民数字社会资源来看，相比之前年份，我国国民拥有的数字社会资源普遍有所增加，以微信为媒介的社交渠道在不断拓展。其次，关于国民数字社会参与意愿，一是仅14%的被调查者在互联网上经常与陌生人社交，反映了人们在互联网上更倾向于熟人社交；二是从被调查者在网上认识新朋友后的行为得分中位数来看，我国国民的数字社会参与意愿还有待加强。最后，99%的被调查者都可以自主使用健康码、行程码等小程序，说明在给予较强的政策冲击（如新冠疫情期间使用健康码通行）条件下，国民参与数字社会的技能会显著提高。本节分析揭示了国民数字社会参与的总体状况，这为后续的研究提供了数据支撑。下一节将从地区角度展现并分析各地区国民的数字社会参与情况。

7.3 国民数字社会参与情况的分地区比较

随着数字化进程的推进，国民数字社会的发展已经成为当前社会发展的重要方向。然而，在不同地区之间，国民数字社会参与情况存在明显差异。因此，基于不同地区分析国民数字社会参与情况具有广泛而深远的研究意义。

7.3.1 城乡地区国民数字社会参与情况

分城乡地区分析国民数字社会参与情况是非常必要的。这是因为，分城乡地区分析国民数字社会参与情况有助于了解数字鸿沟的存在和影响。数字鸿沟是指城乡地区在数字技术接触和使用上存在的差距。由于城乡发展水平、经济条件、教育资源等方面的不均衡，城市居民普遍拥有更高的数字素养和更便利的数字环境，农村地区的数字化发展则相对滞后（陈文，吴赢，2021）。通过分析城乡地区的数字鸿沟情况，我们可以了解城乡之间数字社会参与的差距，进而推动政策和资源的合理分配，促进数字社会的更均衡发展。

本小节将从国民数字社会资源、国民数字社会工具使用情况、国民数字社会参与意愿三个角度分城乡地区分析国民数字社会参与情况。在进行具体的描述性统计分析之前，先了解被调查者的基本分布情况，结果如图 7-3 所示，可以发现，54% 的被调查者来自城市市区，其余来自县城、农村、乡镇、城郊，比例大致相等。

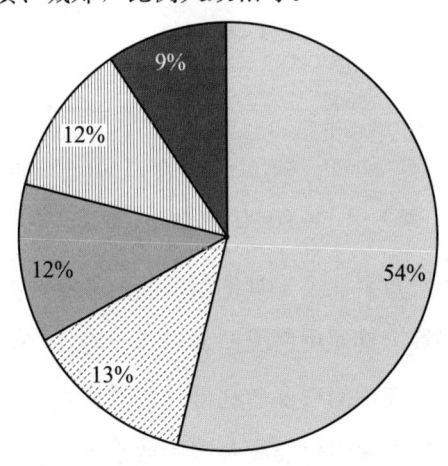

图 7-3 不同城乡地区受访者比例分布

第一，关于国民数字社会资源的考察，我们绘制了城乡地区-微信好友数量百分比堆积图，展现不同城乡地区数字社会资源情况，如图7-4所示。不同地区微信好友数量结构大致相同，城市市区500人以上微信好友人群占比最大，这说明目前我国城市居民数字社会参与资源要多于农村、乡镇等地区，这种差异可能是受互联网接入率、国民需求等因素影响。因此，相关职能部门应致力于增加农村、乡镇以及城郊的数字社会资源。

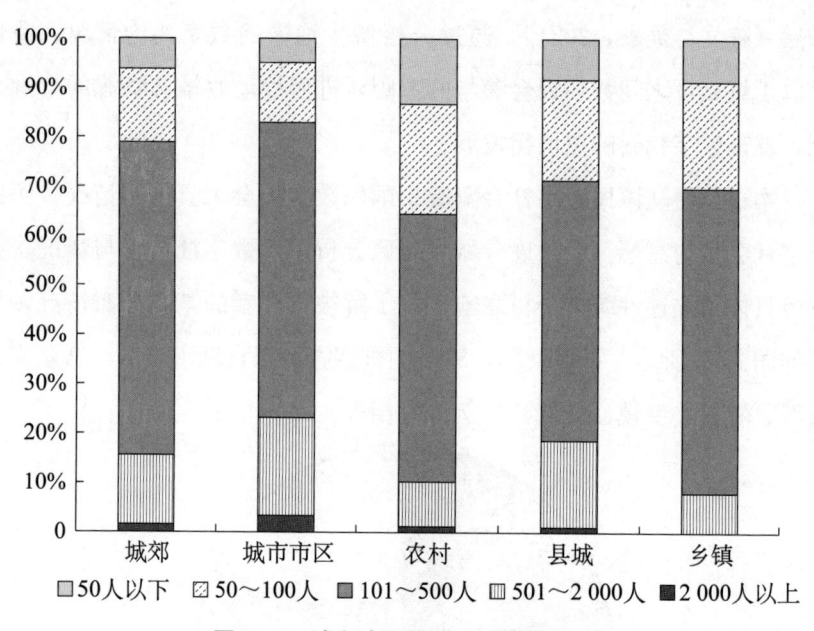

图7-4 城乡地区-微信好友数量分布

第二，关于国民数字社会工具使用情况的考察，由表7-6可知，不同城乡地区健康码等工具使用情况差异较小；对于经常使用的工具，公众基本都可以达到会使用的程度。这可能是受新冠疫情相关防控政策的影响，也在一定程度上说明想要改善国民数字社会参与情况，需要全社会共同发力。

第 7 章　国民数字社会参与情况分析 / 245

表 7-6　不同城乡地区健康码等工具使用情况

	城郊	城市市区	农村	县城	乡镇
会使用	128	747	162	180	161
完全不会使用	0	1	2	0	0
需要他人协助使用	0	3	2	3	1

第三，关于国民数字社会参与意愿的考察，主要从被调查者与陌生人聊天情况及其对待新朋友的态度两个角度进行。首先，被调查者与陌生人聊天情况分析结果如图 7-5 所示，不论是城市市区，还是农村、乡镇、县城与城郊，居民与陌生人经常聊天的比例都是最低的，这说明无论城市还是乡村，公众参与数字社会的意愿都并不强烈。其次，被调查者对待网上新朋友的态度是通过矩阵量表进行分析的，结果如表 7-7 所示，农村居民在网络上认识新朋友后行为得分平均值低于乡镇、县城、城郊与城市市区的得分平均值，这可能是由于农村文化以及农村地理环境的影响，数字社会参与程度较低，人们更倾向于线下认识，而不是通过网络认识后再见面。

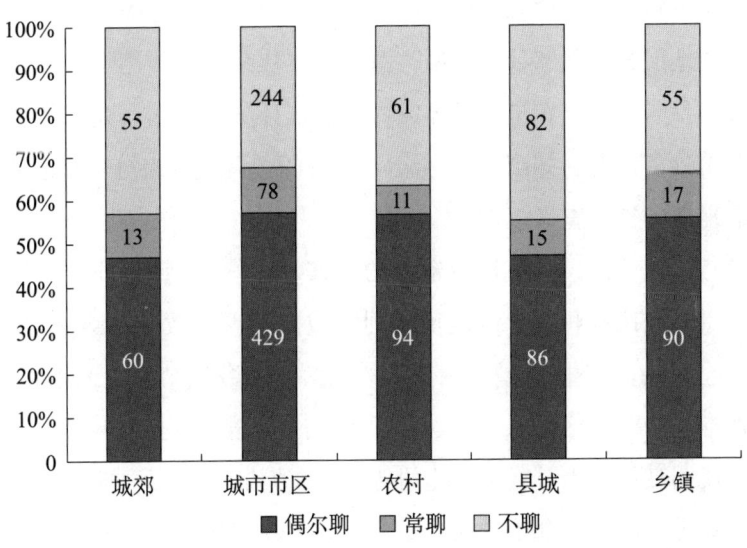

图 7-5　不同城乡地区与陌生人聊天情况

表7-7 不同城乡地区认识新朋友后行为得分

城乡地区	平均分
城郊	2.12
城市市区	2.32
农村	1.88
县城	2.20
乡镇	2.27

7.3.2 不同区域国民数字社会参与情况

由于不同区域的社会、文化、经济等方面存在差异，因此，对不同区域的数字社会参与状况进行分析，可以更好地了解全国不同区域数字社会参与的现状和差异，找出不同区域的数字发展瓶颈和机遇。相比分城乡分析，分区域进行分析还可以突出文化、风俗等地域因素对国民数字社会参与的影响，从而有助于制定更有效的政策措施，以加强不同区域的国民数字社会参与。

本小节将区域按照东、中、西部和东北地区进行分类，在此基础上分析不同地区国民数字社会资源、国民数字社会工具使用情况以及国民数字社会参与意愿。在进行具体的描述性统计分析之前，先了解被调查者的基本分布情况。如图7-6所示，46%的被调查者来自东部地区，来自东北地区的被调查者仅占7%。

第一，关于国民数字社会资源的考察，我们绘制了不同区域-微信好友数量百分比堆积图，以展现不同区域被调查者数字社会资源情况，如图7-7所示。不同区域被调查者的微信好友数量结构大致相同，东、中、西部和东北地区最大占比人群的微信好友数量均集中在101~500人，这说明微信凭借其线上便捷的特点，大大缩小了不同地区数字社会资源的差异。此外，基于过往认知，学历对数字社会资源利用存在一定的影响，因此我们编制了区域*学历-微信好友数量比例表（其中，高

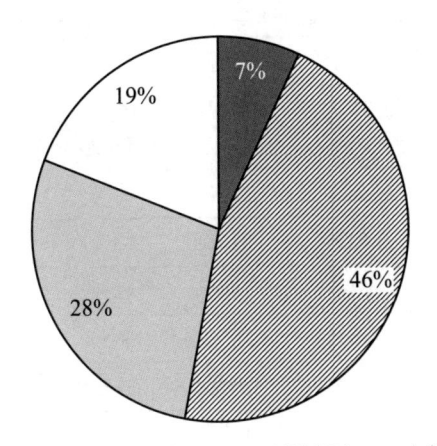

第 7 章 国民数字社会参与情况分析 / 247

图 7-6 不同区域受访者比例分布

学历为大专及以上，中学历为高中及职高，低学历为初中及以下），如表 7-8 所示。在区分学历与区域之后，被调查者的微信好友数量结构仍大致相同，这说明我国国民拥有的数字社会资源普遍有所增加，以微信为媒介的社交渠道在不断拓展。

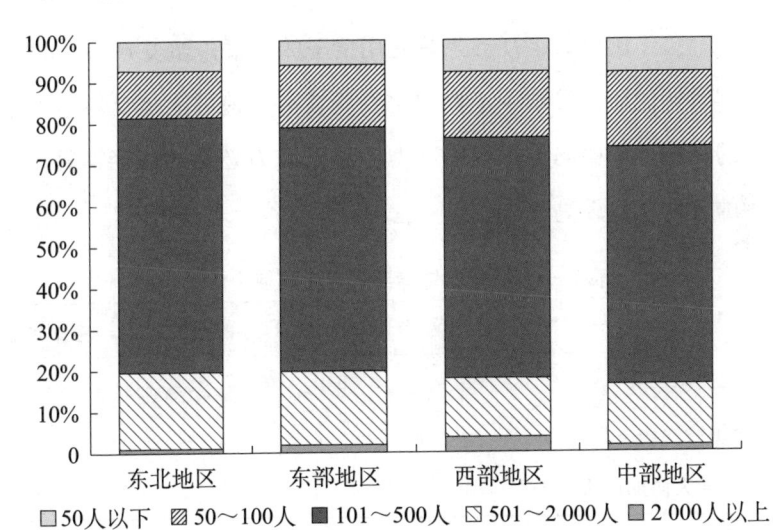

图 7-7 不同区域-微信好友数量分布

表 7-8 区域 * 学历-微信好友数量比例

区域	学历	微信好友 50 人以下	50~100 人	101~500 人	501~2 000 人	2 000 人以上
东部地区	高学历	3%	12%	63%	20%	2%
	中学历	10%	21%	53%	13%	3%
	低学历	24%	26%	42%	6%	2%
中部地区	高学历	6%	18%	60%	14%	2%
	中学历	8%	26%	51%	15%	0
	低学历	20%	14%	45%	21%	0
西部地区	高学历	3%	10%	68%	15%	4%
	中学历	16%	31%	41%	9%	3%
	低学历	21%	27%	35%	16%	1%
东北地区	高学历	5%	9%	63%	23%	0
	中学历	10%	10%	70%	10%	0
	低学历	25%	38%	37%	0	0

第二，关于国民数字社会工具使用情况的考察，如表 7-9 所示。各地区人群掌握健康码等数字工具的比例均较高，这可能是受新冠疫情防控政策的影响，健康码、行程码这类工具已成为必要的数字工具，因此会使用的人群比例较高。

表 7-9 不同区域健康码等工具使用情况

	东北地区	东部地区	西部地区	中部地区
会使用工具	96	640	381	263
完全不会使用工具	0	2	1	0
需要其他人协助使用	1	3	5	0

第三，关于国民数字社会参与意愿的考察，主要从被调查者与陌生

人聊天情况以及被调查者对待网上新朋友的态度两个角度进行。首先，被调查者与陌生人的聊天情况如图7-8所示，各地区与陌生人聊天情况大致相同，偶尔聊比例最高。这一方面是由于生活节奏快，人们没有精力进行社交聊天；另一方面是由于人们对陌生人的信任感还无法建立起来，这也是未来提升数字社会参与意愿的重要方向。其次，关于被调查者对待新朋友的行为分析，采用矩阵量表计算得分，如表7-10所示，不同区域认识新朋友后行为平均得分差异不大。由此可知，不同区域国民数字社会参与意愿差异不大。

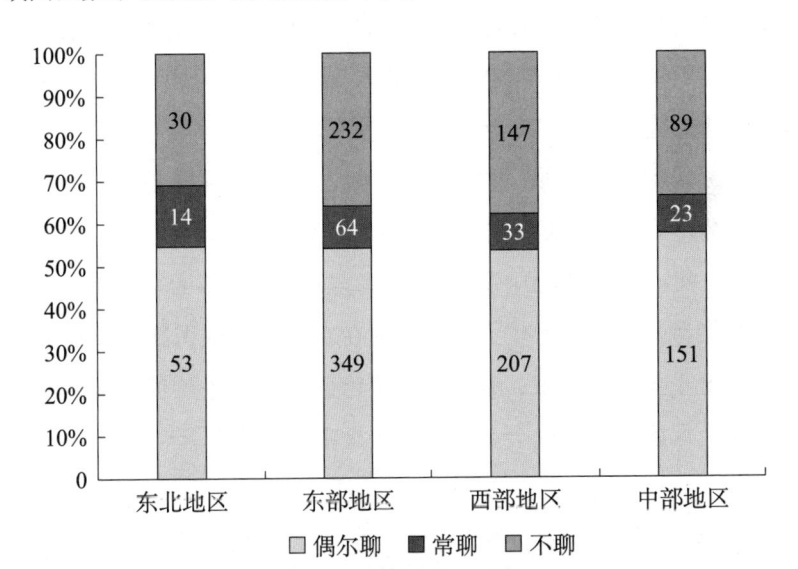

东北地区：偶尔聊53、常聊14、不聊30
东部地区：偶尔聊349、常聊64、不聊232
西部地区：偶尔聊207、常聊33、不聊147
中部地区：偶尔聊151、常聊23、不聊89

图7-8 不同区域与陌生人聊天情况

表7-10 不同区域认识新朋友后行为得分

区域	平均分
东北地区	2.25
东部地区	2.21
西部地区	2.16
中部地区	2.35

7.3.3 小结

本节主要从城乡和区域角度，对国民数字社会资源、国民数字社会工具使用情况、国民数字社会参与意愿进行分析，为后续的研究提供一定的数据支撑。首先，关于国民数字社会资源方面，一是城乡地区居民微信好友数量结构大致相同，城市市区拥有500人以上微信好友人群占比最高，这说明目前我国城市地区居民拥有的数字社会资源要多于农村、乡镇等欠发达地区；二是通过分区域对微信好友数量的分析可知，东、中、西部和东北地区微信好友数量结构大致相同，并且在此基础上对被调查者进行学历区分后，仍呈现上述分析结果，因此未来应进一步着眼于增加农村、乡镇等欠发达地区国民数字社会资源量。其次，关于国民数字社会工具使用情况方面，城乡以及不同区域之间差异不大，推测是由于健康码等工具受到新冠疫情防控政策的影响成为人们的必需品。最后，关于国民数字社会参与意愿方面，不同区域国民数字社会参与意愿差异不大，但城乡地区公众数字社会参与意愿差异较大，这体现在农村居民认识新朋友后行为得分平均值低于乡镇、县城、城郊与城市市区的得分平均值。因此，如何提升乡村地区国民数字社会参与度，将是未来的研究热点与重点。

7.4 老年人数字社会参与情况

本节将从老年人数字社会资源、数字社会工具使用情况以及数字社会参与意愿三大维度出发，具体分析老年人的数字社会参与总体情况，并在此基础上分地区考察老年人的数字社会参与情况。值得一提的是，为便于分析，本节界定年龄在60岁以上（出生日期为1963年之后）[①]

[①] 此处所指的"60岁以上（出生日期为1963年之后）"是相对于本章内容成稿时间而言。

的人群为老年人群。

7.4.1 老年人数字社会资源分析

根据老年人数字社会参与维度界定,我们选取微信好友数作为老年人数字社会资源。下面对老年人数字社会资源进行详细分析,并分城乡以及地区深入分析老年人数字社会资源的分布状况。

1. 老年人数字社会资源的总体分析

关于老年人数字社会资源总体状况的分析详见图7-9。超过半数的非老年人拥有101~500个好友,相比之下,从老年人微信好友数量分布中可以看出,拥有50人以下的微信好友的占比最大。这充分展示了老年人数字社会资源较为匮乏的现象。这可能受老年人不经常使用微信、更喜欢线下聚会的影响。这也说明老年人在数字资源方面利用不充分,政府以及相关社会组织应进一步带动老年人积极参与数字社会活动,增加其数字社会资源。

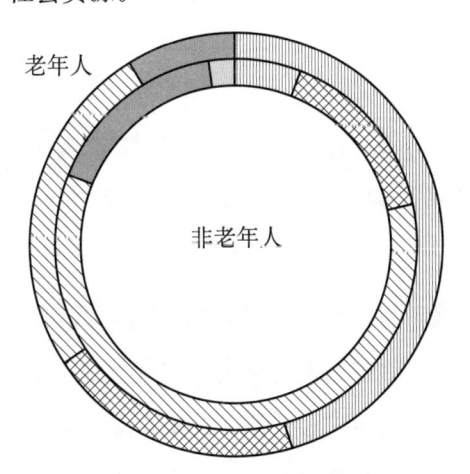

图7-9 老年人-非老年人微信好友数情况

2. 老年人数字社会资源的分地区分析

为进一步分析不同城乡地区老年人数字社会资源情况，我们绘制如图 7-10 所示的百分比堆积图。如图所示，城市市区老年人好友数在 50 人以下的占比最大，这说明老年人所在地区的数字化发达程度不必然对其数字社会资源产生积极影响，因此各级政府以及社会组织应当进一步从提升老年人的数字社会参与主动性入手，深化老年人的数字社会参与。

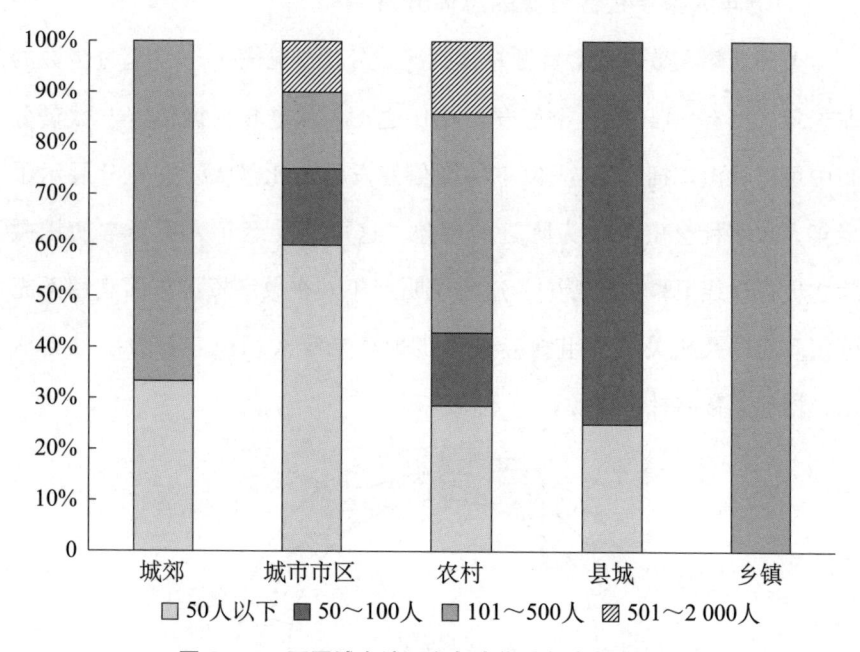

图 7-10 不同城乡地区老年人微信好友数量分布

为说明不同区域老年人数字社会资源情况，我们绘制了如图 7-11 所示的百分比堆积图。除中西部地区外，老年人的微信好友数量主要集中在 50 人以下，这进一步印证了老年人所在地区的数字化发达程度不必然对其数字社会资源产生积极影响。老年人数字社会参与程度较低极有可能是其自身数字素养不够所导致的。因此，让老年人提升数字素养

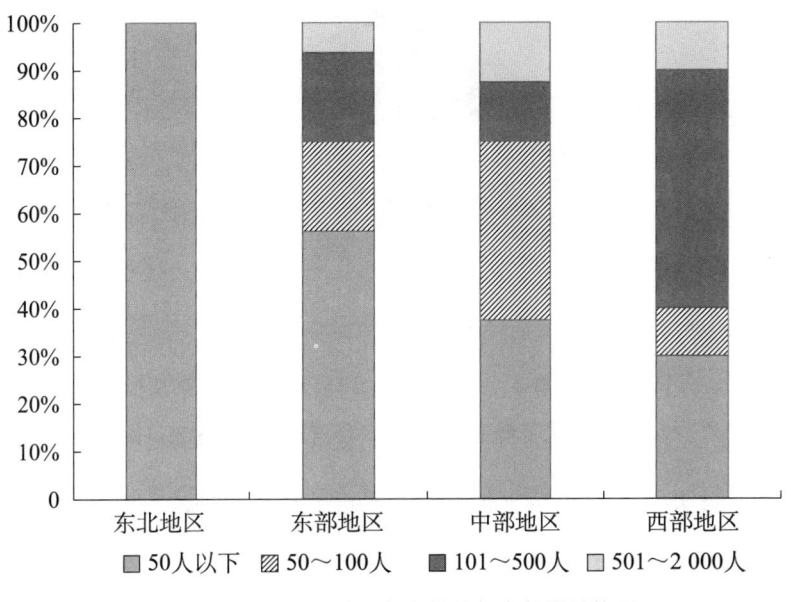

是解决老年人数字社会参与资源匮乏问题的关键。

图 7-11　不同区域老年人微信好友数量结构图

7.4.2　老年人数字社会工具使用情况分析

本小节将从老年人对健康码、行程码等工具的使用情况,以及是否有能力独立应对一些数字场景两个角度出发,分析老年人数字社会工具使用情况,并在此基础上分城乡、区域深入分析老年人关于数字场景的独立应对状况。

1. 老年人数字社会工具使用情况的总体分析

关于老年人数字社会工具总体使用情况,首先着眼于分析老年人对健康码、行程码等工具的使用情况,分析结果如图 7-12 所示,会使用健康码与行程码等工具的老年人比例为 87%,需要他人协助才会使用这些工具的老年人比例为 8%,完全不会使用该类工具的老年人占比 5%。该结果表明绝大多数老年人掌握了健康码、行程码等必要的数字社会工

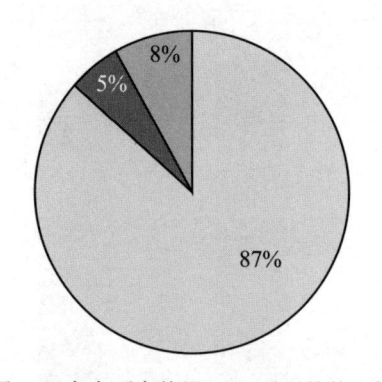

具的使用方法，极少部分老年人完全不会使用这些基础工具。

图 7-12 老年人是否会使用健康码、行程码等小程序工具比例分布

其次，想要衡量老年人数字社会参与工具使用情况，除了依靠健康码、行程码等基础必要的工具，还要考虑老年人是否能够独立应对某些场景。由于互联网的操作场景较为多样，不同场景下当事人的态度也不尽相同，因此我们采用矩阵量表的形式，为每一种场景赋予相等的权重，从而得出每个样本的平均分，以此来分析老年人的数字社会参与情况。

关于不同场景的独立使用情况，其问题结构如表 7-11 所示，共计 6 个场景，答案"是"赋值 1 分，答案"否"赋值 0 分，不同场景权重相等，在此基础上计算得出每个样本的平均分，平均分越高，说明老年人的独立应对情况越好。分析结果如图 7-13 所示，老年人独立使用情况差距较大，近 30% 的样本对于 6 个场景均无法独立使用互联网应对，22% 的样本对于 6 个场景均可独立应对，比例呈现两头高、中间低的趋势，这说明老年人群体目前的数字社会参与仍存在不均衡、不充分的问题，政府与相关社会组织应通过提高老年人使用数字社会参与工具的技能，切实提高其数字社会参与的能力。

表 7-11　老年人能否通过互联网/手机操作，独立完成场景下的活动

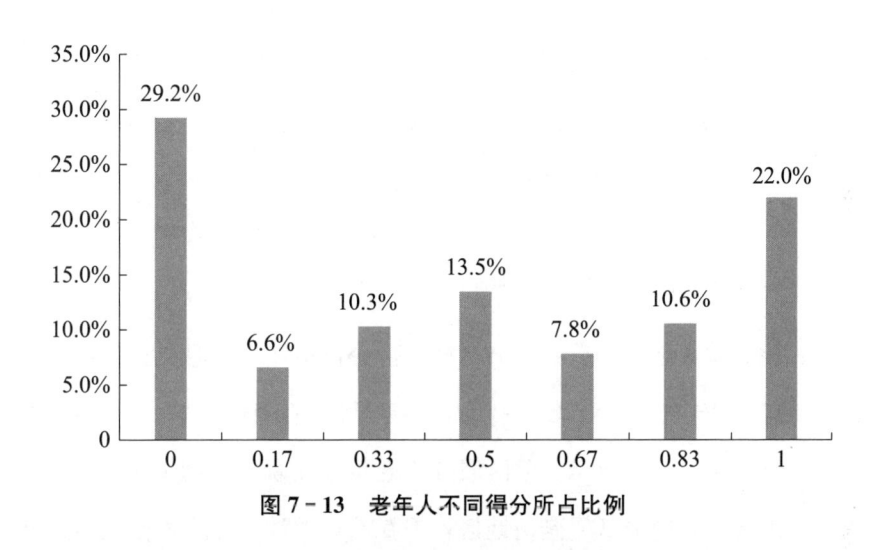

	是	否
1. 本人健康码自查询	○	○
2. 进出公共场所扫码登记	○	○
3. 网上买菜，包括蔬菜、肉、蛋、奶等日常餐食	○	○
4. 网上购物，包括零食、衣着、日常用品、大件消费品等	○	○
5. 手机扫码支付	○	○
6. 医院就诊预约	○	○

图 7-13　老年人不同得分所占比例

2. 老年人数字社会工具使用情况的分地区分析

在城乡地区之间，国民数字社会参与的情况存在明显差异，因此我们认为，在城乡地区之间，老年人数字社会参与的情况也可能存在一定的差异。我们选取了"老年人是否有能力独立应对数字场景"代表老年人数字社会工具使用情况，分城乡地区对老年人的数字社会工具使用情况进行分析，结果如图 7-14 所示。通过分析不同城乡地区老年人互联网使用情况平均得分，发现城市市区平均得分明显高于其余地区，这也

符合城市市区数字化程度高的特点,而城郊、县城、乡镇得分相差不大,农村得分偏低,需要重点关注,提升农村老年人数字社会参与度将成为未来的重点。

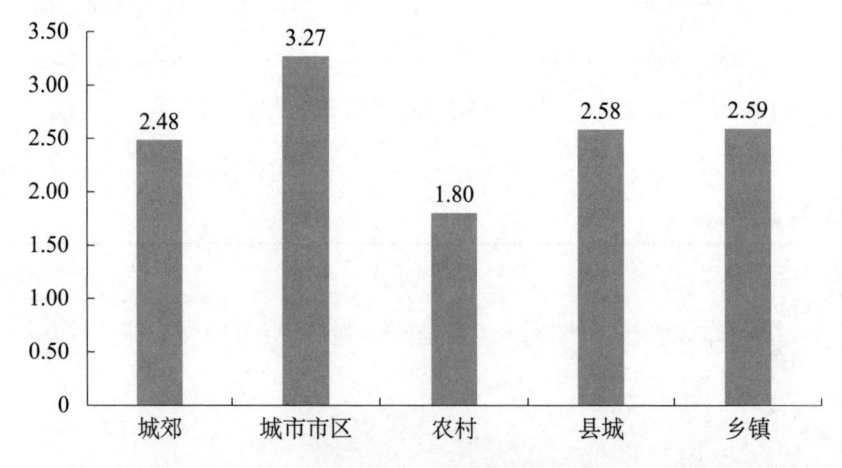

图 7-14 不同城乡地区老年人互联网使用情况平均得分

城郊	城市市区	农村	县城	乡镇
2.48	3.27	1.80	2.58	2.59

说明:分值范围为[0,6]。分值越高,说明使用情况越好。

相比分城乡地区的分析,分区域进行分析更加全面且更具实际操作性。因此,我们对老年人数字社会参与工具的使用状况进行了分区域分析,结果如图 7-15 所示。分区域分析老年人互联网使用情况得分,发现西部地区平均得分低于其他地区,需要重点关注,提升西部地区老年人数字社会参与度将成为未来的重点。同时,由于不同地区、不同学历对于数字社会参与工具使用状况存在一定的差异,因此分学历*区域(其中,高学历为大专及以上,中学历为高中及职高,低学历为初中及以下)计算了不同区域老年人的互联网使用情况得分,结果如表 7-12 所示,可以看出东北地区中学历家庭的老年人互联网使用情况得分较低,需要着重分析其原因。

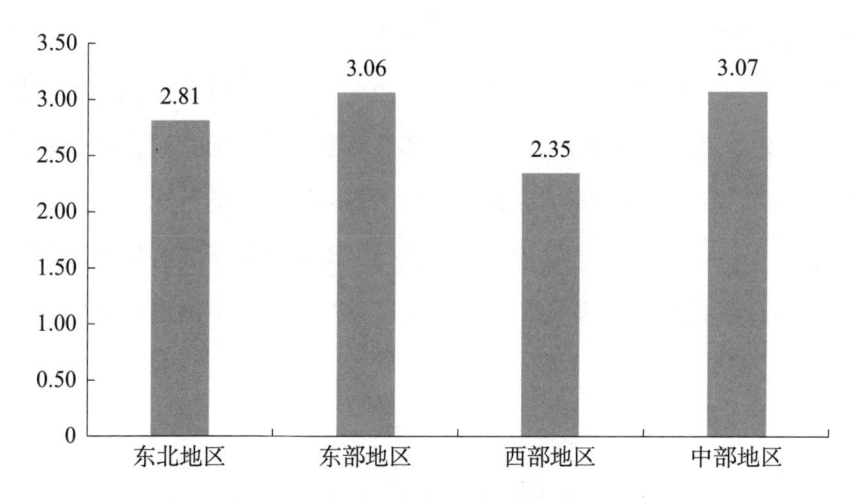

图 7-15　不同区域老年人互联网使用情况平均得分

说明：分值范围为 [0,6]。分值越高，说明使用情况越好。

表 7-12　学历*区域老年人互联网使用情况得分

	东北地区	东部地区	西部地区	中部地区	平均值
高学历	2.62	3.14	2.60	2.91	2.91
中学历	1.00	2.88	2.52	2.92	2.70
低学历	2.75	2.77	2.25	3.07	2.62

7.4.3　老年人数字社会参与意愿分析

本小节将从与陌生人聊天情况、老年人认识新朋友后的行为以及老年人对数字社会参与的抱怨程度三个角度总体分析老年人数字社会参与意愿，并在此基础上分城乡、分区域分析老年人对数字社会参与的抱怨程度。

1. 老年人数字社会参与意愿的总体分析

关于老年人数字社会参与意愿的总体分析如下。图 7-16 展示了老年人在与陌生人聊天方面的分析结果。老年人更倾向于不聊天，这一方面与老年人对新事物接受能力比较差有关，另一方面也与老年人平时的习惯有关。老年人更倾向于参与线下的社交场景，同时社交聊天对于老年人来说并没有很强的吸引力，导致其与陌生人聊天的意愿较弱。本小节还采用了矩阵量表的形式分析老年人认识新朋友后的行为，得分结果如表7-13所示，老年人认识新朋友后行为得分远低于非老年人行为得分，这可能与老年人不愿与陌生人社交以及对社交圈扩展没有要求等原因有关。

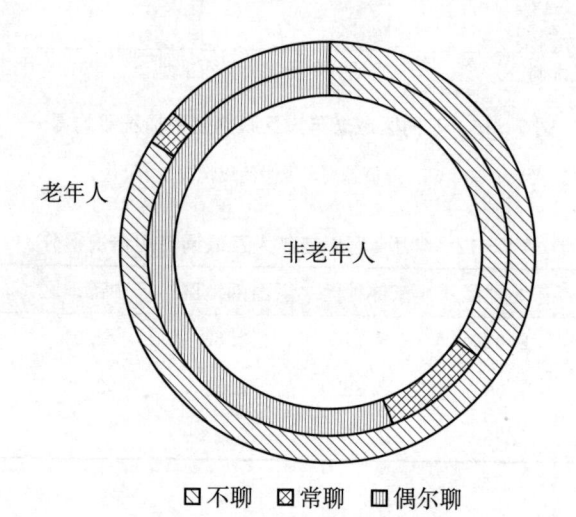

图 7-16　老年人-非老年人对陌生人的聊天意愿情况

表 7-13　老年人-非老年人认识新朋友后行为得分

年龄分层	平均分
非老年人	2.26
老年人	1.21

老年人对数字社会参与的抱怨程度也是衡量老年人数字社会参与意愿的重要因素。我们主要采用矩阵量表的形式分析老年人对于互联网操作的态度。我们设置了7个场景，如表7-14所示，调研老年人近一个月是否出现过抱怨，分析结果如图7-17所示，完全没有抱怨的老年人

比例接近29%，其余均存在抱怨情况，超过30%的老年人近一个月抱怨场景数超过半数，这说明老年人对于互联网使用还存在一定的不适应。为充分照顾老年人群体，从而提高数字社会参与的满意度，应采取一系列措施，如制作简便的操作界面、配备人员辅助操作等。

表7-14 老年人近一个月是否对以下情况有过抱怨

	是	否
1. 进出小区扫码登记	○	○
2. 进出超市扫码登记	○	○
3. 进出公园扫码登记	○	○
4. 市场或超市员工不乐意收现金	○	○
5. 乘坐公交需要出示健康码	○	○
6. 亲戚间走动减少	○	○
7. 医院预约挂号难	○	○

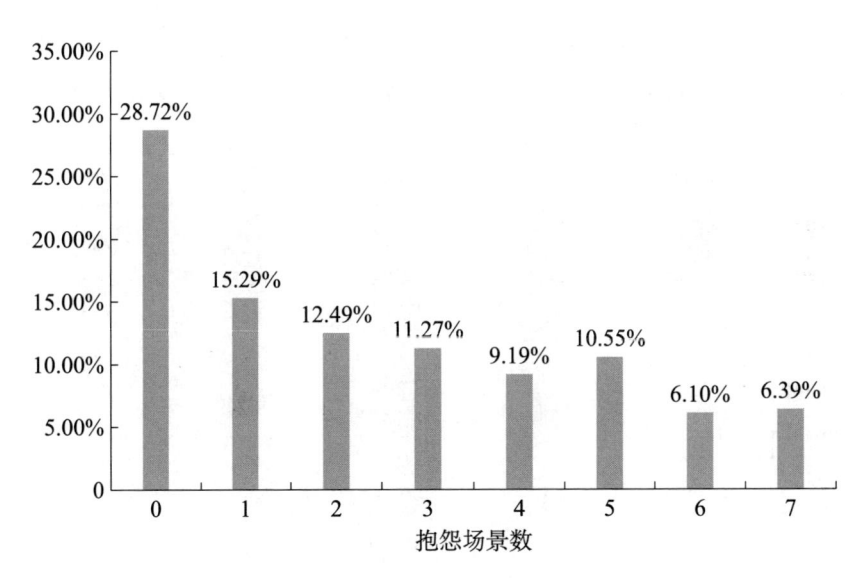

图7-17 老年人抱怨程度得分所占比例

2. 老年人数字社会参与意愿分地区分析

本小节用老年人对互联网的抱怨程度代表老年人数字社会参与意愿，设置的 7 个场景如表 7-14 所示，调研老年人近一个月是否出现过抱怨，答案"是"赋值-1 分，答案"否"赋值 0 分，各场景权重相等，计算每个样本的平均分，平均分越接近 0 说明老年人的抱怨越少，并在此基础上进行了分城乡、区域分析。对于不同城乡地区的老年人关于互联网的抱怨程度，分析结果如图 7-18 所示，农村地区的老年人对数字社会的抱怨程度最高，但总体而言，城市市区、城郊、县城、乡镇、农村的抱怨程度相差不大。对于不同区域的老年人关于互联网的抱怨程度，分析结果如图 7-19 所示，西部地区抱怨程度最低，东部地区抱怨程度最高。在此基础上，我们还考察了学历对老年人关于互联网的抱怨程度的影响。通过编制学历∗区域老年人对互联网抱怨程度得分表可知，平均而言高学历家庭的老年人对互联网的抱怨程度较为严重（见表 7-15）。因此，针对不同地区人群的特点，优化互联网使用流程，并强化老年人数字技能教育，从而降低老年人的抱怨程度，对于提升国民数字社会参与度有重要的意义。

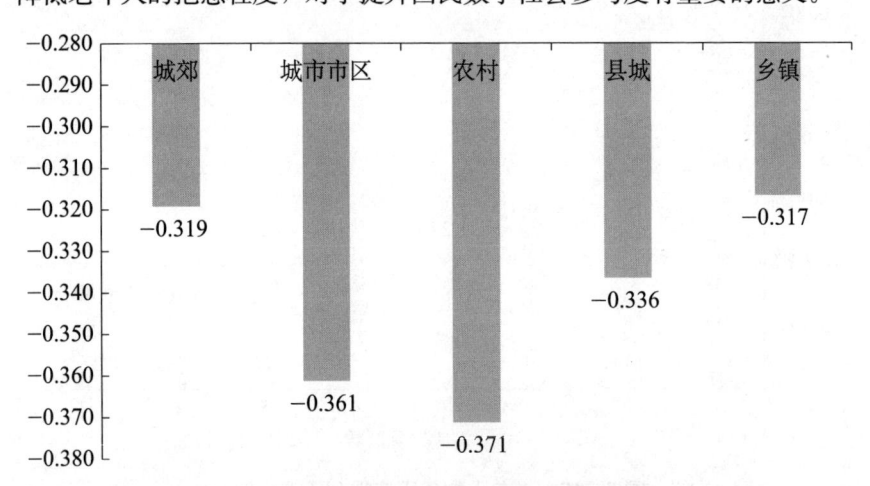

图 7-18　不同城乡地区老年人对互联网抱怨程度平均得分

说明：分值范围为 [-7, 0]。分值越接近 0，说明抱怨程度越轻。

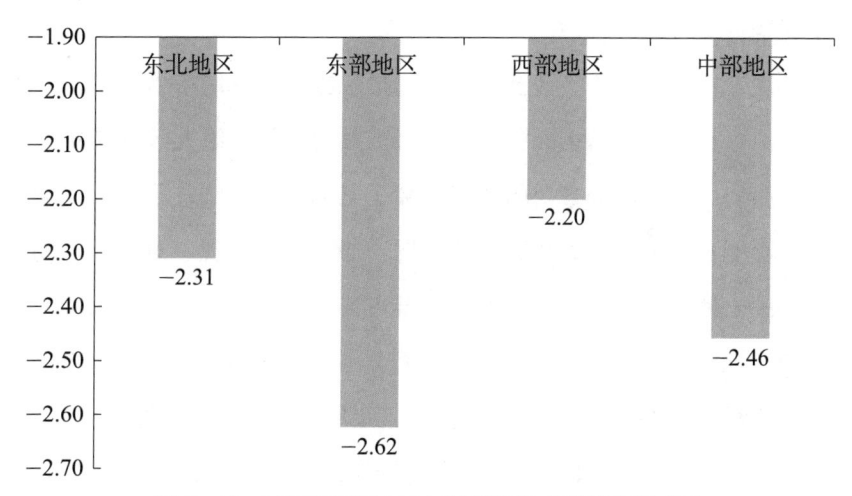

图 7-19 不同区域老年人对互联网抱怨程度平均得分

说明：分值范围为 [-7,0]。分值越接近 0，说明抱怨程度越轻。

表 7-15 学历 * 区域老年人对互联网抱怨程度得分

	东北地区	东部地区	西部地区	中部地区	平均值
高学历	-2.49	-2.73	-2.69	-2.49	-2.66
中学历	-1.40	-2.55	-1.12	-2.87	-2.16
低学历	-1.63	-1.89	-1.13	-1.69	-1.54

7.4.4 小结

本节主要从老年人这一视角出发，对老年人数字社会资源、数字社会工具使用情况、数字社会参与意愿进行分析，为后续的研究提供一定的数据支撑。相较于年轻人，老年人在数字社会参与中呈现资源利用不足、参与意愿不高等特点。首先，在老年人数字社会资源方面，总体而言，老年人微信好友数多集中在 50 人以内，这表明老年人数字社会资源利用不足。通过分城乡、分区域分析，进一步印证了老年人数字资源匮乏与所在地区数字化程度高低无关，其原因极有可能是老年人自身数字素养偏低。

其次，在老年人数字社会工具使用情况方面，总的来看：第一，关于健康码、行程码等基本必要数字社会工具的使用，绝大部分老年人掌握了健康码、行程码等必要的数字社会工具的使用方法；第二，关于老年人是否能独立解决相关数字社会问题，通过分析发现，对于6个场景均无法独立使用互联网应对的老年人群占比最大，这说明老年人群体目前的数字社会参与工具使用情况仍不容乐观。分城乡来看，城市市区老年人互联网使用情况平均得分明显高于其余地区，这也符合城市市区数字化程度高的特点，而城郊、县城、乡镇得分相差不大，农村得分偏低，因此提升农村老年人数字社会参与度将成为未来的重点。分区域来看，西部地区老年人互联网使用情况平均得分低于其他地区；在此基础上加入学历因素后发现，东北地区中学历家庭的老年人互联网使用情况得分较低。由此可见，地区数字化程度对老年人的数字工具使用产生了显著的影响。

最后，在老年人数字社会参与意愿方面，总体来看：第一，关于老年人与陌生人聊天情况，相比非老年人，大多数老年人不倾向于与陌生人聊天；第二，关于老年人认识新朋友后的行为，通过矩阵量表计算出的得分远低于非老年人行为得分；第三，关于老年人对于数字社会的抱怨程度，完全没有抱怨的老年人比例接近29%，其余均存在抱怨情况，并且超过30%的老年人近一个月抱怨场景数超过半数，这说明老年人对于互联网使用还存在一定的不适应。以上均说明，总体而言，老年人参与数字社会活动的意愿相对于年轻人较为低迷。分城乡而言，农村地区的老年人对数字社会的抱怨程度最高，这可能是由于其接触数字工具机会较少。分区域而言，东部地区老年人对数字社会的抱怨程度最高，并且加入学历因素后，平均而言高学历家庭的老年人对互联网的抱怨程度较为严重，这可能是由于发达地区以及高知家庭的老年人接触互联网的次数较多,而自身数字素养较低,从而产生落差。因此,总体而言,老年人对数字社会的抱怨还应归因于其自身数字素养较低。

7.5 本章小结

7.5.1 研究结论

1. 国民数字社会参与的总体情况

本章从国民数字社会资源、国民数字社会参与意愿、国民数字社会工具使用三大维度分析国民数字社会参与的总体情况。首先,我国国民的数字社会资源在稳步增加,并且以微信为媒介的社交渠道在不断拓展;其次,关于国民数字社会参与意愿,人们在互联网上更倾向于熟人社交,被调查者网上认识新朋友后的行为较为冷淡,我国国民的数字社会参与意愿还有待加强;最后,在数字工具使用方面,绝大多数被调查者可以自主使用健康码、行程码等小程序,国民普遍可以熟练掌握基本数字工具的使用以及技能。以上结论表明,我国国民数字社会参与总体情况持续向好,数字化已经逐渐渗透于国民的日常生活中。

2. 不同地区国民数字社会参与情况

本章分城乡、分区域分析了不同地区国民数字社会参与情况的差异。首先,关于国民数字社会资源方面:第一,对比城乡地区的微信好友数量结构可知,目前我国城市地区居民普遍拥有的数字社会资源要多于农村、乡镇等欠发达地区;第二,通过分区域对微信好友数量的分析结果可知,东、中、西部和东北地区以及不同学历的国民数字资源拥有状况分布大致相同。因此,未来应进一步着眼于增加农村、乡镇等欠发达地区国民数字社会资源量。其次,关于国民数字社会工具使用情况方面，城乡以及不同区域之间差异不大，推测是由于健康码等工具受到新冠疫情防控政策的影响成为人们的必需品。最后，关于国民数字社会参与意愿方面，不同区域差异不大，但城乡地区的差异较大，这体现在农村居民认识新朋友后行为得分平均值低于乡镇、县城、城郊与城市市区的得分平均值。以上结论表明，不同城乡地区国民数字社会参与情况差异更为明显，因此应致力于农村地区数字基础设施建设与普及。

3. 老年人数字社会参与状况

本章从老年人这一视角出发，对老年人数字社会资源、数字社会工具使用情况、数字社会参与意愿进行分析，结果如下：

首先，老年人在参与数字社会的过程中存在资源匮乏现象，老年人的数字素养普遍较低。其次，在工具使用情况方面，绝大部分老年人可以自主使用健康码、行程码等基础的数字社会工具；对于复杂的数字工具，大部分老年人需要协助使用。最后，在参与意愿方面，老年人参与数字社会活动的意愿相对于年轻人较为低迷，大部分老年人对互联网应用场景存在抱怨，不同区域的老年人在参与数字社会意愿方面存在明显差异，农村地区的老年人对互联网应用场景的抱怨程度最高。

7.5.2 政策建议

本节将基于前三节国民数字社会参与总体情况，分城乡、分区域情况，以及老年人数字社会参与情况的分析，从国家、社会以及个人三个层面出发，针对如何提升国民数字社会参与度提出相应的建议。

1. 国家层面

从国家层面来讲，可以通过加强数字基础设施建设、推动数字教育、促进数字经济发展三种方式提升国民数字社会参与度（邓荣荣，张翱祥，2022）。

第一，根据城乡地区国民数字社会参与意愿差别较大这一分析结论，国家层面应及时出台投资数字基础设施的相关政策，特别应注意偏向农村地区，确保农村地区高速稳定的互联网接入和覆盖，这会在一定程度上增加农村居民接触数字工具的机会，从而帮助其了解数字工具的好处，增强其数字社会参与意愿，进而缩小数字鸿沟。具体而言，首先，加大投资力度是提升数字基础设施建设的关键。国家和各级政府应该将数字基础设施建设作为经济发展和基础设施建设议程的重要部分，并投入更多的资金与资源。政府应制定并落实资金计划，为数字基础设施建设提供充足的资金支持，包括扩大互联网接入覆盖范围、提高网络速度、加强网络安全和数据存储能力等方面。其次，完善法律法规和政策体系是提升数字基础设施建设的重要举措。国家和政府应制定相关法律法规，明确数字基础设施建设的发展方向和目标，规范数字基础设施的建设、运营和管理。政府还应出台相应的政策，鼓励和引导私人企业和投资者加大对数字基础设施建设的支持和投资力度。再次，加强公共和私人合作是提升数字基础设施建设的重要手段。政府可以与私人企业建立合作机制或建设伙伴关系，共同推动数字基础设施建设。私人企业可以提供技术支持、设备和资金，政府则可以提供政策支持和市场环境，以达到共同发展的目标。公私合作有助于通过整合资源，加快数字基础设施建设的进程。又次，重视农村地区的数字基础设施建设也是提升数字基础设施建设的重要方向。在数字社会的发展进程中，农村地区不能被忽略。政府应关注农村地区的数字基础设施建设，加大投资力度和扩大覆盖范围。同时，相关部门可以鼓励和支持数字服务和创新企业进入农村市场，为农村地区提供更多的数字服务和机会。最后，加强数字教育和技术培训也是提升数字基础设施建设的重要举措。对于数字基础设施的建设和应用，人才的培养至关重要。政府和各相关机构应加大对数字教育和技术培训的投入，提升民众的数字素养和技能水平，通过开展培训课程、组织技术交流和知识分享活动，提高民众对数字技术的认识和应用能力，从而更好地参与到数字社会中。

第二，推动数字教育。根据对老年人数字社会参与状况的分析，老年人存在数字社会资源稀少、参与意愿低迷等弱势，并且在欠发达地区存在数字技能低下的状况。因此，国家应制定政策，提高数字教育的质量和普及程度，包括培训师资、制定课程和教材，以提高老年人乃至全体国民的数字素养和技能水平。具体而言，首先，建立全面的数字教育政策与法规体系是推动数字教育发展的重要基础。政府需要制定相关政策，明确数字教育的发展方向和目标，制定相应的法规并加强执行。这些政策和法规应该关注数字教育的内容、方法、评估和资源保障，以确保数字教育得到充分发展和推广。其次，提供必要的数字教育资源和设施是推动数字教育发展的重要举措。学校和教育机构需要配备适当的硬件设备、网络设施和软件工具，以支持学生和教师的数字学习和教学。同时，需要建立数字教材和教学资源库，为学生提供高质量的数字教育资源。政府可以提供资金支持，促进数字教育资源的开发和共享。再次，加强数字教育教师培训与发展也是推动数字教育的关键。教师是数字教育的核心力量，他们需要掌握先进的数字教学技术和方法，并能够灵活地将其运用于课堂教学中。政府和学校应该加大对教师的培训与发展投入，提供相关的培训课程和资源，帮助教师不断提升自己的数字教育水平。又次，鼓励创新和合作是推动数字教育的重要手段。数字教育领域充满了创新和发展的机会，政府和学校应鼓励教师和学生进行创新研究和实践。同时，可以建立学校、企业和科研机构之间的合作机制，共同推动数字教育的创新和应用。通过合作和创新，可以不断提升数字教育的质量和效果。最后，加强家庭和社区的支持和参与也是推动数字教育的重要环节。家庭和社区是学生学习和成长的重要场所，他们可以提供对数字教育的支持和鼓励。特别地，社区应积极呼吁老年学生的子女积极参加陪伴老年人接受数字教育的全过程，从而使老年学生更快掌握必要的数字技能。

第三，国家可以推动数字经济发展，鼓励创新和创业，为国民提供更多的数字就业机会和商机，这将有助于提升国民在互联网上与陌生人社交的频率，从而提升数字社会参与度。具体而言，首先，建立完善的数字经济发展政策和法规体系是促进数字经济发展的基础。政府应该制定与数字经济相关的政策和法规，并提供充足的资金和资源支持，例如税收减免、技术扶持、创新基金等，以吸引更多的本土和外国投资者进入数字经济市场，从而在促进经济发展的同时增加国民与陌生人进行互联网交流的机会。其次，加强信息安全方面的数字基础设施建设是促进数字经济发展的重要保障。政府应该注重数字基础设施的建设、数字通信和云服务等技术的应用、信息安全和数据保护等方面的监管，提供安全和稳定的数字经济发展环境，从而为数字经济提供可靠的基础设施保障，这也为国民与陌生商家以及合作者深入交流提供了保障。最后，促进国际数字经济合作也是促进数字经济发展的关键。数字经济在全球范围内的发展已经形成新的经济形态，政府应该加强与其他国家的数字经济合作，推进数字经济的创新发展和产业协同，并在此基础上增进国民与外国友人的深入交流，从而携手各方共同推动数字经济的全球发展和共同繁荣。

2. 社会层面

从社会层面来讲，可以通过创建数字社区中心、拓展数字普及活动、鼓励企业承担社会责任三种方式提升国民数字社会参与度（李建伟等，2022；叶勇等，2023）。

第一，创建数字社区中心。社会组织可以建立数字社区中心，提供数字培训、技术支持和咨询服务，这会帮助老年人提升数字技能，增加数字社会资源，从而增强老年人数字社会参与意愿，最终帮助国民更好地融入数字社会。具体而言，首先，确定数字社区中心的定位和目标。数字社区中心的定位可以根据当地社区的需求和发展方向来确定。例如，可以以促进居民数字素养培养、提供数字教育和培训、推广数字技术应用等为目标。通过明确定位和目标，为后续的规划和运营提供明确的方向。其次，搭建必要的基础设施和技术支持。数字社区中心需要配备必要的硬件设备、网络设施和软件工具，以支持居民的数字学习和创新。例如，提供电脑、网络连接、多媒体设备等，以及安装相关的常用软件和学习资源。此外，还需要考虑数据安全和隐私保护的问题。再次，提供多样化的培训和活动。数字社区中心应该定期举办各种数字技术培训和活动，以提高居民的数字素养和应用技能。可以开设包括电脑操作、网络安全、应用软件使用、编程和创客等在内的多种培训课程，同时组织各类主题讲座和工作坊，让居民能够了解和掌握不同的数字技术知识和技能。又次，建立合作伙伴关系。数字社区中心可以与学校、企业、学校之外的非营利组织等建立合作伙伴关系，共同推动数字化社区的发展。例如，与当地学校合作开展校外数字教育培训，与企业合作提供实习和就业机会，与学校之外的非营利组织合作推动社区数字化项目的落地和推广，等等。通过合作，可以共享资源，拓宽服务范围，提供更多的支持和机会。最后，加强宣传和社区参与。数字社区中心应该积极开展宣传活动，让更多的居民了解数字社区中心的存在和服务。可以通过传单、社交媒体、社区活动等多种方式进行宣传推广。同时，鼓励居民参与数字社区中心的建设和运营，例如提供意见和建议、组织志愿者活动、参加社区展示等，让居民参与到数字社区中心的发展中，形成更加活跃和有价值的数字化社区。

第二,拓展数字普及活动。首先,社会可以组织数字素养普及活动,如讲座、工作坊和培训班,向公众推广数字技术的应用和好处。其次,建立数字普及平台。数字普及平台是形成数字普及活动的物理和技术基础设施。可以在数字普及平台上设置数字普及展示区、社交分享区、数字教育培训区、创新体验区等,提供全方位、多角度的数字普及服务和体验。同时,数字普及平台还可提供智能教学设备、在线课程、数字图书馆和应用软件下载等资源及服务,为用户提供量身定制的数字化学习体验和服务。再次,拓展数字普及合作伙伴关系。诸如电商企业、数字智能设备厂商和互联网运营商等都是与数字普及活动相关的合作伙伴。数字普及活动可以通过建立差异化的数字普及方案,来协调并整合这些数字普及合作伙伴,以实现经济共赢、资源共享,进而推动数字经济的发展。最后,强化数字普及品牌营销。数字普及活动的品牌营销可以通过品牌宣传、社交媒体发布、工商广告投放、赛事活动等多种形式展开全方位的推广,提高数字普及的品牌影响力和知名度。必要时,可依托政府、社会团体、媒体等其他相关方的力量和渠道,将数字普及活动与社会公共事业,如义工活动、环保活动等相互关联,形成多方共同推动的优质生态。

第三,还可以通过鼓励企业承担社会责任的方式提升国民数字社会参与度。首先,政府可以通过制定相关法律法规和政策,鼓励企业履行社会责任,特别是在数字社会领域的投入和参与。政府还可以提供税收优惠、奖励措施等激励措施,引导企业加大对数字社会的支持和投入力度。其次,政府可以与企业建立合作伙伴关系,共同推动数字社会的发展和提升国民的参与度。例如,政府可以与企业合作组织数字技术培训和创新竞赛,提供资金和资源支持,并与企业共同承担社会责任,推动数字社会的普及和发展。再次，企业自愿参与和创新。鼓励企业自愿参与并提升国民数字社会参与度，需要企业主动积极地开展相关活动。企业可以通过捐赠电脑和网络设备、开设数字教育培训项目、提供数字技术支持等方式来推动数字社会的发展。此外，企业还可以利用自身的技术和资源，开发创新的数字应用和服务，提高国民的数字素养和数字技能，从而提升国民数字社会参与度。最后，加强宣传和公众参与。企业可以利用自身的品牌影响力和媒体资源，加强对数字社会的宣传和推广。通过广告、社交媒体等渠道，向公众普及数字社会知识，增加公众对数字社会的认识和兴趣。同时，鼓励公众参与数字社会建设和创新，提供意见和建议，积极参与数字社会项目和活动，形成共建共享的良好氛围。

3. 个人层面

个人可以加强数字技能培养，探索数字应用领域，通过互助合作的方式尤其是帮助老年人参与数字社会等方式提升国民数字社会参与度（吕明阳等，2020）。

第一，加强数字技能培养。个人加强数字技能培养主要通过自身学习、积极参与活动、持续学习和分享等途径进行。首先，自我学习和提升。个人可以主动利用互联网等资源，自我学习和提升数字技能。可以选择参加在线课程、观看教学视频、阅读相关书籍，了解数字化的基本概念、技术和工具等。此外，个人还可以通过参加培训班、技术讲座、工作坊等活动，与他人交流学习，提高数字技能水平。其次，积极参与数字化活动和社区。个人可以通过积极参与数字化活动和社区，锻炼和实践数字技能。可以参与开源社区、技术讨论论坛等平台，与他人合作、分享经验，共同解决问题和创新。同时，个人还可以参加社区志愿者活动、数字社会建设项目等，通过实践行动来提升参与度和扩大技能的应用。再次，持续跟进和更新知识。由于数字技术的迅速发展，个人需要持续跟进最新的技术和趋势，不断更新自己的数字知识。可以通过订阅相关技术博客、参加行业会议、关注数字领域的社交媒体账号等方式，实时了解最新的科技动态和行业发展。最后，分享和传播知识。个人可以通过博客、社交媒体、演讲等方式，分享自己所学的数字知识，帮助他人提升数字技能。可以在技术社区和学习平台上回答问题，提供帮助和指导，扩大自己的影响力和社交网络。通过分享和传播知识，个人不仅能够加强自己的数字技能培养，还能够激发他人的兴趣和参与，共同提升国民数字社会参与度。

第二，探索数字应用领域。个人可以积极尝试数字技术的应用，如移动支付、在线购物、社交媒体等，提高自己对数字社会的参与度。首先，了解数字应用领域的基本信息。在探索数字应用领域时，个人需要了解数字应用领域的基本概念、技术、应用场景和市场趋势等方面的信息，可以通过查阅相关书籍、行业报告、网上资料等进行了解。了解数字应用领域的基本信息对于个人开展数字应用方面的工作具有重要意义。其次，参与行业交流和学习。个人可以通过参与行业交流和学习，了解数字应用领域的最新技术和趋势。行业交流可以通过参加行业论坛、技术讲座、会议等形式进行，可以与其他行业人员进行交流和互动。再次，参与数字应用的实践和创新。在探索数字应用领域时，个人需要通过实践和创新来提升国民数字社会参与度。可以通过参与数字应用的设计和实现、开发新的数字应用、提出创新的应用场景等方式来增加数字应用的实践经验和增强创新能力。最后，分享和推广数字应用成果。个人可以通过分享和推广数字应用成果来提高国民数字社会参与度。可以通过社交媒体等渠道，将数字应用成果进行分享和推广，提升数字应用的知名度和使用者数量。

第三，通过互助合作的方式提升国民数字社会参与度。根据分析结果，相比年轻人，老年人更存在数字社会资源稀少、参与意愿低迷、数字工具使用能力弱等问题。因此，年轻人可以通过帮助老年人学习和使用数字技术，建立数字交流和支持网络，从而促进跨代群体之间的数字社会参与度的平衡。具体而言，首先，可以通过一系列合作促进信息共享与交流。可以通过建立在线社区、技术论坛、社交媒体群组等平台来共享和交流数字化的知识、经验和资源。可以通过主动提出问题、分享解决方案、提供帮助等方式，促进信息的共享和交流。同时，还可以参与他人的讨论和问题解决过程，互相学习和取长补短，提高自己的数字技能水平。其次，可以积极开展合作项目和活动。可以组成团队，共同开展数字社会建设项目和活动。可以通过合作开发应用程序、设计创新产品、推动数字教育等方式，实现协同合作和共同努力，提升国民数字社会参与度。合作项目和活动不仅可以增进个人的实践经验和技能培养，还可以提高团队之间的协作和合作能力。最后，可以提供技术支持与培训。个人可以主动提供技术支持和培训，帮助他人提高数字技能和应用能力。可以采取组织技术讲座、工作坊、培训班等形式，向他人传授数字化的知识和技能。通过提供技术支持与培训，可以扩大人们的数字社会参与范围，提高国民的数字化素养。

综上所述，本节主要从国家、社会、个人三个层面，为提升国民社会数字参与程度提出一定的建议，同时也为后续的研究提供一定的依据基础。

第 8 章
国民数字生活的政策建议

8.1 国民数字生活整体情况

依托居民数字生活调查以及数字生活指数测度体系的构建,本书对国民数字生活的具体表现进行了多维度的分析,对国民数字生活的整体情况进行了系统描述。

8.1.1 国民数字生活指数

根据国民数字生活指数测度体系的测算结果,国民数字生活总指数在全国范围内呈现高分段内方差大、低分段内方差小的分布特点,北上广等一线城市领先优势明显。对总指数贡献度更高的一级指标是微观数字生活,平均贡献度为53.3%,略高于宏观数字生活,即在数字生活总指数的构造中微观数字生活指数得分影响更大。

在微观数字生活要素指数分布方面,基础数字生活指数得分较高,体现出我国国民基础数字技术的应用水平较高,对微观数字生活指数的结果影响更大,但其在各省份间方差较大,差距明显;数字生活服务、数字社会参与、数字金融指数得分略低于基础数字生活,方差也相对较大;数字就业和数字消费指数得分平均较低,各省份间方差较小。北京在各个要素方面均处于全国领先的地位,西藏在数字消费和基础数字生活上得分最高,福建在数字金融上得分最高,重庆在数字就业上得分最高。

在宏观数字生活要素指数方面，基础设施数量指标对于宏观数字生活指数的贡献度更高，全国基础设施数量指标的平均贡献度达到了60.6%，基础设施密度指标的平均贡献度仅有39.4%。其中，广东和北京相较于其他省份在基础设施建设总量上更为突出；上海和天津在基础设施密度建设上表现更好，明显强于其他省份。

8.1.2　国民数字经济认知整体情况

本书从网络设备、电子邮件、网络借贷服务、互联网理财产品以及数字人民币使用五个方面展开对国民数字经济认知情况的分析，得到以下结论。

在网络设备的使用上，相较于传统的台式电脑和笔记本电脑，大多数居民目前更倾向于使用更轻便的移动设备（如手机和平板电脑）进行上网活动。绝大多数居民已经成为互联网用户，不使用互联网的比例相对较低，互联网已经融入人们的日常生活。但是，大多数人在工作之外不会耗费过多时间在线，人们重视线上和线下生活的平衡，线上生活没有占据主导地位。

在电子邮件的使用上，在使用网络设备的居民中，大部分人在平时收发电子邮件，且电子邮件在居民之间存在广泛应用，体现出电子邮件对于人民生活具有一定的重要性，但这些使用者的使用频率相对不高。在平时不收发电子邮件的部分居民中，几乎每天都使用网络（比如，在台式电脑、手机、平板电脑上看视频、看新闻、购物等）的居民占比最大。这表明，虽然电子邮件使用频率较低，但居民对其他互联网活动的参与度很高。

在网络借贷服务的使用上，约三成被调查者使用过互联网借贷服务，这表明互联网借贷在社会中已经获得一定的接受；但大多数借款人选择较小的借款金额，这体现出大多数人对互联网借贷风险存在的可能性持谨慎态度。

在互联网理财产品的购买上，未使用过网络借贷的居民中，大多数人的互联网理财产品获利金额都相对较低。互联网理财产品的购买在我国尚不普遍，国民整体持谨慎态度。

在数字人民币的使用上，大约四成居民使用数字人民币，这表明数字人民币在居民中已经得到一定程度的普及。

8.1.3 国民数字信息获取整体情况

国民对于数字信息获取的整体情况如下。

在信息获取渠道方面，互联网是数字经济时代信息获取的重要渠道，以非正规方式获取信息占有重要地位；他人转告是熟人社会传递信息的重要渠道，与手机短信的重要性基本相当。在信息获取内容方面，公众个体在参与信息传播和接收的过程当中，就个人和家庭生活状态发声较多。在对信息的信任方面，官方媒介宣传渠道仍具有强大的影响力、引导力和权威性。

在信息处理的特征差异方面，信息处理的主客体趋同，数字媒体参与者积极成为信息的发布和评论者，高学历者更倾向于互联网模式；在信息获取渠道上，年轻人更多关注互联网，老年人仍热心传统媒介，但仍以互联网获取信息为主；在信息获取内容上，时政消息与社会新闻的偏好度在不同教育背景的受访者中均偏低，但高学历者偏好度更低。

8.1.4 国民数字消费整体情况

国民数字消费整体情况包含数字支付手段应用和互联网消费行为两

个主要组成部分。

在数字支付手段应用方面，经分析发现，我国移动支付手段相当普及，国民使用微信支付、支付宝等移动支付手段的频率很高；从文化程度角度看，随着受访者文化程度的提高，人群使用移动支付手段的整体频率不断提升。在移动支付手段对于受访者的重要性方面，整体来看，几乎所有受访者均认为移动支付手段对自己"重要"或"非常重要"；从文化程度角度看，随着文化程度的提高，移动支付手段重要性的自评整体不断上升。

从互联网消费行为角度看，在高消费群体的年消费支出中，互联网消费的占比更高。从文化程度角度分析，受访者使用互联网消费的倾向并未随着学历升高或降低出现明显的变化趋势。在借助移动设备消费方面，较高年消费水平的群体更倾向于使用移动设备完成消费；而对于不同文化程度的受访者，使用移动设备消费的占比差异不大且无明显变化趋势。

对于网上购物和缴费，从整体上看，进行网上购物或网上缴费的频率为"中低频率"的占比最高，为五成，"中高频率"其次，"高频率"的受访者占比次之，"低频率"的受访者占比最低，且网上购物或网上缴费的频率与年消费水平、文化程度等变量均不存在明显的相关关系。对于受访者在进行网上购物或网上缴费时对互联网的重要性评价，从整体上看，随着年消费水平的提升，在进行网上购物或网上缴费时，互联网对于人群的重要性在提升；随着受访者文化程度的提高，在进行网上购物或网上缴费时，互联网对于人群也变得越来越重要。

8.1.5 国民数字就业整体情况

本书依据性别、年龄对被调查者进行分类，并对不同类型人群的数字就业表现进行了分析。一方面，对于全职工作者而言，无论年龄、性别、地域，互联网都在工作中发挥了较大的作用，数字就业已渗透到经济生活的绝大多数方面；另一方面，数字就业仍是一种对传统就业的补充，尚未占据主要地位。

对于雇主、个体工商户和自由职业者三种职业及兼职工作者，本书从经营形式与收付款方式两个角度分析了数字就业的影响。

在经营形式方面，数字就业促进了经营形式的多样化和灵活化，不同职业群体在经营形式和互联网依赖度上存在差异。在雇主、个体工商户和自由职业者中，多数经营者均倾向于同时经营线上店和线下实体店；但不同于雇主，个体工商户线上经营的业务比例相对较低，更注重实体店（线下）经营；自由职业者的互联网业务占比相对于雇主和个体工商户更低。相比全职工作者，兼职工作者中更多人选择专注于线上经营。

在收付款方式方面，在雇主、个体工商户和自由职业者的收付款方式中，电子支付方式明显占据主导地位，尤以微信、支付宝转账和消费者扫描商家二维码为主要选择；然而，对于个体工商户而言，现金支付在个体工商户的交易中依然占据一定的比例，显示了传统支付方式的持续重要性。兼职工作者更倾向于采用电子支付方式，特别是通过互联网进行转账，而相对较少使用传统支付方式。整体而言，互联网完成的收付款在三种职业及兼职工作中的占比均较高，发挥了不可替代的作用。

8.1.6 国民数字社会参与整体情况

从国民数字社会资源来看，我国国民拥有的数字社会资源普遍在稳步增加，以微信为媒介的社交渠道在不断拓展；关于国民数字社会参与意愿，人们在互联网上更倾向于熟人社交，我国国民数字社会参与意愿还有待加强；绝大部分被调查者都可以自主使用健康码、行程码等小程序，这一点说明了国民普遍可以熟练掌握基本数字工具以及技能。

从对老年人的数字社会参与调查结果分析来看，相较于年轻人，老年人在数字社会参与中呈现数字社会资源匮乏的特点。在工具使用情况方面，绝大多数老年人可以掌握健康码、行程码等必要的数字社会工具的使用方法；然而，对于一些日常生活中较为琐碎的数字工具，相当一部分老年人不能独立使用。在参与意愿方面，总体来看，从老年人与陌生人的聊天情况、老年人认识新朋友后的行为以及老年人对于数字社会的抱怨程度可知，老年人参与数字社会活动的意愿相对于年轻人较为低迷。

8.2 分地区国民数字生活差异分析

经研究分析发现，国民生活的数字化水平在不同地区间呈现不同的特征，地区间数字生活存在不少差异。

在指数的测算结果方面，整体而言，东部沿海地区数字生活总指数较高，数字生活水平与经济发展水平呈一定的正相关关系。在微观数字生活指数的表现上，东中西部差距较小，全国分布比较均衡；相较而言，宏观数字生活指数在全国分布则很不均衡，东部沿海地区整体得分较高，西部地区整体得分偏低。

在数字经济认知方面，西南地区的数字化水平相对较低，不上网的比例较高，平均工作外上网时长较短；东北和华南地区的居民平均工作外上网时长较长；华南地区和华中地区的电子邮件使用率较高，华北地区的电子邮件使用率较低；华中地区网络借贷率较高、平均借贷笔数较多，华东地区网络借贷金额最大；西北地区的居民购买的互联网理财产品金额相对较低，而华东和华北地区的居民更倾向于购买互联网理财产品，并且获得高额利息。相较于城市地区，农村地区在互联网使用以及数字金融服务的使用方面呈现较大的差距。

在数字信息获取方面，不同地区间差异并不大。东部地区和中部地区的互联网信息获取相对更多，西部地区略有劣势。不同区域在时政信息的评论渠道方面差异很小，在突发事件上对官媒保有最高可信度；中部地区对广告、养生信息、励志故事、心灵鸡汤和社会事件的发布有更高偏好，东部地区对广告的发布偏好最低。

在数字消费方面，移动支付手段的使用在农村地区和城市市区等较发达地区之间并无明显差距。在互联网消费行为方面，居住地区越靠近城市，利用互联网完成日常消费的倾向越明显，但在城市市区反而相对于城郊地区有所减弱。在网上购物和缴费方面，城乡之间没有表现出明显的差异。

在数字就业方面，从互联网在工作中的重要程度来看，东中西部较为一致，互联网都扮演了相对重要的角色。在利用互联网求职方面，中部地区的被调查者不论有无工作，利用互联网求职的占比都最低，这说明依靠互联网求职在中部地区普及率不高，人们更乐于通过传统方式求职。

首先，在数字社会参与方面，我国城市地区居民普遍拥有的数字社会资源要多于农村、乡镇等欠发达地区；东部、中部、西部、东北地区以及不同学历的国民数字资源拥有情况分布大致相同。其次，在国民数字社会工具使用情况方面，城乡以及不同区域的使用情况差异不大。最后，在使用意愿方面，不同区域差异不大，但城乡地区差异较大，这体现在农村居民认识新朋友后行为得分平均值低于乡镇、县城、城郊与城市市区的得分平均值。相较于东中西部区域间的差异，不同城乡地区国民数字社会参与情况差异更为明显。

8.3 研究总结

本书首先开展居民数字生活调查，收集资料后建立了居民数字生活的微观数据库；然后结合国家宏观统计数据，构建了系统的数字生活指数测度体系。

该数字生活指数测度体系包含微观和宏观两部分。微观部分包含居民在基础数字技术使用、数字消费、数字金融、数字就业、数字社会参与以及数字生活服务方面数字化应用水平的评价。宏观部分则是从数字基础设施的角度衡量了地区整体的数字化发展水平。研究发现，发达地区生活数字化水平较高，领先优势明显，表明生活数字化水平与经济发展水平存在一定的相关关系；西部地区的数字建设也取得了一定的成效。

之后，本书依托居民数字生活调查数据对国民在数字经济认知、数字信息获取、数字消费、数字就业以及数字社会参与等方面的情况进行了研究，并对不同特征、不同地区人群的数字生活表现和差异进行了分析。研究发现，国民在数字经济认知方面，在城乡和不同地理区域及不同城市等级之间表现出比较大的差异，农村地区、西部地区和四线及以下城市居民对于数字经济的认知相对落后。在信息获取方面，网络渠道成为当前居民重要的获取信息的渠道，经济落后地区对互联网重要性的认同往往更低，但是整体而言，在数字时代官方媒体在经济社会发展中仍发挥重要的作用。在消费方面，研究发现移动支付手段在我国的人均使用频率和覆盖率相当高，在城乡之间已经没有显著差异，这体现出移动支付的普遍性，显示其在日常生活中占有重要地位；除此之外，国民网上购物和缴费也较为普遍。在就业方面，数字技术已经广泛渗透进人们日常生活和工作中，线上经营非常普遍，人们对于互联网等数字技术的依赖很强；互联网在求职上也提供较大的助力，相对而言，经济欠发达地区更倾向于传统的就业形式。在社会参与方面，我国数字社会资源明显倾向于发达地区，数字社会参与意愿有待增强，数字社会工具的使用较为普及；相较于年轻人，针对老年人这个特殊群体的数字资源匮乏，老年人对数字社会的参与意愿低迷，对数字社会工具的掌握单一。

综上所述，目前我国国民生活数字化水平已经得到了极大的提升，数字技术在国民日常生活中的基础应用已经较为普遍，不过，更加精细化的数字技术应用还需进一步发展和普及。国民数字生活在不同群体、不同地区之间的表现特征存在较大差异，城乡之间的数字鸿沟明显，不同区域之间差异明显。

8.4 政策建议

依据对于我国国民数字生活整体情况的分析，本书针对进一步提升我国国民生活数字化水平提出以下建议。

8.4.1 推动区域数字建设协调发展

研究发现我国存在数字经济发展不均衡的问题，需要通过城乡、不同经济区域以及不同等级城市间的协调发展来解决。

首先，要协调城乡数字建设，缩小城乡差距。研究发现，城乡之间数字化水平存在巨大差距是我国国民数字生活的首要特征。农村地区数字基础设施建设落后，居民数字素养和数字技能欠缺，所享受到的数字资源贫乏，明显地落后于城市地区。推动城乡数字一体化建设能够缩小城乡数字鸿沟，加快农业、信息、物流等领域的跨地区合作，推动区域协调发展。

其次，要协调中西部和东部数字建设。数字经济的发展情况在很大程度上体现于居民的数字生活中。由研究分析结果可知，国民数字生活水平在中西部和东部经济发达地区之间也存在较大差距，中西部在数字建设方面相对落后，需要加强基础设施建设，弥补短板，提升数字金融、数字求职等应用对居民生活的改善水平。近年来，西部地区加快实现数字赶超，已经取得了一定的成效，"东数西算"也为西部数字建设带来了机遇。把握东西部的发展特征，协调全国范围内的数字建设，实现均衡发展，有利于数字中国建设整体目标的实现。

最后，还要协调不同等级城市的数字建设。在每个省份内部均存在不同等级的城市。研究发现，一二线城市与四线及以下城市的居民数字生活水平呈现比较大的差异，四线及以下城市等相对不发达地区的数字建设需要加强，数字鸿沟也亟待填补。

8.4.2 实现数字红利均衡共享

从国民数字生活的角度来看，数字生活是数字技术所带来的民生福祉的具体体现，是数字经济发展的重要成果之一。结合研究结果来看，宏观数字建设成果与微观人民对于数字生活的评价并不完全一致，宏观数字基础设施建设的水平并不能很好地体现居民个体切身享受到的数字红利。因此，在数字建设的过程中，除了要关注宏观数字建设的成果以外，也要重点关注居民切实享受到的数字红利，实现均衡共享。

对于老年人、学历收入偏低者等弱势群体，可以着重进行数字教育，提升他们的数字素养，扩充其数字技能，增强其在劳动力市场中的竞争力，填补数字鸿沟，以缩小全社会人均享受到的数字红利的差距。

对于数字建设落后地区，可以通过数字基础设施等硬件设施的建设带动全地区整体的数字经济发展，促进数据要素的流通和协作，提升数字经济认知，以初步实现数字红利的普遍覆盖为目标，整合数字技术便利信息获取、消费、就业、社会参与等环节，促进数字经济的发展。

对于数字经济相对发达地区，在进行宏观数字建设的同时，关注个体对于数字生活的评价，重视提升数字服务质量，扩大数字技术的应用范围和场景，以实现数字红利的最大化共享。

参考文献

[1] 马斯洛. 马斯洛精选集：人性能达到的境界［M］. 北京：世界图书出版公司，2014.

[2] 中国大百科全书·社会学卷［M］. 北京：中国大百科全书出版社，2002：369.

[3] 茶洪旺，左鹏飞. 中国区域信息化发展水平研究——基于动态多指标评价体系实证分析［J］. 财经科学，2016（9）：53-63.

[4] 陈建，邹红，张俊英. 数字经济对中国居民消费升级时空格局的影响［J］. 经济地理，2022，42（9）：129-137.

[5] 陈梦根，周元任. 数字不平等研究新进展［J］. 经济学动态，2022（4）：123-139.

[6] 陈文，吴赢. 数字经济发展、数字鸿沟与城乡居民收入差距［J］. 南方经济，2021（11）：1-17.

[7] 邓荣荣，张翱祥. 中国城市数字经济发展对环境污染的影响及机理研究［J］. 南方经济，2022（2）：18-37.

[8] 丁述磊，刘翠花. 数字经济时代互联网使用对就业质量的影响研究——基于社会网络的视角［J］. 经济与管理研究，2022，43（7）：97-114.

[9] 丁炎晨，于冷. 互联网对农村劳动力非农就业的影响——基于CFPS数据的实证研究［J］. 上海管理科学，2022，44（5）：31-38.

[10] 董志勇，何丝，李成明．民族地区数字生活提升家庭幸福感了吗？[J]．中央民族大学学报（哲学社会科学版），2023，50（5）：33－45．

[11] 关会娟，许宪春，张美慧，郁霞．中国数字经济产业统计分类问题研究 [J]．统计研究，2020，37（12）：3－16．

[12] 郭峰，王靖一，王芳，等．测度中国数字普惠金融发展：指数编制与空间特征 [J]．经济学（季刊），2020，19（4）：1401－1418．

[13] 郭峰．互联网金融：改变生活与金融 [J]．时事资料手册，2016（3）：10－13．

[14] 韩文龙．数字经济中的消费新内涵与消费力培育 [J]．福建师范大学学报（哲学社会科学版），2020（5）：98－106＋170．

[15] 郝龙．互联网会是挽救"公众参与衰落"的有效力量吗？——20世纪90年代以来的争议与分歧 [J]．电子政务，2020（6）：107－120．

[16] 何地，赵炫焯，齐琦．中国数字经济发展水平测度、时空格局与区域差异研究 [J]．工业技术经济，2023，42（3）：54－62．

[17] 贺达，顾江．互联网对农村居民消费水平和结构的影响——基于CFPS数据的PSM实证研究 [J]．农村经济，2018（10）：51－57．

[18] 洪铮，章成．数字经济时代的互联网发展与消费不平等 [J]．当代经济管理，2022，44（10）：71－79．

[19] 胡微微，周环珠，曹堂哲．美国数字战略的演进与发展 [J]．中国电子科学研究院学报，2022，17（1）：12－18．

[20] 黄益平，黄卓．中国的数字金融发展：现在与未来 [J]．经济学（季刊），2018，17（4）：1489－1502．

[21] 蒋琪，王标悦，张辉，岳爱．互联网使用对中国居民个人收

入的影响——基于 CFPS 面板数据的经验研究 [J]. 劳动经济研究, 2018, 6 (5): 121-143.

[22] 冷晨昕, 祝仲坤. 互联网对农村居民的幸福效应研究 [J]. 南方经济, 2018 (8): 107-127.

[23] 李红, 赵俊. 互联网使用、信用卡与家庭消费——基于 CHFS 的数据 [J]. 宜春学院学报, 2022, 44 (8): 52-58.

[24] 李建伟, 钱诚, 李恒森, 等. 数字人民币如何重塑我国社会信用体系? [J]. 山东大学学报 (哲学社会科学版), 2022 (6): 121-130.

[25] 李旭洋, 李通屏, 邹伟进. 互联网推动居民家庭消费升级了吗?——基于中国微观调查数据的研究 [J]. 中国地质大学学报 (社会科学版), 2019, 19 (4): 145-160.

[26] 李洋, 连欣蕾, 李彦婕, 等. 全方位打造数字化生活服务体系——理论框架与全球经验 [J]. 全球城市研究 (中英文), 2022, 3 (1): 1-17+189.

[27] 林建鹏. 互联网使用、现实社交与青年健康——基于 CGSS 混合截面数据的实证研究 [J]. 北京青年研究, 2022, 31 (3): 45-57.

[28] 林晓珊. 新型消费与数字化生活: 消费革命的视角 [J]. 社会科学辑刊, 2022 (1): 36-45+209.

[29] 刘大为, 李淑文. 互联网对家庭消费影响的结构性差异——基于 CFPS2018 微观数据的分析 [J]. 中国流通经济, 2021, 35 (7): 40-50.

[30] 刘军, 杨渊鋆, 张三峰. 中国数字经济测度与驱动因素研究 [J]. 上海经济研究, 2020 (6): 81-96.

[31] 刘生龙, 张晓明, 杨竺松. 互联网使用对农村居民收入的影响 [J]. 数量经济技术经济研究, 2021, 38 (4): 103-119.

[32] 刘晓倩, 韩青. 农村居民互联网使用对收入的影响及其机理——基于中国家庭追踪调查（CFPS）数据[J]. 农业技术经济, 2018 (9)：123-134.

[33] 柳卸林, 张文逸, 葛爽, 杨培培. 数字化是否有利于缩小城市间发展差距?——基于283个城市的实证研究[J]. 科学学与科学技术管理, 2021, 42 (6)：102-113.

[34] 鲁元平, 王军鹏. 数字鸿沟还是信息福利——互联网使用对居民主观福利的影响[J]. 经济学动态, 2020 (2)：59-73.

[35] 陆杰华, 韦晓丹. 老年数字鸿沟治理的分析框架、理念及其路径选择——基于数字鸿沟与知沟理论视角[J]. 人口研究, 2021, 45 (3)：17-30.

[36] 陆九天, 肖韶峰, 丘斌, 陈灿平. 数字技术对少数民族人口就业决策的影响研究——基于CGSS第二期数据的跨族群比较分析[J]. 民族学刊, 2022, 13 (2)：35-49+137.

[37] 吕明阳, 彭希哲, 陆蒙华. 互联网使用对老年人就业参与的影响[J]. 经济学动态, 2020 (10)：77-91.

[38] 马小龙, 刘兰娟. 基于UTAUT的城镇居民对互联网社交理财产品使用意愿影响因素研究[J]. 消费经济, 2016, 32 (2)：81-85+39.

[39] 马玥. 数字经济对消费市场的影响：机制、表现、问题及对策[J]. 宏观经济研究, 2021 (5)：81-91.

[40] 毛宇飞, 曾湘泉, 祝慧琳. 互联网使用、就业决策与就业质量——基于CGSS数据的经验证据[J]. 经济理论与经济管理, 2019 (1)：72-85.

[41] 牛禄青. 数字经济对就业的影响[J]. 新经济导刊, 2017 (10)：

28-33.

[42] 戚聿东, 褚席. 数字生活的就业效应：内在机制与微观证据 [J]. 财贸经济, 2021, 42 (4)：98-114.

[43] 盛斌, 刘宇英. 中国数字经济发展指数的测度与空间分异特征研究 [J]. 南京社会科学, 2022 (1)：43-54.

[44] 苏岚岚, 彭艳玲. 数字化教育、数字素养与农民数字生活 [J]. 华南农业大学学报（社会科学版），2021，20 (3)：27-40.

[45] 孙璇, 吴肇光. 数字化就业的演进历程、发展瓶颈与促进数字化就业的策略研究 [J]. 产业经济评论, 2021 (2)：119-128.

[46] 孙彦红, 吕成达. 试析欧盟数字战略及其落实前景——一个技术进步驱动劳动生产率变化的视角 [J]. 欧洲研究, 2021, 39 (1)：28-48＋5-6.

[47] 谭恒鑫, 李欣雨, 朱小明. 数字经济时代的互联网普及与中国消费差异——基于CFPS2010—2018年数据的实证研究 [J]. 宏观经济研究, 2022 (2)：83-106.

[48] 唐义, 李江南. 公民个人志愿参与公共数字文化服务现状调查与分析 [J]. 图书馆杂志, 2021, 40 (4)：9-18.

[49] 滕磊, 马德功. 数字金融能够促进高质量发展吗？[J]. 统计研究, 2020, 37 (11)：80-92.

[50] 王鹏. 互联网使用对幸福感的影响——基于城镇微观数据的实证研究 [J]. 软科学, 2014, 28 (10)：139-144.

[51] 王也. 数字鸿沟与数字弱势群体的国家保护 [J/OL]. 比较法研究, 2023 (5)：1-19.

[52] 王元超. 互联网工资溢价效应的阶层差异 [J]. 社会学评论, 2019, 7 (2)：27-41.

[53] 伍麟，张莉琴．数字技术纾解老年人精神孤独的层级与功能[J]．华中师范大学学报（人文社会科学版），2022，61（1）：182-188．

[54] 席艳乐，付嘉伟，谭智．数字经济时代的互联网普及与中国家庭消费——基于CFPS2010—2018数据的实证研究[J]．广西财经学院学报，2022，35（4）：18-38．

[55] 谢绚丽，沈艳，张皓星，等．数字金融能促进创业吗？——来自中国的证据[J]．经济学（季刊），2018，17（4）：1557-1580．

[56] 许默焓，宋阳．互联网使用对城乡居民生活满意度影响研究——基于CSS2019数据的分析[J]．山西师范大学学报（自然科学版），2022，36（1）：33-38．

[57] 杨成虎．公众网络参与若干问题探析[J]．云南社会科学，2010（3）：24-27．

[58] 杨光，吴晓杭，吴芷翘．互联网使用能提高家庭消费吗？——来自CFPS数据的证据[J]．消费经济，2018，34（1）：19-24．

[59] 杨伟国．从工业化就业到数字化工作：新工作范式转型与政策框架[J]．行政管理改革，2021（4）：77-83．

[60] 姚顺良．论马克思关于人的需要的理论——兼论马克思同弗洛伊德和马斯洛的关系[J]．东南学术，2008，203（2）：105-113．

[61] 姚柱，罗瑾琏，张显春，等．互联网嵌入、双元创业学习与农民创业绩效[J]．科学学研究，2020，38（4）：685-695．

[62] 叶勇，吴懿君，陈燕．数字技术何以赋能城市基层社会治理——基于福州市鼓楼区"一线处置"的考察[J]．华南理工大学学报（社会科学版），2023，25（1）：146-156．

[63] 易行健，周利．数字普惠金融发展是否显著影响了居民消费——来自中国家庭的微观证据[J]．金融研究，2018（11）：47-67．

[64] 詹婧, 王艺, 孟续铎. 互联网平台使灵活就业者产生了分化吗? ——传统与新兴灵活就业者的异质性 [J]. 中国人力资源开发, 2018, 35 (1): 134-146.

[65] 张峰, 刘璐璐. 数字经济时代对数字化消费的辩证思考 [J]. 经济纵横, 2020 (2): 45-54.

[66] 张雪玲, 焦月霞. 中国数字经济发展指数及其应用初探 [J]. 浙江社会科学, 2017 (4): 32-40+157.

[67] 张勋, 杨桐, 汪晨, 万广华. 数字金融发展与居民消费增长: 理论与中国实践 [J]. 管理世界, 2020, 36 (11): 48-63.

[68] 张玉秀. 生活方式、体育生活方式的界定及其研究状况分析 [J]. 南京体育学院学报 (社会科学版), 2005 (3): 13-16.

[69] 张正平. 互联网使用对居民金融素养的影响 [J]. 北京工商大学学报 (社会科学版), 2021, 36 (6): 101-115.

[70] 赵一凡. 乡村振兴背景下互联网使用与农村居民生活福祉——基于 CFPS 面板数据的实证研究 [J]. 江汉学术, 2021, 40 (5): 5-15.

[71] 赵云泽, 薛婷予. 基于互联网媒介的在线社交补偿机制分析 [J]. 编辑之友, 2022 (11): 34-40.

[72] 钟成林, 胡雪萍. 大数据驱动消费结构转型升级的作用机理及政策支持体系研究 [J]. 经济问题探索, 2019 (1): 183-190.

[73] 钟若愚, 曾洁华. 数字经济对居民消费的影响研究——基于空间杜宾模型的实证分析 [J]. 经济问题探索, 2022 (3): 31-43.

[74] 周广肃, 孙浦阳. 互联网使用是否提高了居民的幸福感——基于家庭微观数据的验证 [J]. 南开经济研究, 2017 (3): 18-33.

[75] 周骥腾, 付堉琪. 互联网使用如何影响居民社区融入?——

基于"中国城市居民生活空间调查"的分析［J］．社会学评论，2021，9（5）：105-121．

［76］周洋，华语音．互联网与农村家庭创业——基于 CFPS 数据的实证分析［J］．农业技术经济，2017（5）：111-119．

［77］朱岩．以消费升级带动产业链数字化转型［J］．国家治理，2021（24）：19-21．

［78］祝仲坤．互联网技能会带来农村居民的消费升级吗？——基于 CSS2015 数据的实证分析［J］．统计研究，2020，37（9）：68-81．

［79］《走进信息社会：中国信息社会发展报告 2010》课题组，张新红．中国信息社会发展报告 2010［J］．电子政务，2010（8）：31-74．

［80］北京大学数字金融研究中心课题组．北京大学数字普惠金融指数（2011—2020 年）［R］．北京，2021．

［81］福建日报．福建省出台"十四五"金融业发展专项规划［EB/OL］．（2021-10-09）［2023-09-30］．https：//www.gov.cn/xinwen/2021-10/09/content_5641497.htm．

［82］光明网．【回眸 2022 年网信发展这一年】关键词篇——数字基础设施［EB/OL］．（2022-12-26）［2023-05-14］．https：//m.gmw.cn/baijia/2022-12/26/36259590.html．

［83］国家互联网络信息办公室．数字中国发展报告（2022 年）［R/OL］．（2023-05-23）［2023-09-28］．http：//www.cac.gov.cn/2023-05/22/c_1686402318492248.htm．

［84］国家税务总局 12366 纳税服务平台．生活服务具体包括哪些？［EB/OL］．（2019-08-12）［2023-02-10］．https：//www.chinatax.gov.cn/chinatax/n810356/n3010387/c5135687/content.html？eqid=c344401400058675000000002648fba35．

[85] 国家统计局. 数字经济及其核心产业统计分类（2021）[EB/OL]. (2021-06-03) [2023-02-07]. http://www.stats.gov.cn/xxgk/tjbz/gjtjbz/202106/t20210603_1818135.html.

[86] 人社部. 重庆："智慧就业"精准助力高质量就业 [EB/OL]. (2022-08-22) [2023-09-20]. http://chinajob.mohrss.gov.cn/c/2022-08-22/358203.shtml.

[87] 赛迪研究院. 重磅！赛迪发布《2020 中国数字经济发展指数（DEDI）》[R/OL]. (2020-10-12) [2023-04-01]. https://baijiahao.baidu.com/s?id=1680310009332161143&wfr=spider&for=pc.

[88] 我国数字化消费的发展现状与态势 [EB/OL]. (2023-06-12) [2023-09-12]. https://www.sohu.com/a/684718517_121119687.

[89] 西藏主要新闻. 西藏电子商务发展迅猛："从无到有"迈向"从有到优" [EB/OL]. (2022-12-21) [2023-09-19]. https://baijiahao.baidu.com/s?id=1752794611281647961&wfr=spider&for=pc.

[90] 新华社. 英国全力转型数字化 [EB/OL]. (2023-03-20) [2023-03-27]. https://baijiahao.baidu.com/s?id=1760857659670720448&wfr=spider&for=pc.

[91] 新华社. 中共中央关于制定国民经济和社会发展第十四个五年规划和二〇三五年远景目标的建议 [EB/OL]. (2020-11-03) [2023-08-15]. https://www.gov.cn/zhengce/2020-11/03/content_5556991.htm.

[92] 新华社. 中共中央 国务院印发《数字中国建设整体布局规划》[EB/OL]. (2023-02-27) [2023-09-30]. https://www.gov.cn/xinwen/2023-02/27/content_5743484.htm.

[93] 央视网.《上海市全面推进城市数字化转型"十四五"规划》：

构建人工智能加速器体系［EB/OL］.（2021-10-27）［2023-09-27］. https：//news.cctv.com/2021/10/27/ARTI4K2i7ZU2cjQ5MqeVg8he211027.shtml.

［94］中国宏观经济研究院.数字经济促进就业的挑战和建议［EB/OL］.（2021-04-02）［2023-09-10］.https：//www.ndrc.gov.cn/xxgk/jd/wsdwhfz/202104/t20210402_1271690.html.

［95］中国互联网络信息中心（CNNIC）.互联网发展状况统计报告［R/OL］.（2023-08-28）［2023-09-28］.https：//cnnic.cn/n4/2023/0828/c199-10830.html.

［96］中国科学技术信息研究所.2022全球人工智能创新指数报告［R］.上海：中国科学技术信息研究所，2023.

［97］中国日报网.2023华为中国行·西藏数字论坛成功举办［EB/OL］.（2023-07-07）［2023-08-23］.https：//baijiahao.baidu.com/s?id=1770763471122756297&wfr=spider&for=pc.

［98］中国社会科学院金融研究所、国家金融与发展实验室、中国社会科学出版社.全球数字经济发展指数报告（TIMG 2023）［R］.北京，2023.

［99］中国网信网.二十国集团数字经济发展与合作倡议［EB/OL］.（2016-09-29）［2023-07-01］.http：//www.cac.gov.cn/2016-09/29/c_1119648520.htm.

［100］中国网信网."十四五"国家信息化规划［EB/OL］.（2021-12-27）［2023-09-18］.http：//www.cac.gov.cn/2021-12/27/c_1642205314518676.htm.

［101］中国信息通信研究院.大数据白皮书（2022年）［R/OL］.（2023-01-04）［2023-07-01］.http：//www.caict.ac.cn/kxyj/

qwfb/bps/202301/t20230104_413644.htm.

［102］中国信息通信研究院.中国数字经济发展报告2022.［R/OL］.（2022-07-08）［2023-06-01］.http：//www.caict.ac.cn/kxyj/qwfb/bps/202207/t20220708_405627.htm.

［103］BECCHETTI L，PELLONI A，ROSSETTI F.Relational goods, sociability, and happiness［J］.Kyklos，2008，61（3）：343-363.

［104］BUKOV A，MAAS I，LAMPERT T.Social participation in very old age：cross-sectional and longitudinal findings from BASE［J］.The journals of gerontology series B，Psychological sciences and social sciences，2002，57（6）：510-517.

［105］DEL BONO E，SALA E，HANCOCK R，et al.Gender，older people and social exclusion：a gendered review and secondary analysis of the data［J］.Journal of biological chemistry，2007，278（33）：31269—31276.

［106］DETTLING L J.Broadband in the labor market［J］.ILR Review.2017，70（2）：451-482.

［107］DEURSEN V A，DIJK V J，HELSPER E J，EYNON R.The compoundness and sequentiality of digital inequality［J］.International journal of communication，2017，11：452-473.

［108］DIJKERS M P，YAVUZER G，ERGIN S，et al.A tale of two countries：environmental impacts on social participation after spinal cord injury［J］.Spinal cord，2002，40（7）：351-362.

［109］European Commission.The digital economy and society index（DESI）2022［R/OL］.（2022-07-28）［2023-02-15］.https：//digital-strategy.ec.europa.eu/en/policies/desi.

［110］FREY B S, et al. Does watching TV make us happy? ［J］. Journal of economic psychology, 2007, 28（3）: 283-313.

［111］GRAHAM C, NIKOLOVA M. Does access to information technology make people happier? Insights from well-being surveys from around the world ［J］. Journal of behavioral and experimental economics (formerly the journal of socio-economics), 2013, 44: 126-139.

［112］HESS T, LEGNER C, ESSWEIN W, MAAβ W, MATT C, ÖSTERLE H, SCHLIETER H, RICHTER P, ZARNEKOW R. Digital life as a topic of business and information systems engineering? ［J］. Business & information systems engineering, 2014, 6（4）: 247-253.

［113］HOLMAN D, FINDLAY P, KALLEBERG A L, WARHURST C. Job types and job quality in Europe ［J］. Understanding job quality. 2013, 66（4）: 475-502.

［114］ITU The ICT development index (IDI): conceptual framework and methodology ［EB/OL］. (2017-06) [2023-03-06]. https://www.itu.int/en/ITU-D/Statistics/Pages/publications/mis2017/methodology.aspx.

［115］KHAN A, KRISHNAN S. Social media enabled e-participation ［J］. E-service journal. 2017, 10（2）: 45-75.

［116］KRAUFT R, PATTERSON M, LUNDMARK V, KIESLER S, MUKOPADHAYAY T, SCHERLIS W. Internet paradox: a social technology that reduces social involvement and psychological well-being? ［J］. The American psychologist, 1998, v53（n9）.

［117］LI M-S, SI X-F. A case study on data from the China family panel studies: the impact of Internet use on informal employment ［J］.

Applied economics letters. 2023, 30 (12): 1696-1699.

[118] LINDSTROM M, HANSON B S, OSTERGREN P O. Socioeconomic differences in leisure-time physical activity: the role of social participation and social capital in shaping health related behaviour [J]. Social science & medicine, 2001, 52 (3): 441-451.

[119] NEGROPONTE N., Being Digital [M]. New York: Vintage Books, 1996.

[120] NIE N H. Sociability, interpersonal relations, and the Internet: reconciling conflicting findings [J]. American Behavioral Scientist, 2001, 45 (3): 420.

[121] OECD Digital Economy Outlook 2020 [R]. OECD Publishing, Paris, 2020.

[122] REQUENA S F. Online networks and subjective well-Beingg: the effect of "Big Five Personality Traits" [J]. Social inclusion, 2021, 9 (4): 399-412.

[123] SABATINI F, SARRACINO F. Online networks destroy social trust [J]. Eprint Arxiv, 2014. DOI: 10.13140/2.1.2347.9688.

[124] THOMPSON E, WHEARTY P. Older men's social participation: the importance of masculinity ideology [J]. Journal of men's studies, 2004, 13 (1): 5-24.

[125] VODA A-D, BRATUCU G, TUDOR A I M, BRATUCU R, CHITU I B, DOVLEAC L. Can central and eastern european countries lead on digitalization? Using digi-index to analyse technological progress and potential [J]. Acta oeconomica, 2022, 72 (4): 437-455.

[126] WORLD ECONOMIC FORUM. Global information technol-

ogy report 2016 [R/OL]. (2016 - 07 - 06) [2023 - 04 - 01]. https：// cn. weforum. org/publications/the-global-information-technology-report-2016.

[127] WRIGHT L K. Mental health in older spouses: the dynamic interplay of resources, depression, quality of the marital relationship, and social participation [J]. Issues in mental health nursing, 1990, 11 (1): 49 - 70.

后　记

随着互联网、移动互联网和各种智能设备的迅速普及，居民在各种场景中都能便捷地接入互联网，网上购物、数字支付、远程办公、社交媒体、数字娱乐等数字化方式逐渐成为居民生活的新形态。我国政府高度重视居民生活的数字化转型，普及数字生活智能化被作为数字中国建设的重要内容。

目前，关于数字经济的研究已经成为研究热点，成果丰硕，但是关于数字生活的研究还比较少，关于数字生活的全面研究更少。在此背景下，我们于2022年启动了居民数字生活调查，采用网络调查和电话调查，样本覆盖全国31个省（自治区、直辖市），共完成6 000多份调查问卷，内容覆盖互联网使用、数字消费、数字金融活动、数字社会参与、数字就业和数字生活服务等方面。本报告就是基于此次调查的成果。

本报告是研究团队集体智慧的结晶，团队成员共同讨论和制定了调查问卷，拟定报告大纲，并分工完成报告的撰写，其中，第一、二和八章由吴翌琳老师负责，第三章由廖军老师负责，第四章由甄峰老师负责，第五章由周静老师负责，第六章由王菲菲老师负责，第七章由李静萍老师负责。在此要特别感谢吴翌琳老师的付出，她带领学生发放和审核线上问卷，并对数据开展初步整理和加权处理工作。在写作过程中，有多位研究生参与数据分析和初稿撰写，他们是闵劼、周晓璐、向玥、周宇琦、师晓泉、江浩宇、杨瀚丰、石婧丹、尹冠禹、程前、李采霞。

本书作为数字生活的第一份报告，基本达到了我们的预定目标，即描绘我国当前数字生活的全景式图像，把握数字生活的趋势，发现存在的问题，探索发展的方向。我们既欣喜于从数据分析中得到的结论，希望与读者共飨，同时也深知在问卷设计、调查组织、数据质量和数据分析等方面，本研究都存在很大的提升空间。期待读者提出宝贵的反馈意见，帮助我们改进和提升后续研究。

本书是中国人民大学应用统计科学研究中心的重大项目"数字经济驱动高质量发展的统计测度与分析研究"的阶段性成果，并得到中国人民大学数据开发中心的资助，在此对两个中心的支持表示感谢！

本书的出版得到了中国人民大学出版社策划编辑王伟娟的支持和鼓励，借此机会向她表示感谢！同时，也要感谢责任编辑霍殿林认真细致的工作，他为确保数据和文字的准确做了大量工作。当然，文责自负，书中的疏漏和不妥之处，敬请批评指正。

李静萍

2024 年 10 月于北京

图书在版编目（CIP）数据

中国国民数字生活研究报告/李静萍等著.
北京：中国人民大学出版社，2025.3. -- ISBN 978-7
-300-33471-4

Ⅰ.F492

中国国家版本馆 CIP 数据核字第 20259NN752 号

中国国民数字生活研究报告
李静萍　等　著
Zhongguo Guomin Shuzi Shenghuo Yanjiu Baogao

出版发行	中国人民大学出版社		
社　　址	北京中关村大街 31 号	邮政编码	100080
电　　话	010－62511242（总编室）	010－62511770（质管部）	
	010－82501766（邮购部）	010－62514148（门市部）	
	010－62515195（发行公司）	010－62515275（盗版举报）	
网　　址	http://www.crup.com.cn		
经　　销	新华书店		
印　　刷	天津中印联印务有限公司		
开　　本	720 mm×1000 mm　1/16	版　次	2025 年 3 月第 1 版
印　　张	19.25 插页 1	印　次	2025 年 3 月第 1 次印刷
字　　数	218 000	定　价	78.00 元

版权所有　侵权必究　　印装差错　负责调换